道路交通安全违法行为处理程序规定释义

（2020 年版）

杨润凯　编著

中国人民公安大学出版社
·北　京·

图书在版编目（CIP）数据

道路交通安全违法行为处理程序规定释义/杨润凯著. —北京：中国人民公安大学出版社，2020.6

ISBN 978-7-5653-3947-9

Ⅰ. ①道… Ⅱ. ①杨… Ⅲ. ①交通违章-处罚-工作程序-法律解释-中国 Ⅳ. ①D922.145

中国版本图书馆 CIP 数据核字（2020）第 074496 号

道路交通安全违法行为处理程序规定释义（2020 年版）

杨润凯 编著

出版发行：中国人民公安大学出版社
地　　址：北京市西城区木樨地南里
邮政编码：100038
经　　销：新华书店
印　　刷：北京市科星印刷有限责任公司

版　　次：2020 年 6 月第 1 版
印　　次：2024 年 10 月第 5 次
印　　张：17.75
开　　本：787 毫米×1092 毫米 1/16
字　　数：328 千字

书　　号：ISBN 978-7-5653-3947-9
定　　价：68.00 元

网　　址：www.cppsup.com.cn　　www.porclub.com.cn
电子邮箱：zbs@cppsup.com　　zbs@cppsu.edu.cn

营销中心电话：010-83903254
读者服务部电话（门市）：010-83903257
警官读者俱乐部电话（网购、邮购）：010-83903253
公安业务分社电话：010-83906108

前　言

为回应人民群众对执法司法公平正义的新期待，2020 年 4 月 7 日公安部发布《关于修改〈道路交通安全违法行为处理程序规定〉的决定》（公安部令第 157 号）（以下简称《修改决定》），自 2020 年 5 月 1 起实施。《道路交通安全违法行为处理程序规定》（以下简称《程序规定》）在落实贯彻严格规范公正文明执法的背景下进行完善，进一步减轻基层公安机关交通管理部门负担，保障当事人的合法权益，合理配置执法资源，促进交通安全违法案件公平公正处理，具有重要意义。

《程序规定》是一部全面统一规范公安机关交通管理部门处理道路交通安全违法行为程序的规章；为贯彻实施《中华人民共和国道路交通安全法》以及《中华人民共和国道路交通安全法实施条例》提供程序保障。自 2004 年 5 月 1 日起实施以来，总体运行稳定；2008 年 12 月 20 日，公安部颁布 105 号令，对《程序规定》进行了修订发布，并于 2009 年 4 月 1 日正式生效。修订实施十余年来，该程序规定为公安机关交通管理部门依法处理道路交通安全违法行为提供了基本规范和依据。随着社会经济的发展，以及人民群众对民主、法治、公平、正义的更高要求，执法信息技术的发展，违法处理面临新形势、新要求，程序规定需要不断完善，因此，此次对《程序规定》再次进行修改，进一步完善相关的制度规定。

本次修订重点针对非现场交通违法行为处理中存在的问题作了以下几方面修改：

一是允许跨省异地处理非现场交通违法。为方便机动车所有人或管理人、驾驶人及时、就近处理交通违法，避免往返违法行为发生地，当事人明确接受异地处理的，处理地公安机关交通管理部门可以协助违法行为发生地公安机关交通管理部门调查违法事实、代为送达法律文书、代为履行处罚告知程序，由违法行为发生地公安机关交通管理部门按照发生地标准作出处罚决定。

二是提高了审核录入效率。将违法信息审核录入时限由原来的十个工作日缩减至五个工作日，将违法信息向社会提供查询的期限由录入后三日修改为录入后当日，提高了审核录入效率和向社会提供查询的及时性。

三是明确了违法信息通知的要求。将原来公安交管部门可以将违法信息通知机动车所有人或者管理人，修改为公安交管部门应当通过手机短信、移动互联网程序等方式通知机动车所有人或者管理人。同时，增加了交通警察在执勤执法时发现机动车有违法行为逾期未处理的，当场告知当事人的规定。

四是增加了电子送达和公告送达程序。借鉴《最高人民法院关于适用〈中华人民共和国民事诉讼法〉的解释》《最高人民法院关于进一步加强民事送达工作的若干意见》，明确电子送达方式包括移动互联网应用程序、电子邮件、移动通信等能够确认受送达人收悉的方式。同时，增加了可以公告送达违法行为、拟作出的处罚决定、当事人的权利等，并规定了公告送达的方式。

五是规定了直接处罚制度。对通过手机短信等方式告知违法行为信息、通知在规定期限接受处理，当事人未主动接受处理的，通过邮寄送达、电子送达、公告送达等方式告知拟作出的行政处罚事实、理由、依据和当事人依法享有的权利后，当事人未提出异议、未进行陈述申辩的，可以直接依法作出行政处罚决定。

六是规定了信息转移制度。由于交通技术监控设备记录违法行为后，无法确定实际驾驶人，因此违法行为全部记录在机动车名下。此次修改，对交通技术监控设备记录的违法行为信息，能够确定实际驾驶人的，公安机关交通管理部门可以将该违法行为记录在实际驾驶人名下。

此外，本次修订还规范了检验酒驾醉驾违法犯罪嫌疑人体内酒精含量以及重新检验的程序要求，增加了与保险监管机构建立违法行为与机动车交通事故责任强制保险费率联系浮动制度等内容。

“法律的生命在于实施”是习近平总书记法治思想的重要观点，法律实施也是推进当代中国法治建设的关键环节。法律实施是一项复杂的系统工程，就是让法律从“字面上的法”变为“生活中的法”。为配合《程序规定》的贯彻学习，帮助各级公安机关交通管理部门及交通警察认真学习、深刻领会、熟练掌握和正确运用，以促进交通安全违法行为处罚工作的规范化；同时通过多种方式来宣传《程序规定》的新内容、新特点，让广大的交通参与人全面了解新的交通安全违法行为处理程序，支持、监督公安机关交通管理部门的执法工作。作者在认真学习、研究的基础上，编写了《道路交通安全违法行为处理程序规定释义》这本书，在编写中，力求在反映立法精神的同时，阐释法条规定的内在含义、制度意义及背景，努力做到理论与实际运用相结合，同时结合实施过程中可能遇到的问题，提出了一些新的观点和解决办法。

在本书的编写过程中，借鉴、吸收了公安实践部门、学者以及同仁的研究成果，并在参考文献中列出，在此一并表示感谢！

由于作者理论水平有限以及实践经验不足，加之编写时间仓促，书中难免有疏漏甚至错误之处，恳请广大学者、公安民警及其他读者批评指正。

作　者

2020 年 5 月

目　　录

第一编　法律文本

中华人民共和国公安部令　第157号 ……………………………… （1）
道路交通安全违法行为处理程序规定 ……………………………… （2）

第二编　条文释义[①]

第一章　总　则 ……………………………………………………… （17）
第一条（制定目的和依据） ……………………………………… （17）
第二条（适用范围） ……………………………………………… （19）
第三条（违法行为处理原则） …………………………………… （24）

第二章　管　辖 ……………………………………………………… （31）
第四条（地域管辖与管辖权争议解决） ………………………… （31）
第五条（交通技术监控设备记录的违法行为异地处理程序及事实异议处理程序） ……………………………………………… （34）
第六条（不同种类处罚的决定机关） …………………………… （35）

第三章　调查取证 …………………………………………………… （38）
第一节　一般规定 ………………………………………………… （38）
第七条（表明执法身份与执法安全防护） ……………………… （38）
第八条（证据收集要求） ………………………………………… （44）

① 为方便读者快速查阅《程序规定》的相关条文释义，根据对条文主旨的理解，对每条内容进行了概括性提炼。——编者注

第九条（牌证及违法信息查验，危险物品车辆相关证件及信息查验）……（46）
第十条（机动车驾驶证查验）……（47）
第十一条（行政强制措施实施援引）……（48）
第十二条（粘贴违法停车告知单）……（49）
第十三条（其他违法或者犯罪行为移送）……（50）
第十四条（接受控告、举报及移送案件处理）……（51）
第二节　交通技术监控……（52）
第十五条（交通技术监控设备收集证据要求）……（52）
第十六条（交通技术监控设备设置）……（55）
第十七条（交通技术监控设备测速要求）……（57）
第十八条（交通技术监控设备收集资料的证据要求）……（58）
第十九条（交通技术监控设备记录资料审核与录入）……（58）
第二十条（违法信息查询、通知及联系方式备案、变更）……（59）
第二十一条（实际驾驶人违法信息记录）……（61）
第二十二条（交通技术监控设备记录违法信息消除）……（64）
第二十三条（单位或者个人提供及群众举报资料作为证据）……（66）

第四章　行政强制措施适用……（68）
第二十四条（交通安全执法行政强制措施种类）……（68）
第二十五条（行政强制措施实施程序）……（71）
第二十六条（行政强制措施凭证内容）……（73）
第二十七条（扣留车辆情形）……（74）
第二十八条（扣留的车辆与货物处理）……（78）
第二十九条（超载违法状态消除）……（80）
第三十条（扣留的车辆核实与处理）……（82）
第三十一条（扣留机动车驾驶证情形）……（84）
第三十二条（扣留机动车驾驶证的处理）……（87）
第三十三条（拖移机动车适用情形）……（88）
第三十四条（拖移机动车查询和告知）……（91）
第三十五条（涉嫌酒驾或毒驾的检验、检测）……（92）
第三十六条（酒精检验的程序）……（98）
第三十七条（收缴物品程序与处理）……（100）

第三十八条（扣留的拼装或达到报废机动车处理） …………………（102）
第三十九条（非法牌证处理） ………………………………………（102）
第四十条（排除影响安全视距障碍方式） ……………………………（104）
第四十一条（事后排除障碍的程序） …………………………………（105）

第五章　行政处罚 ………………………………………………………（107）
第一节　行政处罚的决定 ………………………………………………（107）
第四十二条（口头警告适用） …………………………………………（107）
第四十三条（处罚决定程序的选择适用） ……………………………（109）
第四十四条（简易程序实施） …………………………………………（117）
第四十五条（简易程序处罚决定书内容） ……………………………（119）
第四十六条（制发违法行为处理通知书程序） ………………………（120）
第四十七条（违法行为处理通知书内容） ……………………………（122）
第四十八条（一般程序实施） …………………………………………（123）
第四十九条（行政处罚决定书内容） …………………………………（126）
第五十条（两种特殊情形违法行为的行政处罚决定书制作） ………（127）
第五十一条（一般程序处罚决定的期限） ……………………………（130）
第五十二条（交通技术监控设备记录的违法行为适用程序） ………（135）
第五十三条（交通技术监控设备记录的违法行为接受处理的期限）
……………………………………………………………（138）
第五十四条（交通技术监控记录的违法行为直接处罚） ……………（139）
第五十五条（行政处罚决定书送达） …………………………………（140）
第五十六条（电子与公告送达） ………………………………………（142）
第五十七条（违法行为逾期未处理告知） ……………………………（144）
第五十八条（自助处理违法行为） ……………………………………（144）
第二节　行政处罚的执行 ………………………………………………（146）
第五十九条（当场收缴罚款） …………………………………………（146）
第六十条（逾期未履行行政处罚的强制执行） ………………………（148）
第六十一条（暂扣、吊销驾驶证转递） ………………………………（156）
第六十二条（行政拘留违法行为人委托代缴罚款） …………………（158）

第六章　执法监督 ………………………………………………………（161）
第六十三条（执勤执法规范要求） ……………………………………（161）

第六十四条（值日警官和法制员制度） …………………………（164）
第六十五条（执法监督机制） ……………………………………（165）
第六十六条（执法效果评价） ……………………………………（166）

第七章　其他规定 ……………………………………………………（168）
第六十七条（当事人的权利救济） ………………………………（168）
第六十八条（违法信息管理） ……………………………………（168）
第六十九条（违法行为信息转递） ………………………………（169）
第七十条（非本辖区驾驶人违法处罚信息转递） ………………（170）
第七十一条（违法行为与交强险费率联系浮动制度） …………（171）
第七十二条（单位机动车严重违法通报） ………………………（175）
第七十三条（满分考试合格信息转递与记分清除） ……………（176）
第七十四条（不正当手段取得牌证撤销与牌证转递） …………（178）
第七十五条（撤销机动车登记或者机动车驾驶许可程序） ……（180）
第七十六条（案卷的内容） ………………………………………（181）

第八章　附　则 ………………………………………………………（184）
第七十七条（违法行为人与县级以上公安机关交通管理部门含义）
……………………………………………………………（184）
第七十八条（非机动车、行人违法处理程序援引）. ……………（185）
第七十九条（违法处理电子案卷） ………………………………（186）
第八十条（适用程序援引） ………………………………………（187）
第八十一条（“以上”“以下”及期间包含范围） ………………（188）
第八十二条（法律文书式样制定） ………………………………（189）
第八十三条（生效时间） …………………………………………（190）

第三编　修订内容解析

第一章　修订条款对比表 ………………………………………………（191）
第二章　修订分析 ………………………………………………………（200）

第四编　典型诉讼案例评析

案例一：交通协管员取证资料可作为违法停车处罚证据 …………（203）

案例二：未及时告知构成程序违法 …………………………………………… (209)
案例三：注销最高准驾车型未举行听证构成程序违法 ……………………… (214)
案例四：构成交通肇事罪被吊销驾驶证不需履行听证、处罚前告知义务 …………………………………………………………………………… (217)
案例五：未处理违法为由拒绝办理车辆审验的行政行为违法 ……… (222)
案例六：增驾 A2 驾驶证实习期驾驶牵引车合法 ……………………… (228)

附录　道路交通安全违法行为处理法律文书（式样）

道路交通安全违法行为处理法律文书制作及使用说明 ………………… (235)
式样一：公安交通管理行政处罚决定书 ……………………………………… (238)
式样二：公安交通管理简易程序处罚决定书 ………………………………… (240)
式样三：公安交通管理撤销机动车登记/驾驶许可决定书 ……………… (242)
式样四：公安交通管理行政强制措施凭证 …………………………………… (244)
式样五：返还物品凭证 ………………………………………………………… (246)
式样六：道路交通安全违法行为处理通知书 ………………………………… (248)
式样七：公安交通管理转递通知书 …………………………………………… (250)
式样八：违法停车告知单 ……………………………………………………… (252)
式样九：军车/消防救援车辆交通违法/交通事故抄告通知书 ……… (254)
式样十：解除行政强制措施通知书 …………………………………………… (256)
式样十一：机动车未处理道路交通安全违法行为告知书 ……………… (258)
式样十二：异地处理道路交通安全违法行为告知书 ……………………… (261)
式样十三：办理注销最高/实习准驾车型业务通知书 ……………………… (264)
式样十四：道路交通安全违法行为异议确认书 …………………………… (266)
式样十五：机动车所有人/管理人/驾驶人联系方式、送达方式确认书 ………………………………………………………………………… (269)

第一编 法律文本

中华人民共和国公安部令

第 157 号

《公安部关于修改〈道路交通安全违法行为处理程序规定〉的决定》已经2020 年 2 月 12 日公安部部务会议通过，现予发布，自 2020 年 5 月 1 日起施行。

公安部部长 赵克志

2020 年 4 月 7 日

道路交通安全违法行为处理程序规定

目　　录

第一章　总则
第二章　管辖
第三章　调查取证
　　第一节　一般规定
　　第二节　交通技术监控
第四章　行政强制措施适用
第五章　行政处罚
　　第一节　行政处罚的决定
　　第二节　行政处罚的执行
第六章　执法监督
第七章　其他规定
第八章　附则

第一章　总　则

第一条　为了规范道路交通安全违法行为处理程序，保障公安机关交通管理部门正确履行职责，保护公民、法人和其他组织的合法权益，根据《中华人民共和国道路交通安全法》及其实施条例等法律、行政法规制定本规定。

第二条　公安机关交通管理部门及其交通警察对道路交通安全违法行为（以下简称违法行为）的处理程序，在法定职权范围内依照本规定实施。

第三条　对违法行为的处理应当遵循合法、公正、文明、公开、及时的原则，尊重和保障人权，保护公民的人格尊严。

对违法行为的处理应当坚持教育与处罚相结合的原则，教育公民、法人和其他组织自觉遵守道路交通安全法律法规。

对违法行为的处理，应当以事实为依据，与违法行为的事实、性质、情节以及社会危害程度相当。

第二章　管　辖

第四条　交通警察执勤执法中发现的违法行为由违法行为发生地的公安机关交通管理部门管辖。

对管辖权发生争议的，报请共同的上一级公安机关交通管理部门指定管辖。上一级公安机关交通管理部门应当及时确定管辖主体，并通知争议各方。

第五条　违法行为人可以在违法行为发生地、机动车登记地或者其他任意地公安机关交通管理部门处理交通技术监控设备记录的违法行为。

违法行为人在违法行为发生地以外的地方（以下简称处理地）处理交通技术监控设备记录的违法行为的，处理地公安机关交通管理部门可以协助违法行为发生地公安机关交通管理部门调查违法事实、代为送达法律文书、代为履行处罚告知程序，由违法行为发生地公安机关交通管理部门按照发生地标准作出处罚决定。

违法行为人或者机动车所有人、管理人对交通技术监控设备记录的违法行为事实有异议的，可以通过公安机关交通管理部门互联网站、移动互联网应用程序或者违法行为处理窗口向公安机关交通管理部门提出。处理地公安机关交通管理部门应当在收到当事人申请后当日，通过道路交通违法信息管理系统通知违法行为发生地公安机关交通管理部门。违法行为发生地公安机关交通管理部门应当在五日内予以审查，异议成立的，予以消除；异议不成立的，告知当事人。

第六条　对违法行为人处以警告、罚款或者暂扣机动车驾驶证处罚的，由县级以上公安机关交通管理部门作出处罚决定。

对违法行为人处以吊销机动车驾驶证处罚的，由设区的市公安机关交通管理部门作出处罚决定。

对违法行为人处以行政拘留处罚的，由县、市公安局、公安分局或者相当于县一级的公安机关作出处罚决定。

第三章　调查取证

第一节　一般规定

第七条　交通警察调查违法行为时，应当表明执法身份。

交通警察执勤执法应当严格执行安全防护规定，注意自身安全，在公路上执勤执法不得少于两人。

第八条　交通警察应当全面、及时、合法收集能够证实违法行为是否存在、违法情节轻重的证据。

第九条 交通警察调查违法行为时，应当查验机动车驾驶证、行驶证、机动车号牌、检验合格标志、保险标志等牌证以及机动车和驾驶人违法信息。对运载爆炸物品、易燃易爆化学物品以及剧毒、放射性等危险物品车辆驾驶人违法行为调查的，还应当查验其他相关证件及信息。

第十条 交通警察查验机动车驾驶证时，应当询问驾驶人姓名、住址、出生年月并与驾驶证上记录的内容进行核对；对持证人的相貌与驾驶证上的照片进行核对。必要时，可以要求驾驶人出示居民身份证进行核对。

第十一条 调查中需要采取行政强制措施的，依照法律、法规、本规定及国家其他有关规定实施。

第十二条 交通警察对机动车驾驶人不在现场的违法停放机动车行为，应当在机动车侧门玻璃或者摩托车座位上粘贴违法停车告知单，并采取拍照或者录像方式固定相关证据。

第十三条 调查中发现违法行为人有其他违法行为的，在依法对其道路交通安全违法行为作出处理决定的同时，按照有关规定移送有管辖权的单位处理。涉嫌构成犯罪的，转为刑事案件办理或者移送有权处理的主管机关、部门办理。

第十四条 公安机关交通管理部门对于控告、举报的违法行为以及其他行政主管部门移送的案件应当接受，并按规定处理。

第二节　交通技术监控

第十五条 公安机关交通管理部门可以利用交通技术监控设备、执法记录设备收集、固定违法行为证据。

交通技术监控设备、执法记录设备应当符合国家标准或者行业标准，需要认定、检定的交通技术监控设备应当经认定、检定合格后，方可用于收集、固定违法行为证据。

交通技术监控设备应当定期维护、保养、检测，保持功能完好。

第十六条 交通技术监控设备的设置应当遵循科学、规范、合理的原则，设置的地点应当有明确规范相应交通行为的交通信号。

固定式交通技术监控设备设置地点应当向社会公布。

第十七条 使用固定式交通技术监控设备测速的路段，应当设置测速警告标志。

使用移动测速设备测速的，应当由交通警察操作。使用车载移动测速设备的，还应当使用制式警车。

第十八条 作为处理依据的交通技术监控设备收集的违法行为记录资料，应当清晰、准确地反映机动车类型、号牌、外观等特征以及违法时间、地点、事实。

第十九条 交通技术监控设备收集违法行为记录资料后五日内，违法行为发生地公安机关交通管理部门应当对记录内容进行审核，经审核无误后录入道路交通违法信息管理系统，作为处罚违法行为的证据。

第二十条 交通技术监控设备记录的违法行为信息录入道路交通违法信息管理系统后当日，违法行为发生地和机动车登记地公安机关交通管理部门应当向社会提供查询。违法行为发生地公安机关交通管理部门应当在违法行为信息录入道路交通违法信息管理系统后五日内，按照机动车备案信息中的联系方式，通过移动互联网应用程序、手机短信或者邮寄等方式将违法时间、地点、事实通知违法行为人或者机动车所有人、管理人，并告知其在三十日内接受处理。

公安机关交通管理部门应当在违法行为人或者机动车所有人、管理人处理违法行为和交通事故、办理机动车或者驾驶证业务时，书面确认违法行为人或者机动车所有人、管理人的联系方式和法律文书送达方式，并告知其可以通过公安机关交通管理部门互联网站、移动互联网应用程序等方式备案或者变更联系方式、法律文书送达方式。

第二十一条 对交通技术监控设备记录的违法行为信息，经核查能够确定实际驾驶人的，公安机关交通管理部门可以在道路交通违法信息管理系统中将其记录为实际驾驶人的违法行为信息。

第二十二条 交通技术监控设备记录或者录入道路交通违法信息管理系统的违法行为信息，有下列情形之一并经核实的，违法行为发生地或者机动车登记地公安机关交通管理部门应当自核实之日起三日内予以消除：

（一）警车、消防救援车辆、救护车、工程救险车执行紧急任务期间交通技术监控设备记录的违法行为；

（二）机动车所有人或者管理人提供报案记录证明机动车被盗抢期间、机动车号牌被他人冒用期间交通技术监控设备记录的违法行为；

（三）违法行为人或者机动车所有人、管理人提供证据证明机动车因救助危难或者紧急避险造成的违法行为；

（四）已经在现场被交通警察处理的交通技术监控设备记录的违法行为；

（五）因交通信号指示不一致造成的违法行为；

（六）作为处理依据的交通技术监控设备收集的违法行为记录资料，不能清晰、准确地反映机动车类型、号牌、外观等特征以及违法时间、地点、事实的；

（七）经比对交通技术监控设备记录的违法行为照片、道路交通违法信息管理系统登记的机动车信息，确认记录的机动车号牌信息错误的；

（八）其他应当消除的情形。

第二十三条 经查证属实，单位或者个人提供的违法行为照片或者视频等资料可以作为处罚的证据。

对群众举报的违法行为照片或者视频资料的审核录入要求，参照本规定执行。

第四章 行政强制措施适用

第二十四条 公安机关交通管理部门及其交通警察在执法过程中，依法可以采取下列行政强制措施：

（一）扣留车辆；

（二）扣留机动车驾驶证；

（三）拖移机动车；

（四）检验体内酒精、国家管制的精神药品、麻醉药品含量；

（五）收缴物品；

（六）法律、法规规定的其他行政强制措施。

第二十五条 采取本规定第二十四条第（一）、（二）、（四）、（五）项行政强制措施，应当按照下列程序实施：

（一）口头告知违法行为人或者机动车所有人、管理人违法行为的基本事实、拟作出行政强制措施的种类、依据及其依法享有的权利；

（二）听取当事人的陈述和申辩，当事人提出的事实、理由或者证据成立的，应当采纳；

（三）制作行政强制措施凭证，并告知当事人在十五日内到指定地点接受处理；

（四）行政强制措施凭证应当由当事人签名、交通警察签名或者盖章，并加盖公安机关交通管理部门印章；当事人拒绝签名的，交通警察应当在行政强制措施凭证上注明；

（五）行政强制措施凭证应当当场交付当事人；当事人拒收的，由交通警察在行政强制措施凭证上注明，即为送达。

现场采取行政强制措施的，交通警察应当在二十四小时内向所属公安机关交通管理部门负责人报告，并补办批准手续。公安机关交通管理部门负责人认为不应当采取行政强制措施的，应当立即解除。

第二十六条 行政强制措施凭证应当载明当事人的基本情况、车辆牌号、车辆类型、违法事实、采取行政强制措施种类和依据、接受处理的具体地点和期限、决定机关名称及当事人依法享有的行政复议、行政诉讼权利等内容。

第二十七条　有下列情形之一的，依法扣留车辆：

（一）上道路行驶的机动车未悬挂机动车号牌，未放置检验合格标志、保险标志，或者未随车携带机动车行驶证、驾驶证的；

（二）有伪造、变造或者使用伪造、变造的机动车登记证书、号牌、行驶证、检验合格标志、保险标志、驾驶证或者使用其他车辆的机动车登记证书、号牌、行驶证、检验合格标志、保险标志嫌疑的；

（三）未按照国家规定投保机动车交通事故责任强制保险的；

（四）公路客运车辆或者货运机动车超载的；

（五）机动车有被盗抢嫌疑的；

（六）机动车有拼装或者达到报废标准嫌疑的；

（七）未申领《剧毒化学品公路运输通行证》通过公路运输剧毒化学品的；

（八）非机动车驾驶人拒绝接受罚款处罚的。

对发生道路交通事故，因收集证据需要的，可以依法扣留事故车辆。

第二十八条　交通警察应当在扣留车辆后二十四小时内，将被扣留车辆交所属公安机关交通管理部门。

公安机关交通管理部门扣留车辆的，不得扣留车辆所载货物。对车辆所载货物应当通知当事人自行处理，当事人无法自行处理或者不自行处理的，应当登记并妥善保管，对容易腐烂、损毁、灭失或者其他不具备保管条件的物品，经县级以上公安机关交通管理部门负责人批准，可以在拍照或者录像后变卖或者拍卖，变卖、拍卖所得按照有关规定处理。

第二十九条　对公路客运车辆载客超过核定乘员、货运机动车超过核定载质量的，公安机关交通管理部门应当按照下列规定消除违法状态：

（一）违法行为人可以自行消除违法状态的，应当在公安机关交通管理部门的监督下，自行将超载的乘车人转运、将超载的货物卸载；

（二）违法行为人无法自行消除违法状态的，对超载的乘车人，公安机关交通管理部门应当及时通知有关部门联系转运；对超载的货物，应当在指定的场地卸载，并由违法行为人与指定场地的保管方签订卸载货物的保管合同。

消除违法状态的费用由违法行为人承担。违法状态消除后，应当立即退还被扣留的机动车。

第三十条　对扣留的车辆，当事人接受处理或者提供、补办的相关证明或者手续经核实后，公安机关交通管理部门应当依法及时退还。

公安机关交通管理部门核实的时间不得超过十日；需要延长的，经县级以上公安机关交通管理部门负责人批准，可以延长至十五日。核实时间自车辆驾驶人或者所有人、管理人提供被扣留车辆合法来历证明，补办相应手续，或者接受处理之日起计算。

发生道路交通事故因收集证据需要扣留车辆的，扣留车辆时间依照《道路交通事故处理程序规定》有关规定执行。

第三十一条 有下列情形之一的，依法扣留机动车驾驶证：

（一）饮酒后驾驶机动车的；

（二）将机动车交由未取得机动车驾驶证或者机动车驾驶证被吊销、暂扣的人驾驶的；

（三）机动车行驶超过规定时速百分之五十的；

（四）驾驶有拼装或者达到报废标准嫌疑的机动车上道路行驶的；

（五）在一个记分周期内累积记分达到十二分的。

第三十二条 交通警察应当在扣留机动车驾驶证后二十四小时内，将被扣留机动车驾驶证交所属公安机关交通管理部门。

具有本规定第三十一条第（一）、（二）、（三）、（四）项所列情形之一的，扣留机动车驾驶证至作出处罚决定之日；处罚决定生效前先予扣留机动车驾驶证的，扣留一日折抵暂扣期限一日。只对违法行为人作出罚款处罚的，缴纳罚款完毕后，应当立即发还机动车驾驶证。具有本规定第三十一条第（五）项情形的，扣留机动车驾驶证至考试合格之日。

第三十三条 违反机动车停放、临时停车规定，驾驶人不在现场或者虽在现场但拒绝立即驶离，妨碍其他车辆、行人通行的，公安机关交通管理部门及其交通警察可以将机动车拖移至不妨碍交通的地点或者公安机关交通管理部门指定的地点。

拖移机动车的，现场交通警察应当通过拍照、录像等方式固定违法事实和证据。

第三十四条 公安机关交通管理部门应当公开拖移机动车查询电话，并通过设置拖移机动车专用标志牌明示或者以其他方式告知当事人。当事人可以通过电话查询接受处理的地点、期限和被拖移机动车的停放地点。

第三十五条 车辆驾驶人有下列情形之一的，应当对其检验体内酒精含量：

（一）对酒精呼气测试等方法测试的酒精含量结果有异议并当场提出的；

（二）涉嫌饮酒驾驶车辆发生交通事故的；

（三）涉嫌醉酒驾驶的；

（四）拒绝配合酒精呼气测试等方法测试的。

车辆驾驶人对酒精呼气测试结果无异议的，应当签字确认。事后提出异议的，不予采纳。

车辆驾驶人涉嫌吸食、注射毒品或者服用国家管制的精神药品、麻醉药品后驾驶车辆的，应当按照《吸毒检测程序规定》对车辆驾驶人进行吸毒检测，并通知其家属，但无法通知的除外。

对酒后、吸毒后行为失控或者拒绝配合检验、检测的，可以使用约束带或者警绳等约束性警械。

第三十六条　对车辆驾驶人进行体内酒精含量检验的，应当按照下列程序实施：

（一）由两名交通警察或者由一名交通警察带领警务辅助人员将车辆驾驶人带到医疗机构提取血样，或者现场由法医等具有相应资质的人员提取血样；

（二）公安机关交通管理部门应当在提取血样后五日内将血样送交有检验资格的单位或者机构进行检验，并在收到检验结果后五日内书面告知车辆驾驶人。

检验车辆驾驶人体内酒精含量的，应当通知其家属，但无法通知的除外。

车辆驾驶人对检验结果有异议的，可以在收到检验结果之日起三日内申请重新检验。

具有下列情形之一的，应当进行重新检验：

（一）检验程序违法或者违反相关专业技术要求，可能影响检验结果正确性的；

（二）检验单位或者机构、检验人不具备相应资质和条件的；

（三）检验结果明显依据不足的；

（四）检验人故意作虚假检验的；

（五）检验人应当回避而没有回避的；

（六）检材虚假或者被污染的；

（七）其他应当重新检验的情形。

不符合前款规定情形的，经县级以上公安机关交通管理部门负责人批准，作出不准予重新检验的决定，并在作出决定之日起的三日内书面通知申请人。

重新检验，公安机关应当另行指派或者聘请检验人。

第三十七条　对非法安装警报器、标志灯具或者自行车、三轮车加装动力装置的，公安机关交通管理部门应当强制拆除，予以收缴，并依法予以处罚。

交通警察现场收缴非法装置的，应当在二十四小时内，将收缴的物品交所属公安机关交通管理部门。

对收缴的物品，除作为证据保存外，经县级以上公安机关交通管理部门批准后，依法予以销毁。

第三十八条 公安机关交通管理部门对扣留的拼装或者已达到报废标准的机动车，经县级以上公安机关交通管理部门批准后，予以收缴，强制报废。

第三十九条 对伪造、变造或者使用伪造、变造的机动车登记证书、号牌、行驶证、检验合格标志、保险标志、驾驶证的，应当予以收缴，依法处罚后予以销毁。

对使用其他车辆的机动车登记证书、号牌、行驶证、检验合格标志、保险标志的，应当予以收缴，依法处罚后转至机动车登记地车辆管理所。

第四十条 对在道路两侧及隔离带上种植树木、其他植物或者设置广告牌、管线等，遮挡路灯、交通信号灯、交通标志，妨碍安全视距的，公安机关交通管理部门应当向违法行为人送达排除妨碍通知书，告知履行期限和不履行的后果。违法行为人在规定期限内拒不履行的，依法予以处罚并强制排除妨碍。

第四十一条 强制排除妨碍，公安机关交通管理部门及其交通警察可以当场实施。无法当场实施的，应当按照下列程序实施：

（一）经县级以上公安机关交通管理部门负责人批准，可以委托或者组织没有利害关系的单位予以强制排除妨碍；

（二）执行强制排除妨碍时，公安机关交通管理部门应当派员到场监督。

第五章 行政处罚

第一节 行政处罚的决定

第四十二条 交通警察对于当场发现的违法行为，认为情节轻微、未影响道路通行和安全的，口头告知其违法行为的基本事实、依据，向违法行为人提出口头警告，纠正违法行为后放行。

各省、自治区、直辖市公安机关交通管理部门可以根据实际确定适用口头警告的具体范围和实施办法。

第四十三条 对违法行为人处以警告或者二百元以下罚款的，可以适用简易程序。

对违法行为人处以二百元（不含）以上罚款、暂扣或者吊销机动车驾驶证的，应当适用一般程序。不需要采取行政强制措施的，现场交通警察应当收集、固定相关证据，并制作违法行为处理通知书。其中，对违法行为人单处二百元（不含）以上罚款的，可以通过简化取证方式和审核审批手续等措施快速办理。

对违法行为人处以行政拘留处罚的，按照《公安机关办理行政案件程序规定》实施。

第四十四条 适用简易程序处罚的，可以由一名交通警察作出，并应当按照下列程序实施：

（一）口头告知违法行为人违法行为的基本事实、拟作出的行政处罚、依据及其依法享有的权利；

（二）听取违法行为人的陈述和申辩，违法行为人提出的事实、理由或者证据成立的，应当采纳；

（三）制作简易程序处罚决定书；

（四）处罚决定书应当由被处罚人签名、交通警察签名或者盖章，并加盖公安机关交通管理部门印章；被处罚人拒绝签名的，交通警察应当在处罚决定书上注明；

（五）处罚决定书应当当场交付被处罚人；被处罚人拒收的，由交通警察在处罚决定书上注明，即为送达。

交通警察应当在二日内将简易程序处罚决定书报所属公安机关交通管理部门备案。

第四十五条 简易程序处罚决定书应当载明被处罚人的基本情况、车辆牌号、车辆类型、违法事实、处罚的依据、处罚的内容、履行方式、期限、处罚机关名称及被处罚人依法享有的行政复议、行政诉讼权利等内容。

第四十六条 制发违法行为处理通知书应当按照下列程序实施：

（一）口头告知违法行为人违法行为的基本事实；

（二）听取违法行为人的陈述和申辩，违法行为人提出的事实、理由或者证据成立的，应当采纳；

（三）制作违法行为处理通知书，并通知当事人在十五日内接受处理；

（四）违法行为处理通知书应当由违法行为人签名、交通警察签名或者盖章，并加盖公安机关交通管理部门印章；当事人拒绝签名的，交通警察应当在违法行为处理通知书上注明；

（五）违法行为处理通知书应当当场交付当事人；当事人拒收的，由交通警察在违法行为处理通知书上注明，即为送达。

交通警察应当在二十四小时内将违法行为处理通知书报所属公安机关交通管理部门备案。

第四十七条 违法行为处理通知书应当载明当事人的基本情况、车辆牌号、车辆类型、违法事实、接受处理的具体地点和时限、通知机关名称等内容。

第四十八条 适用一般程序作出处罚决定，应当由两名以上交通警察按照下列程序实施：

（一）对违法事实进行调查，询问当事人违法行为的基本情况，并制作笔录；当事人拒绝接受询问、签名或者盖章的，交通警察应当在询问笔录上注明；

（二）采用书面形式或者笔录形式告知当事人拟作出的行政处罚的事实、理由及依据，并告知其依法享有的权利；

（三）对当事人陈述、申辩进行复核，复核结果应当在笔录中注明；

（四）制作行政处罚决定书；

（五）行政处罚决定书应当由被处罚人签名，并加盖公安机关交通管理部门印章；被处罚人拒绝签名的，交通警察应当在处罚决定书上注明；

（六）行政处罚决定书应当当场交付被处罚人；被处罚人拒收的，由交通警察在处罚决定书上注明，即为送达；被处罚人不在场的，应当依照《公安机关办理行政案件程序规定》的有关规定送达。

第四十九条 行政处罚决定书应当载明被处罚人的基本情况、车辆牌号、车辆类型、违法事实和证据、处罚的依据、处罚的内容、履行方式、期限、处罚机关名称及被处罚人依法享有的行政复议、行政诉讼权利等内容。

第五十条 一人有两种以上违法行为，分别裁决，合并执行，可以制作一份行政处罚决定书。

一人只有一种违法行为，依法应当并处两个以上处罚种类且涉及两个处罚主体的，应当分别制作行政处罚决定书。

第五十一条 对违法行为事实清楚，需要按照一般程序处以罚款的，应当自违法行为人接受处理之时起二十四小时内作出处罚决定；处以暂扣机动车驾驶证的，应当自违法行为人接受处理之日起三日内作出处罚决定；处以吊销机动车驾驶证的，应当自违法行为人接受处理或者听证程序结束之日起七日内作出处罚决定，交通肇事构成犯罪的，应当在人民法院判决后及时作出处罚决定。

第五十二条 对交通技术监控设备记录的违法行为，当事人应当及时到公安机关交通管理部门接受处理，处以警告或者二百元以下罚款的，可以适用简易程序；处以二百元（不含）以上罚款、吊销机动车驾驶证的，应当适用一般程序。

第五十三条 违法行为人或者机动车所有人、管理人收到道路交通安全违法行为通知后，应当及时到公安机关交通管理部门接受处理。机动车所有人、管理人将机动车交由他人驾驶的，应当通知机动车驾驶人按照本规定第二十条规定期限接受处理。

违法行为人或者机动车所有人、管理人无法在三十日内接受处理的，可以申请延期处理。延长的期限最长不得超过三个月。

第五十四条 机动车有五起以上未处理的违法行为记录，违法行为人或者机动车所有人、管理人未在三十日内接受处理且未申请延期处理的，违法行为发生地公安机关交通管理部门应当按照备案信息中的联系方式，通过移动互联网应用程序、手机短信或者邮寄等方式将拟作出的行政处罚决定的事实、理由、依据以及依法享有的权利，告知违法行为人或者机动车所有人、管理人。违法行为人或者机动车所有人、管理人未在告知后三十日内接受处理的，可以采取公告方式告知拟作出的行政处罚决定的事实、理由、依据、依法享有的权利以及公告期届满后将依法作出行政处罚决定。公告期为七日。

违法行为人或者机动车所有人、管理人提出申辩或者接受处理的，应当按照本规定第四十四条或者第四十八条办理；违法行为人或者机动车所有人、管理人未提出申辩的，公安机关交通管理部门可以依法作出行政处罚决定，并制作行政处罚决定书。

第五十五条　行政处罚决定书可以邮寄或者电子送达。邮寄或者电子送达不成功的，公安机关交通管理部门可以公告送达，公告期为六十日。

第五十六条　电子送达可以采用移动互联网应用程序、电子邮件、移动通信等能够确认受送达人收悉的特定系统作为送达媒介。送达日期为公安机关交通管理部门对应系统显示发送成功的日期。受送达人证明到达其特定系统的日期与公安机关交通管理部门对应系统显示发送成功的日期不一致的，以受送达人证明到达其特定系统的日期为准。

公告应当通过互联网交通安全综合服务管理平台、移动互联网应用程序等方式进行。公告期满，即为送达。

公告内容应当避免泄漏个人隐私。

第五十七条　交通警察在道路执勤执法时，发现违法行为人或者机动车所有人、管理人有交通技术监控设备记录的违法行为逾期未处理的，应当以口头或者书面方式告知违法行为人或者机动车所有人、管理人。

第五十八条　违法行为人可以通过公安机关交通管理部门自助处理平台自助处理违法行为。

第二节　行政处罚的执行

第五十九条　对行人、乘车人、非机动车驾驶人处以罚款，交通警察当场收缴的，交通警察应当在简易程序处罚决定书上注明，由被处罚人签名确认。被处罚人拒绝签名的，交通警察应当在处罚决定书上注明。

交通警察依法当场收缴罚款的，应当开具省、自治区、直辖市财政部门统一制发的罚款收据；不开具省、自治区、直辖市财政部门统一制发的罚款收据的，当事人有权拒绝缴纳罚款。

第六十条 当事人逾期不履行行政处罚决定的，作出行政处罚决定的公安机关交通管理部门可以采取下列措施：

（一）到期不缴纳罚款的，每日按罚款数额的百分之三加处罚款，加处罚款总额不得超出罚款数额；

（二）申请人民法院强制执行。

第六十一条 公安机关交通管理部门对非本辖区机动车驾驶人给予暂扣、吊销机动车驾驶证处罚的，应当在作出处罚决定之日起十五日内，将机动车驾驶证转至核发地公安机关交通管理部门。

违法行为人申请不将暂扣的机动车驾驶证转至核发地公安机关交通管理部门的，应当准许，并在行政处罚决定书上注明。

第六十二条 对违法行为人决定行政拘留并处罚款的，公安机关交通管理部门应当告知违法行为人可以委托他人代缴罚款。

第六章 执法监督

第六十三条 交通警察执勤执法时，应当按照规定着装，佩戴人民警察标志，随身携带人民警察证件，保持警容严整，举止端庄，指挥规范。

交通警察查处违法行为时应当使用规范、文明的执法用语。

第六十四条 公安机关交通管理部门所属的交警队、车管所及重点业务岗位应当建立值日警官和法制员制度，防止和纠正执法中的错误和不当行为。

第六十五条 各级公安机关交通管理部门应当加强执法监督，建立本单位及其所属民警的执法档案，实施执法质量考评、执法责任制和执法过错追究。

执法档案可以是电子档案或者纸质档案。

第六十六条 公安机关交通管理部门应当依法建立交通民警执勤执法考核评价标准，不得下达或者变相下达罚款指标，不得以处罚数量作为考核民警执法效果的依据。

第七章 其他规定

第六十七条 当事人对公安机关交通管理部门采取的行政强制措施或者作出的行政处罚决定不服的，可以依法申请行政复议或者提起行政诉讼。

第六十八条 公安机关交通管理部门应当使用道路交通违法信息管理系统对违法行为信息进行管理。对记录和处理的交通违法行为信息应当及时录入道路交通违法信息管理系统。

第六十九条 公安机关交通管理部门对非本辖区机动车有违法行为记录的，

应当在违法行为信息录入道路交通违法信息管理系统后，在规定时限内将违法行为信息转至机动车登记地公安机关交通管理部门。

第七十条　公安机关交通管理部门对非本辖区机动车驾驶人的违法行为给予记分或者暂扣、吊销机动车驾驶证以及扣留机动车驾驶证的，应当在违法行为信息录入道路交通违法信息管理系统后，在规定时限内将违法行为信息转至驾驶证核发地公安机关交通管理部门。

第七十一条　公安机关交通管理部门可以与保险监管机构建立违法行为与机动车交通事故责任强制保险费率联系浮动制度。

第七十二条　机动车所有人为单位的，公安机关交通管理部门可以将严重影响道路交通安全的违法行为通报机动车所有人。

第七十三条　对非本辖区机动车驾驶人申请在违法行为发生地、处理地参加满分学习、考试的，公安机关交通管理部门应当准许，考试合格后发还扣留的机动车驾驶证，并将考试合格的信息转至驾驶证核发地公安机关交通管理部门。

驾驶证核发地公安机关交通管理部门应当根据转递信息清除机动车驾驶人的累积记分。

第七十四条　以欺骗、贿赂等不正当手段取得机动车登记的，应当收缴机动车登记证书、号牌、行驶证，由机动车登记地公安机关交通管理部门撤销机动车登记。

以欺骗、贿赂等不正当手段取得驾驶许可的，应当收缴机动车驾驶证，由驾驶证核发地公安机关交通管理部门撤销机动车驾驶许可。

非本辖区机动车登记或者机动车驾驶许可需要撤销的，公安机关交通管理部门应当将收缴的机动车登记证书、号牌、行驶证或者机动车驾驶证以及相关证据材料，及时转至机动车登记地或者驾驶证核发地公安机关交通管理部门。

第七十五条　撤销机动车登记或者机动车驾驶许可的，应当按照下列程序实施：

（一）经设区的市公安机关交通管理部门负责人批准，制作撤销决定书送达当事人；

（二）将收缴的机动车登记证书、号牌、行驶证或者机动车驾驶证以及撤销决定书转至机动车登记地或者驾驶证核发地车辆管理所予以注销；

（三）无法收缴的，公告作废。

第七十六条　简易程序案卷应当包括简易程序处罚决定书。一般程序案卷应当包括行政强制措施凭证或者违法行为处理通知书、证据材料、公安交通管理行政处罚决定书。

在处理违法行为过程中形成的其他文书应当一并存入案卷。

第八章　附　则

第七十七条　本规定中下列用语的含义：

（一）“违法行为人”，是指违反道路交通安全法律、行政法规规定的公民、法人及其他组织。

（二）“县级以上公安机关交通管理部门”，是指县级以上人民政府公安机关交通管理部门或者相当于同级的公安机关交通管理部门。“设区的市公安机关交通管理部门”，是指设区的市人民政府公安机关交通管理部门或者相当于同级的公安机关交通管理部门。

第七十八条　交通技术监控设备记录的非机动车、行人违法行为参照本规定关于机动车违法行为处理程序处理。

第七十九条　公安机关交通管理部门可以以电子案卷形式保存违法处理案卷。

第八十条　本规定未规定的违法行为处理程序，依照《公安机关办理行政案件程序规定》执行。

第八十一条　本规定所称“以上”“以下”，除特别注明的外，包括本数在内。

本规定所称的“二日”“三日”“五日”“七日”“十日”“十五日”，是指工作日，不包括节假日。

第八十二条　执行本规定所需要的法律文书式样，由公安部制定。公安部没有制定式样，执法工作中需要的其他法律文书，各省、自治区、直辖市公安机关交通管理部门可以制定式样。

第八十三条　本规定自2009年4月1日起施行。2004年4月30日发布的《道路交通安全违法行为处理程序规定》（公安部第69号令）同时废止。本规定生效后，以前有关规定与本规定不一致的，以本规定为准。

第二编 条文释义

第一章 总 则

本章概览

总则一般对立法目的、依据、调整范围、基本原则以及其他一些重要问题作出规定，起着统领和指导作用，总则中的有关原则和制度，在其后的条文中一般都有具体体现和细化规定。本规定的总则内容主要包括三个方面：一是立法目的和依据；二是适用范围；三是道路交通安全违法行为处理的基本原则。其中第一条是关于立法目的和依据的规定，第二条是关于适用范围的规定，第三条是道路交通安全违法行为处理的基本原则。这些内容的确定与规范，为以后各章节具体条文的设计确定了指导原则和理论基础。对总则的学习和理解，要注意两个方面的问题：一方面要和以后各章节的具体内容结合起来进行学习研究，不能孤立地学习研究总则，否则会感到空洞、空泛；另一方面也不能认为总则抽象，不确定当事人的权利义务，而忽视对总则内容的学习研究。总则之后各章具体内容的理解和把握，要结合总则所确定的精神和指导原则来掌握，特别是在遇有不同理解时，要结合总则所确定的原则来进行判断。

第一条（制定目的和依据）

为了规范道路交通安全违法行为处理程序，保障公安机关交通管理部门正确履行职责，保护公民、法人和其他组织的合法权益，根据《中华人民共和国道路交通安全法》及其实施条例等法律、行政法规制定本规定。

条文释义

本条是对《道路交通安全违法行为处理程序规定》（以下简称《程序规定》）

制定目的和依据的规定。

本条将《程序规定》的制定目的和依据合二为一，位居法条首位，这是我国立法的惯例；制定目的体现立法者制定相关法律规范的价值取向和方向定位，为法律适用者提供立法背景信息，对于理解和适用法律法规具有指引作用。制定依据是用来说明所立之法的合法性渊源。

一、制定目的

制定目的是制定本法所要达到的社会效果和法律效果；根据本条规定，其目的可概括为以下三个方面：

一是规范道路交通安全违法行为处理程序。这是《程序规定》的首要目的和价值；针对公安机关交通管理部门处理道路交通安全违法行为的各个环节，从受理案件到作出具体处理决定都作了详细的规定，在规范执法程序、严密执法环节方面基本上做到有章可循，有法可依。通过规范公安交通管理部门和交通警察的执法行为，强化对公安机关交通管理部门的执法监督，不仅有利于预防和减少因程序不当引起的纠纷，而且有利于搞好警民关系，维护程序正义。

二是保障公安机关交通管理部门正确履行职责。规范道路交通安全违法行为处理程序就是要从执法程序上正确保障公安机关交通管理部门严格依法办案，保障和监督公安机关交通管理部门依照法定程序正确履行职责，防止因程序违法侵犯当事人的合法权益。同时，严密执法程序、规范执法行为对交通警察自身也是一种保护。如果程序不完善、不健全，交警在执法中随意性较大，执法实践就会感到无所适从，产生执法偏差也就在所难免，也会由此引起不少纠纷和上访案件。

《程序规定》使公安机关交通管理部门和交通警察在执法工作中有章可循，为保障公安机关交通管理部门在道路交通安全违法行为处理中正确履行职责提供了有效的法律武器。

三是保护公民、法人和其他组织的合法权益。无论是规范道路交通安全违法行为处理程序，还是保障公安机关交通管理部门正确履行职责，其最终目的都应归结于保护交通参与者的合法权益，维护社会公平与正义，营造安全有序畅通的交通秩序和环境。公安机关交通管理部门既要正确履行职责，维护交通安全管理工作的高效和公正，又不能因此侵犯交通参与者的合法权益。这就要求公安机关交通管理部门不仅要公平、公正处理交通安全违法活动，严格履行职责，更要严于律已，预防和遏制滥用权力，尊重和保障人权，不断提高公安交通安全执法水平，保证执法行为的合法性、公正性、高效性，树立公安机关交通管理部门良好的执法形象，更好地为人民服务，切实保障公民、法人和其他组织的合法权益。

二、制定依据

本条是关于《程序规定》的制定依据的规定；在本条中只明确写明《中华人民共和国道路交通安全法》及其实施条例，而对其他法律、行政法规则没有列出，但这并不意味着本程序规定的依据只有《中华人民共和国道路交通安全法》及其实施条例，本《程序规定》规范的是公安机关处理道路交通安全违法行为，其依据除《中华人民共和国道路交通安全法》及其实施条例外，还有行政处罚法、治安管理处罚法，还涉及行政诉讼法、刑事诉讼法、公安机关办理行政案件程序规定等法律、法规。

《道路交通安全法》及其实施条例是制定的主要依据，其虽详细规定了机动车、非机动车、行人的通行规则以及违法行为的法律责任，但对违法行为如何进行处罚即处罚的程序问题却未作规定。道路交通安全违法行为处理程序规定正是具体规定对交通安全违法行为处理时所遵守的程序，制定本程序规定的宗旨，是既要保障公安机关交通管理部门正确履行职责，又要保护公民、法人和其他组织的合法权益，不仅要求公安机关交通管理部门严格依法查处交通安全违法行为，以保护人身和财产安全，更要求公安机关交通管理部门及其交通警察严于律己，杜绝滥用权力，保护人权，不断提高公安机关交通管理部门的执法水平，特别是程序意识的培养和提高，改变以往重实体轻程序的错误观念，保证公安机关交通管理部门履行职责的合法性、公正性和高效性，最终使《道路交通安全法》及其他交通安全法规规定的交通安全违法行为能够得到准确、及时的处理，也使违法行为人的合法权益得到保护。

第二条（适用范围）

公安机关交通管理部门及其交通警察对道路交通安全违法行为（以下简称违法行为）的处理程序，在法定职权范围内依照本规定实施。

条文释义

本条是交通安全违法行为处理的主体及《程序规定》的法律效力的规定。

本条有两层含义：一是明确了交通安全违法行为处理的主体是公安机关交通管理部门及其交通警察；二是对交通安全违法行为的处理必须在法定的职权内依据《程序规定》的规定进行。

1. 交通安全违法行为及法律责任构成。

交通安全违法行为是指在我国境内的车辆驾驶人、行人、乘车人以及与道路交通活动有关的单位和个人，违反《道路交通安全法》及其实施条例或其他道路交通安全法律、法规的过错行为。

交通安全违法责任的构成要件是指我国交通安全法律、法规规定的，决定行为人的交通或与交通有关的行为是否构成违法以及是否承担法律责任所需的主客观要件的总和，应由以下四个方面构成：

(1) 主体。交通安全违法行为的主体，必须是达到法定责任年龄，具有法律责任能力的个人以及法人和其他组织。根据我国行政法律法规的规定，我国的行政责任年龄分为三个阶段：无责任年龄阶段，为十四周岁以下，即对于十四周岁以下道路交通安全违法行为人不予处罚；从轻、减轻责任年龄阶段，为十四至十八周岁，即公安机关交通管理部门对于在这个年龄段内的人实施的道路交通安全违法行为，应在法定的处罚幅度内给予较轻的处罚；完全责任年龄阶段，为十八周岁以上，即对于年满十八周岁的行为人实施的道路交通安全违法行为。未达到法定责任年龄的个人，即使有违法行为，也不能成为被追究法律责任的主体。

(2) 主观方面。交通安全违法行为的主观方面是指行为人参与交通或进行与交通有关的行为时的心理状态，这要求承担交通安全违法责任的行为人主观上有过错，包括故意和过失，过失包括疏忽大意的过失和过于自信的过失。如果违法行为的发生不是出于当事人的过错，而是由于不可抗力、意外因素引起的，或者当事人紧急避险行为则不承担法律责任。

(3) 客体。交通安全违法责任的客体是指被交通安全违法行为侵害，而受交通安全法律、法规保护的社会关系，具体来讲就是道路交通秩序、交通安全、公民、法人和其他组织的财产安全以及其他合法权益。

(4) 客观方面。交通安全违法行为的客观方面是指行为人实施了某种交通安全法律、法规所禁止的行为或没有履行交通安全法律、法规所规定的义务。

只有当事人同时具备了上述四个要件，才能追究当事人的违法责任。

2. 交通安全违法行为处理的主体：公安机关交通管理部门及其交通警察。

对交通安全违法行为处理的主体是公安机关交通管理部门及其交通警察。《道路交通安全法》规定：国务院公安部门负责全国道路交通安全管理工作。县级以上地方各级人民政府公安机关交通管理部门负责本行政区域内的道路交通安全管理工作。所谓县级以上公安交通管理部门就是各省（自治区、直辖市）、市（地级市）、县（区）的公安交警总队、支队和大队。交通警察应当是在公安机关交通管理部门工作的正式、在编的、并经法制和交通安全管理业务培训、考核合格的人民警察。公安机关交通管理部门对交通安全违法行为的处理是通过交通警察的具体执法来实现的。交通协管员不是交通安全违法行为处理的主体，不得从事执法行为，不得对违法行为人作出行政处罚或者行政强制措施决定，可以在交通警察指导下承担以下工作：维护道路交通秩序，劝阻违法行为；维护交通事故现场秩序，保护事故现场，抢救受伤人员；进行交通安全宣传；及时报告道路上的交通、治安情况和其他重要情况；接受群众求助。

3. 公安机关交通管理部门及其交通警察在处理交通安全违法行为中的法定职权。

《程序规定》规定对交通安全违法行为的处理，必须在法定的职权内进行，公安机关交通管理部门及其交通警察的法定职权主要包括：

（1）行政处罚。根据《道路交通安全法》第八十八条之规定，对交通安全违反行为的处罚种类有：警告、罚款、暂扣或吊销机动车驾驶证、拘留。这从处罚手段上确定了对交通安全违法行为处理的法定职权。

（2）根据《道路交通安全法》第九十六、九十七、一百条及其实施条例第一百零三条之规定，还可以收缴非法财物、没收违法所得、没收非法财物、撤销机动车登记或者机动车驾驶许可。

（3）行政强制措施。公安交通管理行政强制是公安机关交通管理部门为了保障道路交通管理的顺利进行，确保对交通安全违法行为的处罚，通过依法采取强制手段迫使拒不履行道路交通管理法律、法规义务的相对方履行义务或者达到与履行义务的相同状态；或者出于维护道路交通秩序或保护公民人身健康和安全的需要，对相对方的人身或财产采取的紧急性、即时性的强制措施的具体行政行为的总和。

在对违法行为处理过程中采取的这些行政强制措施，也是公安机关交通管理部门及其交通警察的法定职权，公安机关交通管理部门及其交通警察在执法过程中，依法可以采取下列行政强制措施：扣留车辆；扣留机动车驾驶证；拖移机动车；检验体内酒精、国家管制的精神药品、麻醉药品含量；收缴物品；法律、法规规定的其他行政强制措施。

4. 公安机关交通管理部门及其交通警察处理交通安全违法行为必须依据本规定的程序实施，目的是保证对违法行为能够依法处理，防止侵权违法，保障行为人的合法权益。

相关法条

中华人民共和国公安部
道路交通违法行为认定及处理指导意见（一）

公交管〔2013〕128号

为进一步规范公安机关交通管理部门和交通民警的执法行为，保障《道路交通安全法》及其实施条例、部门规章的正确实施，依法保护公民、法人和其他组织的合法权益，依据《道路交通安全法》及其实施条例的有关规定，现就部分道路交通违法行为的认定及处理提出以下指导意见：

一、关于涉牌涉证违法行为

（一）有下列情形之一的，应当认定为上道路行驶的机动车未悬挂机动车号牌：

1. 尚未取得机动车号牌（包括临时行驶车号牌，下同）的；

2. 已申领机动车号牌但未悬挂或者未粘帖的；

注：领取了正式牌照的，临时号牌第二日失效，详见《中华人民共和国机动车号牌》（GA36－2018）关于对“纸质材料号牌”的规定。

3. 使用公告作废的机动车号牌的；

4. 使用过期的临时行驶车号牌的；

5. 办理变更、转移、注销登记业务后继续使用应当收回的机动车号牌的。

因号牌被盗、丢失等原因未悬挂机动车号牌，且当事人能够出具报警记录或者受案回执单等相关证明的，自报警之日起十日（工作日，下同）内被查处的；由公安机关交通管理部门予以警告，责令其到车管所申请补领号牌，并将相关信息录入公安交通管理综合应用平台（以下简称综合平台）；自报警之日起十日后被查处的，按照未悬挂机动车号牌行为予以罚款处罚并记分。

（二）有下列情形之一的，应当认定为上道路行驶的机动车故意遮挡、污损机动车号牌：

1. 使用纸片、光盘、布条等物品遮住机动车号牌的；

2. 加装防撞装置、备胎等遮挡机动车号牌的；

3. 使用油漆、泥浆等物质覆盖机动车号牌的；

4. 人为使机动车号牌变形、折断、油漆脱落的，影响号牌上汉字、字母或者数字识认的。

对因雨雪天气、道路等客观原因，来不及清洗车辆导致机动车车身及其号牌被泥浆遮挡或者载货汽车装载货物影响车辆号牌识认的行为，由公安机关交通管理部门责令当事人当场予以改正。因交通事故导致车辆号牌损坏、残缺或者号牌老化、褪色等非人为因素影响号牌识认的，由公安机关交通管理部门予以警告，责令其在十日内到车管所申请换领号牌，并将相关信息录入综合平台；因上述行为十日后再次被查处的，按照故意污损机动车号牌行为予以罚款处罚并记分。

（三）有下列情形之一的，应当认定为上道路行驶的机动车未按规定安装机动车号牌：

1. 前后机动车号牌未安装或者未粘帖在机动车指定位置的；

2. 倒置、翻转、反向安装机动车号牌的；

3. 只悬挂一块机动车号牌的；

4. 使用可拆卸号牌架、翻转号牌架、全覆盖式有机玻璃号牌架的；

5. 使用的号牌架内侧边缘距离号牌上汉字、字母或者数字边缘不足 5mm 的。

对未按规定粘帖有效临时行驶车号牌或者使用的号牌架内侧边缘距离号牌上汉字、字母或者数字边缘不足 5mm 且影响号牌识认的行为，可以当场改正的，由公安机关交通管理部门予以警告，并将相关信息录入综合平台。对机动车已安装号牌但未使用号牌专用固封装置的，由公安机关交通管理部门予以警告，责令其在十日内到车管所申请换领并使用号牌专用固封装置，并将相关信息录入综合平台；因上述行为十日后再次被查处的，按照未按规定安装机动车号牌行为予以罚款处罚并记分。

（四）有下列情形之一的，应当认定为变造机动车牌证：

1. 在机动车号牌上粘贴数字贴、符号贴或者使用胶粘、涂抹、拼接等方式改变号牌原有汉字、数字、字母的；

2. 更换行驶证、驾驶证上机动车或者驾驶人照片的；

3. 涂改行驶证、驾驶证以及临时行驶车号牌记载的信息的。

（五）关于使用伪造机动车号牌和使用其他机动车号牌

有下列情形之一的，应当认定为使用伪造机动车牌证：

1. 非法制作的虚假机动车牌证；

2. 通过非法手段从有机动车牌证制作、生产资质的单位取得的机动车牌证；

3. 以欺骗、贿赂等不正当手段从车管所取得的机动车牌证。

使用其他机动车牌证是指使用其他机动车依法取得的有效牌证。

执法中查处的机动车号牌不属于该车的，应当区别机动车号牌的真伪，属于使用虚假号牌的，认定为使用伪造机动车号牌违法行为；属于使用其他机动车合法取得的号牌的，认定为使用其他机动车号牌违法行为。

二、关于驾驶机动车拨打、接听手持电话违法行为

驾驶人在驾车行驶过程中有通过手持方式操作移动电话通话或者收发短信、观看手机视频、操作手机软件等情形的，认定为驾驶机动车有拨打、接听手持电话违法行为。对驾驶人使用无需手持的车载电话、手机耳机或者免提功能进行通话且不影响安全的，不认定为拨打、接听手持电话违法行为。

三、关于载货汽车违法行为

对驾驶载货汽车有下列情形之一的，由公安机关交通管理部门予以警告，并将相关信息录入综合平台：

（一）喷涂放大的机动车牌号不清晰的；

（二）外地驾驶人因不熟悉道路，违反载货汽车禁令标志指示通行，经交通警察当场指出后立即终止违法行为的；

（三）违反规定加装灯具，可以当场改正的；

（四）轮胎破损或者磨损严重、胎冠和花纹深度不符合标准规定、轮胎规格型号不符合标准规定等行为，可以当场改正的。

四、关于营运客车违法行为

驾驶营运客车，主要包括驾驶公路客运、公交客运、出租客运、旅游客运、租赁、教练等使用性质的客车的情形。但驾驶人驾驶租赁的小型、微型客车上道路行驶，不以盈利为目的且能够出具租赁合同等有效证明的，发生的违法行为可以按照非营运客车予以处罚。

第三条（违法行为处理原则）

对违法行为的处理应当遵循合法、公正、文明、公开、及时的原则，尊重和保障人权，保护公民的人格尊严。

对违法行为的处理应当坚持教育与处罚相结合的原则，教育公民、法人和其他组织自觉遵守道路交通安全法律法规。

对违法行为的处理，应当以事实为依据，与违法行为的事实、性质、情节以及社会危害程度相当。

条文释义

本条是对违法行为处理应当遵循原则的规定。

本条共分三款组成违法行为处理的原则体系，具有层次性和完整性。

第一款规定了违法行为处理的基本原则，具有基础性地位。

一、合法原则

合法原则是指处理交通安全违法行为，必须依照《道路交通安全法》或其他交通安全法律、法规和与行政执法有关的法律、法规规定的程序以及本规定进行。只有在法定权限内处理道路交通安全违法行为才能称之为合法。这要求：第一，必须是执法主体在其法定权限内作出的行为；第二，该行政行为的作出必须符合法律、法规及规章对事务管辖权、地域管辖权和级别管辖权的划分。执法行为首先是要严格遵守法律、行政法规所规定的权利义务，既不得超越法律、法规的权限规定，也不得怠于行使法律、法规所规定的权利和义务，必须依法履行职责，遵守法定程序。

二、公正公开原则

行政法制的发展，已经把对执法者的行政行为的公正性、公开性的希望和期待转化为行政主体的具体义务和行政相对人的具体权利。因此《行政处罚法》第四条明确规定："行政处罚遵循公正、公开的原则"。这就使"公正"和"公开"突破了业务上的要求，更是上升到法律的高度。《道路交通安全违法行为处理程序规定》作为行政程序的重要部分，必须严格遵循这一原则。

公正原则是指排除行政主体可能造成偏见的因素，使之公正地对待行政相对人的原则，要求公安机关交通管理部门在处理交通安全违法行为时要依法平等对待当事人，法律是处理违法行为的唯一尺度，对所有的人都必须采用同一尺度去衡量，具体的做法：一是坚持实事求是的原则，实事求是的具体标准就是"以事实为依据"，即以案件违法行为的事实、性质、情节以及社会危害程度为依据；"以法律为准绳"，就是每一项行政行为都必须能找到法律依据。二是凡与本人有关的案件不能由本人自行处理，按相关规定回避；三是必须认真、充分听取违法嫌疑人的陈述和申辩，这是法律规定的正当程序，只有这样，才有可能避免错案的发生。坚持公正原则，就是要求公安机关交通管理部门在处理违法行为时要依法平等对待当事人，不得以任何理由和方式偏袒任何一方，要平等和公正地适用法律，并特别注意保护违法嫌疑人的合法权益，不能因其有违法行为而忽视对其合法权益的保护。

公开原则是指行政行为应当透明，行政处罚的依据必须对外公布。公开是保证公正的必要和有效手段，具体要求：一是对交通安全违法行为进行处罚所采用的依据必须是已经公布实施的法律、法规。《行政处罚法》第四条规定："对违法行为给予行政处罚的规定必须公布；未经公布的，不得作为行政处罚的依据"。二是要求公安机关交通管理部门办理交通安全违法案件的程序要公开，履行告知义务，《行政处罚法》第三十一、四十一条就告知义务作了详细规定，其核心就是在作出处罚决定之前，应当告知当事人拟作出处罚决定的事实、理由和依据，未按规定履行告知义务的，行政处罚决定不能成立；作出行政处罚或者行政强制措施的事实、理由及法律依据都要公开，不得暗箱操作。依法应当举行听证会的，除涉及国家秘密、商业秘密、个人隐私的以外，应当公开举行。公开举行的听证会应当允许群众旁听。案件调查处理过程中的有关文书和资料，除法律、法规另有规定外，应当对违法嫌疑人、被侵害人以及其他与案件有利害关系的人公开，不得隐瞒或者以各种理由拒绝公开。需要注意的是，对有些案件的处理，除当事人各方不愿公开的以外，可以公开处理。三是允许当事人陈述和申辩，这是《行政处罚法》第三十二、四十一条的规定，拒绝听取当事人的陈述和申辩，处罚决定同样不成立。本《程序规定》也有类似的要求。

三、及时原则

及时，实际上和《道路交通安全法》第七十九条所述的“高效”出于同一立法宗旨，就是要求公安机关交通管理部门在处理交通安全违法行为时，在受理案件、调查、处理的各个阶段，都必须按照《道路交通安全法》及其他交通安全法规和本程序规定的时限，按期执行有关的程序，并对案件作出处理决定，既不能推诿不办，也不能久拖不决。无论是及时还是高效，都要求行政行为应当在最短的时间内取得最理想的结果，同时注意在该过程中尽可能耗费最少的人力、物力和财力，目的是保障公民的合法权益，直接针对以往公安机关交通管理部门行政效率低、办事拖沓的不良作风。从行政行为的角度看，这是行政工作的基本要求；从警民关系看，这是融洽警民鱼水情，树立良好警察形象的法宝。

四、尊重和保障人权，保护公民的人格尊严的原则

《程序规定》将处理违法行为提升到保障人权、保护人格尊严的高度；我国《宪法》第三十八条规定，中华人民共和国公民的人格尊严不受侵犯。禁止用任何方法对公民进行侮辱、诽谤和诬告陷害。人格尊严是一种绝对价值，对于实施违法犯罪行为的人可以限制其人身自由，甚至剥夺其生命，但是不能侮辱其人格，尊重人格尊严没有例外，任何人在任何情况下都具有完全相同的人格尊严。从某种程度上讲，看得见的刑讯逼供、公开蔑视和看不见的人格贬损，都是对人格尊严的践踏，都是与现代民主法制的精神格格不入的。我国宪法和法律对人权的保障随着社会发展不断完善，逐步细化，可操作性越来越强；1997 年 9 月，党的十五大首次提出“尊重和保障人权”，2004 年第十届全国人大第二次会议将“尊重和保障人权”写进宪法，这对我国的立法、司法、执法以及社会政治、经济管理等方面都会起到重要的指导作用，具有里程碑的意义。交通安全违法行为是人们日常生活中常发生的行为，公安机关处理违法行为时应坚持尊重和保障人

权原则，就是要求公安机关交通管理部门及其交通警察严格依法处理违法行为，维护交通秩序，保障交通安全，从而保护公民、法人和其他组织的合法权益；同时，还要依法保护违法行为人的合法权益。违法行为人实施了违法行为，理应依法接受处罚，对其相关权利进行限制和剥夺，但并不能因其有过某种违法行为而丧失其他合法权益，对其没有被依法限制或者剥夺的权利仍应给予平等的保护。执法实践中部分警察对违法行为人实施不尊重甚至侮辱等行为都是对违法行为人人权的侵犯。因此，在对违法行为人实施处罚时，交通警察应当换位思考，要全面考虑公民、法人和其他组织的各项权利，凡是法律没有限制或者剥夺的权利，都不能非法限制或者剥夺。另外，不仅要从实体规定上尊重并保障违法行为人的人权，还要注意从执法程序上予以保障，特别是要防止不尊重和不保护公民、法人和其他组织的合法权益的行为。保护公民的人格尊严是尊重和保障人权的重要内容，公民的人格尊严不受侵犯是公民享有的基本权利。

本款突出人权原则，也就是针对现实中发生的一些交警忽视人权特别是违法行为人人权的现象。部分交警认为既然他们不守规矩（不遵守交通规则），就没有必要对其尊重，可以对他们随意训斥或者谩骂，甚至直接对其身体进行侵害，让违法行为人感到无法接受，引发了不少信访，一些当事人为争一口气，四处上访，到处告状，影响公众对交警的印象。但也有许多交警对当事人晓之以理，动之以情，严格执法，热情服务，将纠纷解决在萌芽阶段，当事人心甘情愿接受处罚，并能积极配合警察化解矛盾。也就是说，无论是否存在违法行为，公民的人格尊严必须得到尊重，否则就可能事倍功半。在尊重和保障人权意识日渐深入人心的今天，从法律制度上确认并保护公民的人格尊严，有着十分重要的现实意义。

第二款规定违法行为处理的教育与处罚相结合原则。

教育和处罚相结合，强调违法行为处理的教育功能，达到预防和减少违法行为，自觉遵守道路交通安全法律、法规的社会效果。这是公安机关实施行政处罚的一贯原则，《行政处罚法》第五条规定："实施行政处罚，纠正违法行为，应当坚持处罚与教育相结合，教育公民、法人或者其他组织自觉守法。"为强调"教育"功能，弱化处罚功能；本款将教育列在前面，处罚列在后面，突出了教育原则。

交通安全违法行为就整体而言，属于一般性的违法行为，当事人的主观恶意程度并不大，很多违法行为的产生是因为交通参与者交通安全意识淡薄过失所致。因此，如果在处理交通安全违法过程中片面强调处罚，势必不利于交通安全法制的宣传和交通安全意识的培养。另外，法本身的一大功能就是"防患于未然”，其途径就是教育。

公安机关交通管理部门依法对违法行为人实施处罚，旨在纠正其违法行为，使违法行为人认识到自己的行为给交通安全带来的严重危害，以及因此要受到的相应的法律制裁，通过对其实施处罚使其本人受到教育，以后不致重犯；同时，通过对违法行为人实施处罚，也让人民群众认识到交通安全违法行为的社会危害性和违法性，引以为戒。因此，公安机关交通管理部门对违法行为人实施处罚并不是单纯为了处罚，而是通过实施处罚纠正其违法行为，达到教育违法行为人本人和其他人民群众自觉守法、保障法律贯彻实施的目的。

做到教育与处罚相结合，要求公安机关交通管理部门及其交通警察，不仅要把教育贯彻于处罚交通安全违法行为的全过程，更要贯彻于交通管理工作的每个细节部位，把交通管理变成交通安全法制宣传的课堂。“处罚”有量化的尺度，而“教育”工作开展的难点就在于教育没有程序，没有标准，因此只有将“教育”融入平时工作的每个细节，才能做到教育与处罚的有效结合。本《程序规定》很好地体现了这一点，比如，对违法行为轻微并及时纠正，没有造成危害后果的，不予行政处罚；对违法行为人主动消除或者减轻违法行为危害后果，并取得被侵害人谅解的等情形，从轻、减轻处罚或者不予处罚；

教育与处罚相结合，要做到二者的平衡发展，“重罚轻教”或“重教轻罚”都是不可取的。随着法律制度的日益健全和人民群众法律意识的不断提高，执法者的法制意识和执法水平也受到极大挑战。在基层实践中，部分交警都曾遭到过群众的投诉，本身是当事人对警察的监督，但个别警察对此产生顾虑，担心过多的投诉会影响组织对自身的评价，另外个别领导也把投诉看作是对警察的否定评价，因而逐渐滋生一种“多管不如少管，少管不如不管”的思想，以教育取代处罚，这样当然不会再有投诉，但却放纵了大量的交通安全违法行为，一些地方以罚款多少作为考察交警工作质量和工作量的标准，显然有悖于“教育与处罚相结合”的原则。因此，公安机关交通管理部门及其交通警察，应大胆开展工作，该罚则罚，该教则教，做到二者的平衡发展。如何把握教育与处罚相结合的尺度，还需依据不同案件的具体情况而定。因此，要做到教育与处罚相结合，不仅要对违法行为人的违法行为给予合法、公正的处罚，通过处罚对其进行教育，使其以后不再重犯；还要注意通过对违法行为人的处罚对其他群众进行法制宣传教育，让其他群众引以为戒，而不能以处罚作为唯一目的，罚完了事。坚持教育与处罚相结合，旨在维护安全、畅通的交通秩序，处罚不是目的，教育公民、法人和其他组织自觉守法才是根本目的。

第三款是违法行为处罚的原则。

对违法行为进行处罚时，应当以事实为依据，过罚相当。

以事实为依据，就是要求公安机关交通管理部门在处理交通安全违法行为时，必须以客观存在的案件事实作为处理案件的依据，不能主观臆断、捕风捉影，甚至以无任何根据的推理或者猜测作为依据，切忌片面性、主观性。办理行政案件时要全面了解违法事实的情况、经过和原因，依法取得相关证据，将违法事实调查清楚，从而为合法、公正处理行政案件打下坚实的基础。这样不仅有利于对违法行为人依法实施行政处罚或者采取强制措施，也为以后可能出现的行政复议和行政诉讼做好充分的准备。

本条规定“依据违法行为的事实”，这是对交通安全违法行为处罚依据的总结，根据该条文，必须以违法事实为依据。因而要求在作出处罚决定之前，必须查明违法事实，作到案件事实清楚，证据确实、充分。《行政处罚法》第三十条规定：“行政机关必须查明事实，违法事实不清的，不得给予行政处罚。”同时，为确保处罚具有依据从而使处罚合法化，还应加强上级机关对下级机关的监督，根据《行政处罚法》第五十五条之规定，若没有法定的处罚依据的，上级机关或有关部门应当责令改正。

过罚相当是指行政主体对违法行为人适用行政处罚时，所科罚种和处罚幅度要与违法行为人的违法过错程度相适应，既不轻过重罚，也不重过轻罚，避免畸轻畸重的不合理、不公正的情况。要做到过罚相当，首先，要全面了解有关违法行为人的基本情况（是否成年、精神是否正常等）；违法事实和违法行为的各种情节（如目的、动机、违法行为的时间、违法时的交通状况、道路及天气情况、违法所造成的后果等）；违法后的认错态度、表现及有悔过表现等的所有材料和证据；然后还要正确认定违法行为人违法的性质是故意还是过失。其次，要正确选择适用法律、法规，把握好法律、法规的层级性，内容的针对性，具体条文与相应行为的适应性等。最后，还要正确行使好自由裁量权，这就要根据当时的形势和当地的惯例及当地的经济发展水平等，在法律、法规规定的范围内选择最适当的处罚幅度。

相关法条

中华人民共和国行政处罚法

（1996年3月17日第八届全国人民代表大会第四次会议通过；根据2009年8月27日第十一届全国人民代表大会常务委员会第十次会议《关于修改部分法律的决定》第一次修正，根据2017年9月1日第十二届全国人民代表大会常务

委员会第二十九次会议《关于修改〈中华人民共和国法官法〉等八部法律的决定》第二次修正）

第四条 行政处罚遵循公正、公开的原则。设定和实施行政处罚必须以事实为依据，与违法行为的事实、性质、情节以及社会危害程度相当。对违法行为给予行政处罚的规定必须公布；未经公布的，不得作为行政处罚的依据。

第五条 实施行政处罚，纠正违法行为，应当坚持处罚与教育相结合，教育公民、法人或者其他组织自觉守法。

第二章　管　辖

本章概览

本章是对交通安全违法行为管辖的规定，共三条。第四条和第五条分别是关于地域管辖的规定；第四条是对于交警执勤执法中发现的交通安全违法行为的管辖及管辖争议解决方法的规定，第五条是交通技术监控资料记录的违法行为可以异地处理的规定。第六条是不同处罚种类决定机关的规定；处以警告、罚款或者暂扣机动车驾驶证处罚的由县级以上公安机关交通管理部门管辖，处以吊销机动车驾驶证处罚的由设区的市公安机关交通管理部门管辖，处以行政拘留处罚的由县、市公安局、公安分局或者相当于县一级的公安机关作出决定。

本次修订明确了交通技术监控设备记录的违法行为可以在任意地公安机关交通管理部门处理；但是由违法行为地公安机关交通管理部门做出处罚决定。

第四条（地域管辖与管辖权争议解决）

交通警察执勤执法中发现的违法行为由违法行为发生地的公安机关交通管理部门管辖。

对管辖权发生争议的，报请共同的上一级公安机关交通管理部门指定管辖。上一级公安机关交通管理部门应当及时确定管辖主体，并通知争议各方。

条文释义

本条是交警执勤执法中发现的交通安全违法行为管辖以及管辖权争议时解决的规定。

一、关于行政管辖的规定

行政案件管辖是确定行政案件由哪个行政机关办理的制度，是行政权在行政机关内部的一种划分。明确行政案件的管辖权，既有利于防止行政机关之间管辖冲突、争夺案件，又有利于防止行政机关推诿扯皮，该为不为。管辖权从性质上来分，可以分为司法管辖权和行政管辖权。司法管辖权又称诉讼管辖权。对交通安全违法行为进行处理的管辖权属于行政管辖权。行政管辖权是行政主体之间就某一行政事务的首次处置所作的权限划分。这种权限划分主要发生在纵向的同性质的行政主体之间以及横向的不同性质的行政主体之间。虽然行政管辖权不涉及行政事务的实体性处置，但它关系到行政主体能否公正、公平、公开、及时、有效地处理行政事务。行政管辖权主要有以下几种：

1. 级别管辖。

级别管辖是指行政主体体系中确定上下级行政主体之间首次处理行政事务的分工和权限。我国行政主体根据行政区域划分，一般分为四级，即中央、省（自治区、直辖市）、市（地级市）和县。对交通安全违法行为的处理主体即公安机关交通管理部门而言，级别管辖的主体依次为：公安部交管局、各省（自治区、直辖市）公安厅（局）交警总队或交管局、市（地级市）交警支队，县交警大队。

2. 地域管辖。

地域管辖是指根据行政机关的管理区域来确定其实施行政制裁权的实施范围，是横向划分同级人民政府及其所属部门在各自辖区内实施行政制裁的权限分工。单纯从地域管辖的角度看，地域管辖解决的是行政制裁权块划分的问题。

3. 特别管辖。

特别管辖是级别管辖和地区管辖的一种例外。在行政实践中，级别管辖和地区管辖有时无法解决行政管辖权中所出现的特殊问题，有必要在级别管辖和地区管辖外创设一种特别管辖权。特别管辖权主要有以下几种：

共同管辖是指两个以上的行政主体对同一行政事务都具有法定的管辖权。

移送管辖是指已经受理行政事务的行政主体因没有法定的管辖权，依法将此行政事务移送有管辖权的行政主体处理的一种管辖制度。

指定管辖是指上级行政主体将某一行政事务依法指定给某一下级行政主体管辖的一种管辖制度，又分为两种情况：一是某一行政事务处于无行政主体管辖或是有管辖权的主体因客观原因不能行使管辖权时，由上级主体指定下级主体行使管辖权；二是两个以上的行政主体对同一行政事务都主张管辖权或都主张没有管辖权时，由上级主体指定下级主体行使管辖权。

二、本条第一款是关于地域管辖的规定

本条第一款规定违法行为的地域管辖，注意把握以下三点：第一，交通警察执勤执法中发现的违法行为由违法行为发生地的公安机关交通管理部门管辖是管辖的基本原则，也是行政处罚法确定的管辖原则。违法行为发生地包括违法行为实施地、违法行为结果发生地等与违法活动有关的一切场所。行为人实施了行政违法行为，在其实施过程中任何一个阶段被发现，该地方都可以成为违法行为发生地。违法行为有继续或者持续状态的，则违法行为继续或者持续的地方都属于违法行为发生地。

第二，交警执勤执法中发现的违法行为由违法行为地的公安机关交通管理部门即县级及相当于县级以上公安机关交通管理部门管辖。交通安全违法行为的地域管辖原则，是依据《行政处罚法》第二十条的规定“行政处罚由违法行为发生地的县级以上地方人民政府具有行政处罚权的行政机关管辖。法律、行政法规另有规定的除外。”而作出的；应当注意“交警执勤执法中发现的”限定；对于由交通技术监控资料记录的违法行为应按照本规定第五条的规定进行办理，违法行为人可以在违法行为发生地、机动车登记地或者其他任意地公安机关交通管理部门处理；但是均由违法行为发生地交通管理部门做出处罚决定。

第三，以违法行为发生地作为管辖地符合便民和效率的原则，其优点体现在以下四个方面：一是便于案件的管辖，有利于查获当事人的违法事实，收集违法证据，处罚违法行为，如果违法行为是在交警执勤执法中发现的，对违法活动最清楚，可以迅速收集证据；二是有利于违法事实的进一步调查、取证，可以有效地节省人力、物力，提高工作效率，如当事人有陈述和申辩，违法行为发生地公安机关交通管理部门就可以立即质证以及展开进一步调查；三是方便人民群众接受处理；四是便于因地制宜地开展交通法制宣传和教育工作。

三、本条第二款是关于管辖权争议的解决

所谓管辖权有异议，是指两个以上公安机关交通管理部门对同一交通安全违法行为都认为自己有管辖权，或都认为不属于自己管辖而发生的争议，导致管辖争议的原因主要是管辖权不明确引起的。产生管辖权争议的原因大致有以下几种：一是行政机关机构设置不合理，职责划分不清，管理互有交叉，在对违法行为的管辖上互有交叉、权责不明确，无法按照职能管辖原则确定管辖权。二是由于我国的行政立法制度还不完备，违法活动错综复杂，各单行法律、法规之间的规定也存在着管辖竞合问题。三是由共同管辖造成的。四是执法机关本身对案件相互推诿。

发生管辖权争议，首先由争议双方协商解决；协商不成的，报请共同的上一级公安机关交通管理部门指定管辖。上一级公安机关交通管理部门接到下级公安机关交通管理部门请求指定管辖的请示后，应当及时指定管辖。对于因管辖权争议引起的指定管辖，必须依法进行，也就是说依申请的指定管辖也必须符合本程序规定第四条、第五条和第六条确定的管辖原则。

《行政处罚法》第二十一条规定：“对管辖权发生争议的，报请共同的上级行政机关指定管辖。”该规定是本程序规定的依据，从法理上讲，上级公安机关交通管理部门确定管辖主体，并通知争议各方，应当属于指定管辖。指定管辖权属于行政决定权和行政领导权的范畴，指定管辖一经作出，被指定管辖的机关必须管辖，因此，在两个或以上的公安机关交通管理部门发生争议时，只能由他们的共同上级公安机关交通管理部门决定由谁管辖，只有他们共同的上级公安机关交通管理部门才能对他们的执法行为有决定权和领导权。

第五条 （交通技术监控设备记录的违法行为异地处理程序及事实异议处理程序）

违法行为人可以在违法行为发生地、机动车登记地或者其他任意地公安机关交通管理部门处理交通技术监控设备记录的违法行为。

违法行为人在违法行为发生地以外的地方（以下简称处理地）处理交通技术监控设备记录的违法行为的，处理地公安机关交通管理部门可以协助违法行为发生地公安机关交通管理部门调查违法事实、代为送达法律文书、代为履行处罚告知程序，由违法行为发生地公安机关交通管理部门按照发生地标准作出处罚决定。

违法行为人或者机动车所有人、管理人对交通技术监控设备记录的违法行为事实有异议的，可以通过公安机关交通管理部门互联网站、移动互联网应用程序或者违法行为处理窗口向公安机关交通管理部门提出。处理地公安机关交通管理部门应当在收到当事人申请后当日，通过道路交通违法信息管理系统通知违法行为发生地公安机关交通管理部门。违法行为发生地公安机关交通管理部门应当在五日内予以审查，异议成立的，予以消除；异议不成立的，告知当事人。

条文释义

本条是对交通技术监控设备记录的违法行为异地处理与事实异议处理的规定。

本条规定对违法行为人授权可以在异地对交通技术监控设备记录的违法行为进行处理，并规范了相关程序。共分三款。

第一款是对交通技术监控设备记录的违法行为异地处理的授权性规定。

对交通技术监控设备记录的违法行为的处理，应该由违法行为发生地公安机关交通管理部门管辖。违法行为发现地、机动车登记地公安机关交通管理部门不再管辖，但是也可以作为“处理地”协助处理违法行为，但最后做出处罚决定的只能是违法行为发生地公安机关交通管理部门。本次修改取消了违法行为发现地、机动车登记地公安机关交通管理部门管辖权，与第二款结合，允许违法行为人在任何异地公安机关交通管理部门处理交通技术监控资料记录的违法行为，方便机动车所有人或管理人、驾驶人及时、就近处理交通违法，避免往返违法行为发生地。

第二款规定了异地处理交通技术监控设备记录的违法行为“处理地”与管辖地公安机关交通管理部门协作执法的职责与分工。

“处理地”公安机关交通管理部门在交通技术监控资料记录的违法行为处理过程中有三项协助职责即协助调查证据、代为送达法律文书和代为履行告知；管辖地（违法行为发生地公安机关交通管理部门）依法作出处罚决定。两者的协作既方便快捷，又合法规范，保证执法程序的顺利运行，又方便了当事人，是方便、效率原则的具体体现。

违法行为发生地、处理地的公安机关交通管理部门，是指县级或者相当于县级以上公安机关交通管理部门，即交通警察大队。如何理解违法行为发现地是处理违法行为需要首要解决的问题，应当说，行为人实施了违法行为，在其事实过程中的任何一个阶段被发现，该地方都可以成为违法行为发现地，既包括违法行为实际发生地，又包括违法行为被发现地。如非法安装警报器实际安装地可以处罚，离开原地后被其他地区发现，也可以处罚。

第三款明确交通技术监控资料记录的违法行为事实异议处理的程序。

交通技术监控资料记录的违法行为事实异议处理由违法行为发生地公安机关交通管理部门审查，主要是考虑到记录违法行为的交通技术监控以及相关资料均由其管理或者控制，便于调查核实。

对于违法行为人或者机动车所有人、管理人对于事实有异议的，可以通过公安机关交通管理部门搭建的网站、App或者违法行为处理窗口三种途径提出；接受异议申请的公安机关交通管理部门通过在线方式通知违法行为发生地公安机关交通管理部门审核，在法定的期限内进行处理。

第六条（不同种类处罚的决定机关）

对违法行为人处以警告、罚款或者暂扣机动车驾驶证处罚的，由县级以上公安机关交通管理部门作出处罚决定。

对违法行为人处以吊销机动车驾驶证处罚的，由设区的市公安机关交通管理部门作出处罚决定。

对违法行为人处以行政拘留处罚的，由县、市公安局、公安分局或者相当于县一级的公安机关作出处罚决定。

条文释义

本条是不同种类处罚的决定机关规定。

对交通安全违法行为的处罚种类包括：警告、罚款、暂扣或吊销机动车驾驶证和拘留。本条就不同的处罚种类由不同级别的公安机关交通管理部门或者县级公安机关决定，具体应从以下几个方面进行理解：

1. 警告可以由民警当场作出。

警告属于轻微处罚，适用于违法行为情节轻微，行为人是初次、偶然或没有造成严重后果的或有其他法定从轻、减轻条件的，可以由值勤民警当场作出。《行政处罚法》第三十三条也有类似的规定。

根据《交通警察道路执勤执法工作规范》规定，对《道路交通安全法》规定可以给予警告、无记分的违法行为、未造成影响道路通行和安全的后果且违法行为人已经消除违法状态的，可以认定为轻微违法行为。对轻微违法行为，口头告知其违法行为的基本事实、依据，纠正违法行为并予以口头警告后放行。

2. 县级公安机关交通管理部门对罚款和暂扣机动车驾驶证的处罚权限。

本条规定中，没有对罚款数额和暂扣期限作限制，凡是处以罚款和暂扣机动车驾驶证，县级以上公安机关交通管理部门都有权作出，这样的权限在当前的交通安全形势下还是比较合适的；并且与《道路交通安全法》的立法本意是相一致的。《道路交通安全法》立法本意的核心是"以人为本"，保护人身安全，这势必要求加大对驾驶人的处罚力度，县级公安机关交通管理部门处于基层执法最前线，直接与交通安全违法行为作正面交锋，适当的县级公安机关交通管理部门的处罚权限，有利于提高对违法行为处罚的效率，从而确保《道路交通安全法》的立法本意得到体现。

3. 对处以吊销驾驶证的处罚权由市级公安机关交通管理部门掌握。

吊销驾驶证，属于机动车驾驶"资格罚"中最严重的一种处罚，在整个交通安全违法行为处罚中也仅次于行政拘留，机动车驾驶证一旦被吊销，当事人将没有驾驶资格，有的限制再次申领，有的甚至终生禁驾。因此，实施吊销驾驶证的处罚，必须慎重，应当由级别较高的公安机关交通管理部门来作出决定。本条规定，目的在于严格审批制度，加强执法监督，提高办案质量，防止权利滥用。

4. 公安机关交通管理部门无权作出行政拘留的处罚决定，行政拘留由县、市公安局、公安分局或者相当于县一级的公安机关作出处罚决定。

这里所说的公安机关交通管理部门是指任何一级的公安机关交通管理部门。《行政处罚法》第十六条规定："限制人身自由的处罚权限只能由公安机关行使”，交通管理部门只是公安机关的一个部门，不能代替公安机关，无权作出处罚决定。之所以作出这样的规定，是因为行政拘留属于限制人身自由的处罚，是行政处罚中最严厉的一种，对于该处罚从设定到实施，都必须受到法律的严格控制，以体现社会主义法制的严肃性，同时最大限度地保护当事人的合法权益，避免错误地限制人身自由。在拘留处罚的适用上，要注意以下几点：

一是《公安机关办理行政案件程序规定》明确规定了四种不送达拘留所执行拘留的情形，即违法行为人有下列情形之一的，依法应当给予行政拘留处罚的，应当作出处罚决定，但不送达拘留所执行：已满十四周岁不满十六周岁的；已满十六周岁不满十八周岁，初次违反治安管理或者其他公安行政管理的；七十周岁以上的；孕妇或者正在哺乳自己不满一周岁婴儿的妇女。

二是对县级以上人大代表裁决拘留处罚的，应在执行前向本级人大常委会报告备案。

三是对于被裁决拘留处罚的人，如提出申诉或者提起行政诉讼，并依法提出保证人或提交保证金的，拘留应暂缓执行。

第三章　调查取证

本章概览

本章是关于证据调查的规定，由于交通安全法已经明确规定可以利用交通技术监控设备记录的资料作为处罚违法行为的证据，所以调查取证的方式可以分为两种：一种是交警进行的调查取证，另一种是交通技术监控设备记录资料作为证据。本章分为两节分别进行了规定，第一节是一般规定对交警开展调查取证工作进行了规范，主要涉及调查时身份表明与安全防护、调查取证的原则、调查的内容、粘贴违法停车告知单、涉及其他违法行为的处理等内容；第二节对交通技术监控进行规范，主要涉及交通技术监控设备安装与维护、交通技术监控设备的设置原则与要求、使用测速设备的要求、处理依据的交通技术监控设备收集的违法行为记录资料的要求，交通技术监控设备收集记录资料的审核录入及查询与通知、实际驾驶人的违法行为信息记录、违法行为信息消除、明确单位或者个人提供及群众举报资料作为证据。

第一节　一般规定

第七条（表明执法身份与执法安全防护）

交通警察调查违法行为时，应当表明执法身份。

交通警察执勤执法应当严格执行安全防护规定，注意自身安全，在公路上执勤执法不得少于两人。

条文释义

本条是关于交通警察调查违法行为及执勤执法时身份表明及安全防护的规定。

本条共分两款，第一款规定了交通警察执法身份表明要求。

《行政处罚法》第三十七条明确规定，“行政机关在调查或者进行检查时，执法人员不得少于两人，并应当向当事人或者有关人员出示证件”。这是对包括公安机关在内的所有行政机关调查案件的要求。因此，公安机关交通管理部门在调查违法行为时必须由交通警察进行，交通协管员无权进行调查。也就是说，调查的主体必须是公安机关交通管理部门的警察，其他任何单位和个人都无权对交通安全违法行为进行调查。交通警察在进行调查时，应当向被调查取证人员表明执法身份，这是因为在处理交通安全违法行为的过程中，当事人享有辨认执法人员身份的权利，即当事人有权确认调查人员是否具备法定资格。因此，本条要求交通警察在进行调查活动时必须向被调查取证人员表明执法身份，证明自己具有执法主体资格，而且是在依法履行职务，防止被调查取证人员由于对交通警察执法身份不清楚而产生不必要的误解和冲突，同时也有利于防止不法分子冒充警察进行招摇撞骗或从事其他违法犯罪活动。

《人民警察法》规定警察执行公务时有两种表明身份的方式：一种是按照规定着装，佩戴人民警察标志；另一种是出示人民警察证件。还需要注意的是：

1. 警察着便装执法时，必须将警官证带在身上，以备随时出示；

2. 着制式警服开制式警车执法，可不用出示警官证。公安部规定着制式警服开制式警车，可不用出示警官证；当事人怀疑警察身份的，可根据民警的警号拨打110报警查询。

第二款规定了交警执勤执法严格执行安全防护规定，并对在公路上执勤执法的人数进行了规定。

交警作为维护交通安全秩序的主力军，不仅面临着复杂的交通环境，而且在执勤的道路上执法执勤查纠交通安全违法行为时，还面临交通安全违法当事人拒绝接受交警查处，使用暴力袭击交警，或用车辆直接冲撞交警等情况，执法危险系数日趋加大，执勤交警因公伤亡事件时有发生。

一些地方不注重培养交警自我保护意识和防范暴力伤害的技能训练，有些基层交警对可能发生的暴力伤害缺乏应有的警惕和预见，存在麻痹大意的思想，安全意识欠缺，认为查处交通安全违法行为一般不会受到袭击，因而在处理交通安全违法行为时，对交通安全违法行为人没有防备心理，在查处交通安全违法行为时不够警觉，检查交通安全违法行为人的车辆和证件时不规范，使交通安全违法行为人有机可乘，有的在驾车逃跑过程中直接用车袭击执勤交警。另外，部分执勤交警遇到突发事件时不够冷静，反应速度慢，发现车辆突然启动时，并没有迅速离开寻找掩护体，而是下意识地紧抓住车体不放，结果被车拖行，产生了伤亡事件。公安部对执法的安全防护非常重视，通过工作意见或者工作规范等方式进行规范化要求。

为切实保障交通民警在查处交通安全违法行为和勘查交通事故现场时的人身

安全，杜绝意外伤亡事故，公安部交通管理局提出了加强交通民警查处交通安全违法行为和勘查交通事故现场安全防护的工作意见：

1. 高度重视交通民警查处交通安全违法行为和勘查交通事故现场的安全防护，认真落实领导责任。

(1) 各级公安交通管理部门要高度重视保障交通民警查处交通安全违法行为和勘查交通事故现场中的人身安全，把它作为各级领导干部的一项基本职责，纳入领导岗位责任制。建立健全有关安全防护规章制度和责任追究制度，确保各项安全防护措施的落实。

(2) 加强对交通民警安全防护工作的检查和监督。交警大、中队领导要做到：在交通民警执行勤务、出警任务前，要对执勤交通民警提出自身安全防护要求，检查是否带齐必需的安全防护装备；在检查交通民警执勤和勘查交通事故现场工作时，要把交通民警落实安全防护措施的情况作为检查的一项重要内容，发现问题，及时纠正；在完成任务后，要组织交通民警对安全防护情况进行总结，并及时通报存在的问题，提出整改措施。

(3) 严格报告制度，落实责任追究。交通民警在查处交通安全违法行为和勘查交通事故现场时发生的伤亡事故，交警支、大队领导接报后要立即赶赴现场并及时向上一级公安交通管理部门报告。要及时分析事故原因，认真总结教训，提出整改措施，向上级公安交通管理部门提交书面报告。对因交通民警在查处交通安全违法行为时处置不当或勘查交通事故现场时发生“二次事故”，造成交通民警死亡的，要逐一进行责任倒查，并追究有关领导的责任。凡发生上述事故的，交警支队、大队不得参加当年先进集体评选，省（区、市）交警总队主要领导要到公安部交通管理局作检查。

(4) 加强交通民警查处交通安全违法行为和勘查交通事故现场的安全防护装备配备。各地要配齐、配足交通民警查处交通安全违法行为和勘查交通事故现场必需的反（发）光背心、锥筒、警示标志牌、现场警戒带等安全防护装备。要加强对交通民警的安全防护装备的检查，装备不足的要及时补充，损坏的要及时修复或更换。要结合本地实际，认真研究制定交通民警安全防护装备配备标准，积极争取政府和有关部门的支持，保障安全防护装备经费投入。

2. 加强安全防护培训，提高交通民警的自身安全防护意识和能力。

(1) 要把查处交通安全违法行为和勘查交通事故现场的安全防护，作为交通民警“三个必训”的重要内容，认真落实。新招录交通民警的岗前培训，要加大安全防护基本知识和基本技能的培训，并进行严格的理论知识考试和实际操作考核，考试考核不合格的不能上岗。交警大、中队民警晋职、晋衔的培训，也要把查处交通安全违法行为和勘查交通事故现场安全防护作为重要内容，严格考试考核。交警大、中队要根据实际需要，不定期地组织路面执勤和事故处理的交通民警进行自身安全防护方面的培训和实战演练。凡是未经过安全防护专门培训、从其他岗位轮岗到路面执勤或事故处理岗位的交通民警，上岗前必须进行专门培训，并进行严格考试考核，考试考核不合格的不能上岗。

(2) 要把查处交通安全违法行为和勘查交通事故现场安全防护作为交通民警岗位练兵的重要内容。交警大、中队要加强对交通民警安全防护知识和技能的辅导、训练，并将其纳入岗位练兵考核范围，把考核结果与岗位目标管理相挂钩。要加强勘查交通事故现场特别是勘查高速公路交通事故现场，以及夜间、雨雪雾天巡逻执勤安全防护技能的研究和实战演练，不断提高交通民警的安全防护能力。

3. 强化勘查交通事故现场的安全防护工作。

(1) 勘查交通事故现场，要明确带队负责人（安全责任人），明确职责分工。出发前，要认真做好准备工作，携带足够的发（反）光警示标志牌、反光锥筒、现场警戒隔离带和照明设备等安全防护装备。执行勘查交通事故现场的交通民警必须穿着发（反）光背心。

(2) 到达事故现场后，要迅速设置警示标志、警示牌，停放好警车，划定警戒区，在现场周边设立警戒隔离带。以事故（故障）车辆为中心，高速公路（包括一级公路和城市快速路）事故现场在来车方向设置警示标志，白天500米以上、夜间1000米以上；普通公路事故现场在现场前后方向分别设置警示标志，白天150米以上、夜间200米以上。遇有雨、雪、雾、沙尘等低能见度气象条件，警示标志的设置距离应做相应调整。设置的警示标志为反（发）光导向标志、“事故现场减速慢行”警示牌和连续设置的反（发）光锥筒。锥筒间隔距离最长不得超过20米。

城市普通道路事故现场警示标志的设置，根据现场情况，参照普通公路事故现场警示标志的设置要求进行。

警车应停在事故现场来车方向警示标志起始点，并开启警灯、示宽灯和车载发光警示屏。

(3) 设立专人负责事故现场安全警戒。在警车停放处设专人，面向来车方向，进行安全警戒。安全警戒交通民警要疏导指挥过往车辆，密切注意道路交通状况，发现险情应立即通知勘查现场交通民警撤离。现场区域较大的，要设置多名安全警戒人员。

(4) 高速公路交通事故造成交通中断和堵塞时，应在距现场最近的出口提前实施分流。造成长时间堵塞且分流有困难的，应在事故现场对向路面实施借道通行分流管制措施。

(5) 到达事故现场后，发现属于载运易燃、易爆、剧毒、易腐蚀、放射性等危险物品车辆发生交通事故的，要立即报告县、市政府和上级公安机关交通管理部门，通知安全生产监督、公安消防等部门，并迅速封闭现场和道路交通，严禁无关车辆、人员进入。

(6) 勘查事故现场完毕后，必须从事故车辆处由近到远、由内到外依次撤除安全防护设施。

4. 加强执勤和查处交通安全违法行为的安全防护工作。

(1) 交通民警上路巡逻执勤，必须穿着反光背心，并携带必需的安全防护装备。

(2) 交通民警驾驶两轮摩托车巡逻，必须穿着反光背心，戴安全头盔，开启警灯。

(3) 交通民警在道路上执勤时，除执行特殊任务以及在路口指挥交通外，应当在人行道、路肩、路边、港湾式停车带、高速公路收费站和服务区等不影响道路交通的安全地点进行。在公路上执勤时，应当在执勤点设置反（发）光锥筒和限速、警告等明显标志，示意车辆慢速通过。不得在行车道上拦截、检查车辆或处罚交通安全违法行为。

(4) 交通民警查处交通安全违法行为时，不得脚踏车辆踏板，不得将头伸进车辆驾驶室内，不得强行登车责令驾驶人停车。对于拒绝停车接受处理的，不得站在交通安全违法车辆前面阻拦。

(5) 交通民警在执勤执法时，遇有交通安全违法行为人逃跑的，可采取记下车号，事后追究法律责任，或通知前方执勤交通民警堵截等办法进行处理。除交通安全违法行为人逃跑后可能对公共安全和他人生命安全有严重威胁以外，交通民警不得驾驶机动车追缉。

公安部制定的《交通警察道路执勤执法工作规范》对执勤执法安全防护进行了明确的规范：

1. 交通警察在道路上执勤时应当遵守以下安全防护规定：

(1) 穿着统一的反光背心；

(2) 驾驶警车巡逻执勤时，开启警灯，按规定保持车速和车距，保证安全。驾驶人、乘车人应当系安全带。驾驶摩托车巡逻时，应当戴制式头盔；

(3) 保持信息畅通，服从统一指挥和调度。

2. 在城市快速路、主干道及公路上执勤应当由两名以上交通警察或者由一名交通警察带领两名以上交通协管员进行。需要设点执勤的，应当根据道路条件和交通状况，临时选择安全和不妨碍车辆通行的地点进行，放置要求驾驶人停车接受检查的提示标志，在距执勤点至少200米处开始摆放发光或者反光的警告标志、警示灯，间隔设置减速提示标牌、反光锥筒等安全防护设备。

3. 在执行公务时，警车需要临时停车或者停放的，应当开启警灯，并选择与处置地点同方向的安全地点，不得妨碍正常通行秩序。

警车在公路上执行公务时临时停车和停放应当开启警灯，并根据道路限速，将警车停在处置地点来车方向50至200米以外。在不影响周围群众生产生活的情况下，可以开启警报器。

4. 交通警察在雾、雨、雪、冰冻及夜间等能见度低和道路通行条件恶劣的条件下设点执勤，应当遵守以下规定：

（1）在公路、城市快速路上执勤，应当由三名（含）以上交通警察或者两名交通警察和两名（含）以上交通协管员进行；

（2）需要在公路上设点执勤，应当在距执勤点至少五百米处开始摆放发光或者反光的警告标志、警示灯，间隔设置减速提示标牌、反光锥筒等安全防护设备，并确定专人对执勤区域进行巡控；在高速公路上应当将执勤点设在收费站或者服务区、停车区，并在至少两公里处开始摆放发光或者反光的警告标志、警示灯，间隔设置减速提示标牌、反光锥筒等安全防护设备。

5. 查处违法行为应当遵守以下规定：

（1）除执行堵截严重暴力犯罪嫌疑人等特殊任务外，拦截、检查车辆或者处罚交通安全违法行为，应当选择不妨碍道路通行和安全的地点进行，并在来车方向设置分流或者避让标志；

（2）遇有机动车驾驶人拒绝停车的，不得站在车辆前面强行拦截，或者脚踏车辆踏板，将头、手臂等伸进车辆驾驶室或者攀扒车辆，强行责令机动车驾驶人停车；

（3）除机动车驾驶人驾车逃跑后可能对公共安全和他人生命安全有严重威胁以外，交通警察不得驾驶机动车追缉，可采取通知前方执勤交通警察堵截，或者记下车号，事后追究法律责任等方法进行处理；

（4）堵截车辆应采取设置交通设施、利用交通信号灯控制所拦截车辆前方车辆停车等非直接拦截方式，不得站立在被拦截车辆行进方向的行车道上拦截车辆。

6. 在高速公路发现有不按规定车道行驶、超低速行驶、遗洒载运物、客车严重超员、车身严重倾斜等危及道路通行安全的违法行为，可以通过喊话、鸣警报器、车载显示屏提示等方式，引导车辆到就近服务区或者驶出高速公路接受处理。情况紧急的，可以立即进行纠正。

7. 公安机关交通管理部门应当定期检查交通警察安全防护装备配备和使用情况，发现和纠正存在的问题。

本款对在公路执勤执法时人数进行了规定，禁止一人在公路上执勤执法。

在公路上执勤执法时，要求不得少于两人；公路是指按照国家规定的公路技术标准修建，并经公路主管部门验收认定的城市间、城乡间、乡间可供汽车行驶的公共道路。不得少于两人是指公安机关交通管理部门在公路上执勤执法时，必须由两名或者两名以上具有执法主体资格的交通警察共同进行，而不应由一名交通警察带领交通协管员等不具有执法主体资格的人进行。需要注意的是，在其他道路（城市道路或单位自建允许社会车辆通行道路）上执勤执法时，可以由一名交警进行，但要符合法律、法规的要求。另外，对于交通安全违法行为的查处，并非一定要两人进行，对于可以使用简易程序的案件查处，也可以由一人进行。之所以这样规定是由于在公路上执勤执法具有一定的危险性，两人以上共同进行执勤执法，可以相互协作与配合，有效防控违法嫌疑人，共同应对突发事件；两人执勤执法可以做到有问有记，提高工作效率，保持公路畅通；同时，可以相互监督，防止交警发生违法乱纪的行为，保障执法的真实性和合法性；防止违法嫌疑人对交警的诬告，保证执法执勤工作的顺利进行。

第八条（证据收集要求）

交通警察应当全面、及时、合法收集能够证实违法行为是否存在、违法情节轻重的证据。

条文释义

本条是交通警察证据收集要求和证据类型的规定。

本条有两层含义，第一层含义规定收集证据要求全面、及时、合法；第二层含义要求收集违法行为存在或者不存在，违法情节轻微或者严重两个不同方面的证据。

第一层含义，收集证据的要求如下：

1. 全面收集证据。

首先要收集违法嫌疑人有无违法行为和违法行为情节轻重的证据材料；其次要收集违法嫌疑人自己交代的证据材料及相关证人提供的其他证据材料。公安机关交通管理部门的交通警察收集证据材料时必须尊重客观存在的事实，真实、准确记录收集到的有关案件的全部证据材料，如实反映交通安全违法行为的相关情况，既不能先入为主，主观臆断，也不能凭主观想像和个人好恶随意取舍相关证据材料，甚至故意制造伪证。要通过客观调查，准确反映案件全貌，还原违法行为的本来面目，以确保能够做到合法、公正地处理。

2. 及时收集证据。

在实践工作中，对于交通安全违法行为来说，由于人员流动性较大，证据材料存在的时间较短，甚至有些证据材料稍纵即逝，必须尽早固定。有些证人证言如果不能在案发当时收集，就有可能需要在日后花费相当多的精力去调取，而且还未必有结果。因此，公安机关交通管理部门和交通警察在对证据进行调查时，必须在尽可能短的时间内收集、调取相关的证据材料，防止出现因时过境迁、取证不及时而使违法行为的证据材料遗失或丧失证明力等情况，影响对违法行为的最终处理。

3. 合法收集证据。

公安机关交通管理部门对交通安全违法行为的调查取证属于行政执法活动的范畴，是依法履行职务的行为，因而必须依法进行，而不能凭交通警察的个人意志任意而为。《公安机关办理行政案件程序规定》第二十七条明确规定，以非法手段取得的证据不能作为定案的根据，这既是防止因为取证手段错误而导致冤假错案发生的需要，也是规范公安机关正确依法履行职责、保障相对人合法权益的需要。交通警察在执法中按照合法收集证据原则的要求，必须做到，既要保证在实体问题上符合法律、法规的明确规定和要求，不能曲解法律或者规避法律，又要严格执行有关的程序规定，保证程序合法，通过合法程序和手段收集、调取相关证据材料，违反法定程序或者通过非法手段取得的证据材料不能作为定案的依据。

全面、及时、合法地收集交通安全违法行为的证据是对公安机关交通管理部门调查违法行为的总体要求，在调查取证的每一个环节都必须严格遵守，这既是法律的要求，也是有效规范公安机关交通管理部门严格履行职责、保障违法行为人合法权益的要求。公安机关交通管理部门和交通警察对在执法执勤中发现的违法行为、交通技术监控设备记录的违法行为或控告、举报的违法行为以及其他行政主管部门移送的案件都应当根据本条规定的原则和精神并参照其他条款的具体规定开展调查活动。

第二层含义要求收集正反两方面的证据。

公安机关交通管理部门在收集、调取证据时，应当注意听取多方意见和反映，防止偏听偏信、先入为主，从客观存在的证据材料出发，实事求是地进行分析，根据不同种类证据的特点进行对照、比较和分析，鉴别证据的真伪。既要收集、调取对违法嫌疑人不利的证据，以证实其违法行为，又要收集、调取对违法嫌疑人有利的证据，做到量罚相当；既不能让没有违法行为的人受到不应有的处罚，也不能放纵有违法行为的人逃避法律的制裁；既要严格依照法律规定追究违法行为人的法律责任，又要注意充分保障违法嫌疑人的合法权益，以维护法律的公正性。只有全面、及时、合法地收集能够证实违法行为是否存在、违法情节轻重的证据，才能够查明交通安全违法行为的真实情况和其他所有的违法嫌疑人，为下一步依法、客观、公正地处理违法行为和追究违法嫌疑人的法律责任打下坚实的基础。另外，公安机关交通管理部门对收集、调取的证据材料还必须按照本条确定的原则和其他有关条款的规定，认真进行审查、核实，未经审查、核实的证据材料不能作为定案的根据。

第九条（牌证及违法信息查验，危险物品车辆相关证件及信息查验）

交通警察调查违法行为时，应当查验机动车驾驶证、行驶证、机动车号牌、检验合格标志、保险标志等牌证以及机动车和驾驶人违法信息。对运载爆炸物品、易燃易爆化学物品以及剧毒、放射性等危险物品车辆驾驶人违法行为调查的，还应当查验其他相关证件及信息。

条文释义

本条是对交通警察调查违法行为时查验内容的规定。

交通警察在查处交通安全违法行为时，要做到公正、合法地实施行政处罚或采取适当的行政强制措施，必须查明机动车和驾驶人的详细信息，这是调查违法行为的基础要求。主要包括：一是机动车牌证，包括驾驶证、行驶证、机动车号牌、检验合格标志、保险标志等。根据我国道路交通安全法的规定，国家对机动车实行登记制度。机动车经公安机关交通管理部门登记后，方可上道路行驶。尚未登记的机动车，需要临时上道路行驶的，应当取得临时通行牌证。机动车完成登记，取得机动车登记证书、号牌和行驶证才能上路行驶；准予登记的机动车应当符合机动车国家安全技术标准，取得检验合格标志；另外，国家实行机动车第三者责任强制保险制度，机动车必须参加第三者责任强制保险。

根据《道路交通安全法》第四十八条第三款规定："机动车载运爆炸物品、易燃易爆化学物品以及剧毒、放射性等危险物品，应当经公安机关批准后，按指定的时间、路线、速度行驶，悬挂警示标志并采取必要的安全措施。”因此，对运载爆炸物品、易燃易爆化学物品以及剧毒、放射性等危险物品车辆需要办理通行许可，许可的对象为具备危险化学品运输资质的运输企业或个人；许可的条件必须具有以下五项：单位已取得《剧毒化学品购买凭证》和《剧毒化学品准购证》；销售单位具有剧毒化学品经营资质；运输单位和驾驶、押运人员具有运输资质；剧毒化学品的包装物、容器或槽罐经检验合格；运输进出口剧毒化学品的，还需经过国家有关部门的危险化学品进出口登记。

对运载爆炸物品、易燃易爆化学物品以及剧毒、放射性等危险物品车辆驾驶人违法行为调查的，还应当查验其他相关证件及信息。

第十条（机动车驾驶证查验）

交通警察查验机动车驾驶证时，应当询问驾驶人姓名、住址、出生年月并与驾驶证上记录的内容进行核对；对持证人的相貌与驾驶证上的照片进行核对。必要时，可以要求驾驶人出示居民身份证进行核对。

条文释义

本条是交通警察查验机动车驾驶证时的核对内容规定。

交通警察在查验机动车驾驶证时，主要是查验机动车驾驶证是否为持证人所有，所记录信息与驾驶人是否一致；必要时可以要求驾驶人出示居民身份证进行核实，应当注意以下两点：

1. 交通警察核实违法嫌疑人身份的方式。

人民警察查验居民身份证，是打击违法犯罪、维护公共安全、保障公民合法权益的重要手段，这是长期实践的经验总结，也是保民平安的现实需要。人民警察依法查验居民身份证，首先要表明身份并出示执法证件；在执法过程中，要始终做到理性、平和、文明、规范执法，因情施策，确保安全。对警察而言，人民警察证就是执法证。

2. 查验居民身份证的法律依据及处理。

按照《中华人民共和国居民身份证法》第十五条的规定：“人民警察依法执行职务，遇有下列情形之一的，经出示执法证件，可以查验居民身份证：（一）对有违法犯罪嫌疑的人员，需要查明身份的；（二）依法实施现场管制时，需要查明有关人员身份的；（三）发生严重危害社会治安突发事件时，需要查明现场有关人员身份的；（四）……；（五）法律规定需要查明身份的其他情形。

有前款所列情形之一，拒绝人民警察查验居民身份证的，依照有关法律规定，分别不同情形，采取措施予以处理”。本条授权交通警察在对持证人的相貌与驾驶证上的照片进行核对时，可以查验居民身份证。

根据《中华人民共和国居民身份证法》规定，拒绝人民警察依法查验居民身份证的，依照有关法律规定，分别不同情形，采取措施予以处理。在执法实践中，交通警察可依据《中华人民共和国人民警察法》《中华人民共和国戒严法》《中华人民共和国治安管理处罚法》《中华人民共和国刑事诉讼法》《中华人民共和国刑法》等法律的规定，视情况予以处理。实施现场管制时不配合人民警察执法的，可以将其带离现场；对于违反治安管理处罚法的，可以依法给予治安处罚；对于暴力抗拒人民警察依法执行职务的，可以妨碍公务罪依法追究刑事责任。人民警察依法查验居民身份证，不是“找谁的茬”，也不是“看谁不顺眼”，而是为了维护社会治安秩序和公共安全，人民群众应该理解并配合民警依法查验居民身份证，共同维护良好的社会秩序。

第十一条（行政强制措施实施援引）

调查中需要采取行政强制措施的，依照法律、法规、本规定及国家其他有关规定实施。

条文释义

本条是对需要采取行政强制措施时的法律依据的规定。

对于调查中需要采取行政强制措施的，本程序规定第四章有专门的规定，对交通安全管理中的行政强制措施进行了系统规范；在此对行政强制措施进行解读。

行政强制措施是指行政机关在行政管理过程中，为制止违法行为、防止证据损毁、避免危害发生、控制危险扩大等情形，依法对公民的人身自由实施暂时性限制，或者对公民、法人或者其他组织的财物实施暂时性控制的行为。对于本条的理解主要把握以下几个方面：

一是行政强制措施由法律设定；限制人身自由的行政强制措施只能由法律规定。我国设定限制公民人身自由的法律和限制措施主要有：《人民警察法》中规定的对嫌疑人的盘问、留置盘问；对严重危害公共安全或者他人人身安全的精神病人，可以采取保护性约束措施；为预防和制止严重危害社会治安秩序的行为，可以在一定的区域和时间，限制人员、车辆通行或者停留，必要时可以实行交通管制、现场管制和强行驱散等。《道路交通安全法》中对醉酒人员的保护性约束措施。《治安管理处罚法》中规定的强制传唤、人身的扣留。《集会游行示威法》中规定的强行驱散、强行带离现场。《传染病防治法》中的强制隔离治疗。《海关法》中规定的强制带回、人身搜查。《外国人入境出境管理法》中的限制活动范围、强制离境等。

尚未制定法律，且属于国务院行政管理职权事项的，行政法规可以设定除限制公民人身自由、冻结存款、汇款和应当由法律规定的行政强制措施以外的其他行政强制措施；尚未制定法律、行政法规，且属于地方性事务的，地方性法规可以设定查封场所、设施或者财物、扣押财物两种行政强制措施。法律、法规以外的其他规范性文件不得设定行政强制措施。

二是调查中需要采用行政强制措施的，除依据本程序规定外，依据的法律法规主要有《行政强制法》《道路交通安全法》《治安管理处罚法》《公安机关办理行政案件程序规定》《道路交通事故处理程序规定》等。

三是依据《公安机关办理行政案件程序规定》第五十二条的规定，在调查过程中实施行政强制措施时，人民警察不得少于两人，并表明执法身份；必须有两名或者两名以上具有执法主体资格的人民警察共同进行，需要注意的是这里的调查，是指适用一般程序调查时的人民警察不得少于两人，对于适用简易程序的可以由人民警察一人进行调查并作出处罚决定。

第十二条（粘贴违法停车告知单）

交通警察对机动车驾驶人不在现场的违法停放机动车行为，应当在机动车侧门玻璃或者摩托车座位上粘贴违法停车告知单，并采取拍照或者录像方式固定相关证据。

条文释义

本条是对粘贴违法停车告知单行为进行规范的具体规定。

根据本条规定交通警察是粘贴违法停车告知单行为的主体，警务辅助人员是否可以粘贴违法停车告知单，并固定证据一直存在争议，取决于对于粘贴违法停车告知单行为的定性。

粘贴违法停车告知单的行为不是完整的执法行为，因为“违法停车告知单”本身不具有强制力，警务辅助人员拍照或者录像固定的相关证据，经公安机关交通管理部门核实后，才能作为认定违法行为的证据使用。作为认定交通安全违法的证据，是由警务辅助人员收集提供。从某种意义上说，警务辅助人员粘贴“违法停车告知单”的行为是一种辅助性、准备性行为，其中对“违法停车”行为的告知只是提示性、警示性的，告知机动车驾驶人可能涉嫌违法停车，最终是否确定为违法停车行为，需要公安机关交通管理部门对相关证据进行核查，进行认定。警务辅助人员粘贴违法停车告知单并采取拍照或者录像方式固定相关证据是公安机关交通管理部门获取违法行为线索、扩大违法证据来源的一种工作方式；警务辅助人员粘贴违法停车告知单并非已经最终认定机动车驾驶人构成“违法停车”而进行的告知行为，而是警示或者提示作为。

粘贴违法停车告知单的行为，法律虽然没有明确规定它的法律属性，由于这项工作的敏感性，本条虽然明确规定，由交通警察粘贴违法停车告知单，并采取拍照或者录像方式固定相关证据，但是并非禁止警务辅助人员粘贴违法停车告知单；既然人民群众可以通过随手拍的方式提供违法行为的证据，而作为经过业务培训上岗的警务辅助人员采取拍照或者录像的方式提供违法行为线索和证据具有合理性。

对于本条的理解适用应从以下三个方面把握：

一是对于粘贴违法停车通知单的情形是机动车驾驶人在禁止停放机动车的道路上停放车辆未造成交通拥堵；并且机动车驾驶人不在现场的；对于机动车驾驶人违法停车，驾驶人在现场的交通警察应该责令驶离；对于机动车驾驶人违法停车造成交通拥堵，驾驶人不在现场的应当采取拖移车辆的行政强制措施。

二是粘贴违法停车通知单的位置应该是汽车的侧门玻璃，一般是左前侧门；或者摩托车座位上，便于驾驶人及时发现。

三是固定证据，采取拍照或者录像的方法。应该包括违法时间、违法地点、违法路段等具有明显特征的参照物、违法车辆及机动车号牌等。

第十三条（其他违法或者犯罪行为移送）

调查中发现违法行为人有其他违法行为的，在依法对其道路交通安全违法行为作出处理决定的同时，按照有关规定移送有管辖权的单位处理。涉嫌构成犯罪的，转为刑事案件办理或者移送有权处理的主管机关、部门办理。

条文释义

本条是对发现违法行为人有其他违法行为时的处理方法的规定。

在调查交通安全违法行为时，发现有其他违法行为，在依法对其道路交通安全违法行为作出处罚的同时，对其他违法行为移送有管辖权的单位处理；其他违法行为是指非交通安全违法行为；对于情节严重，达到触犯刑法的程度，涉嫌构成犯罪的，可以根据不同的情节和《公安部刑事案件管辖分工规定》处理：

1. 对于涉嫌构成交通肇事罪的，由公安机关交通管理部门立案调查，确认其构成犯罪的，提出起诉意见，移送检察机关。

2. 行为人在交通肇事后为逃避法律追究将被害人带离事故现场后隐藏或者遗弃，致使被害人无法得到救助而死亡或者严重残疾，构成故意杀人罪、过失致人死亡罪、故意伤害罪，应移送刑事侦查部门，提出起诉意见。

3. 对于故意造成人员伤亡或财产损失，情节严重，涉嫌构成故意杀人或故意伤害罪的，应移送公安机关侦查部门，提出起诉意见。

第十四条（接受控告、举报及移送案件处理）

公安机关交通管理部门对于控告、举报的违法行为以及其他行政主管部门移送的案件应当接受，并按规定处理。

条文释义

本条是对接受控告、举报及移送案件的规定。

公安机关交通管理部门对于控告、举报的违法行为以及其他行政主管部门移送的案件应当接受，这是公安机关的义务，任何公安机关及其人民警察均不得以任何理由拒绝受理；否则，当事人可以以公安机关不作为向有关部门申诉或者申请行政复议、提起行政诉讼。公安机关交通管理部门接受案件后，应当进行登记，也就是要填写受案登记表。但是，受案登记表只是表示公安机关日常工作情况、接到哪些案件，并不是说对所有受理的案件都必须调查处理。对于受理的案件，公安机关交通管理部门应分不同情况予以处理：对属于本单位管辖范围内的案件，应当依法及时处理；对不属于本单位管辖范围内的案件，但又是公安机关职责权限范围内的案件，应当制作移送案件通知书，在受理案件后的24小时内移送有管辖权的公安机关处理，同时要告知控告人或举报人；对案件本身不属于公安机关职责范围内受理案件的，交通警察应当告知当事人向其他有关主管机关报案或举报。

实践中控告、举报交通安全违法行为的情形较少，但本次修定鼓励单位或个人提供信息及群众举报，并将提供及举报的资料作为证据。大多数的违法行为是在交警的执勤执法活动中被发现而被查处，但是并不排除以其他方式获得违法案件的信息，根据本条的规定，公安机关交通管理部门接受的案件一般包括以下三种情形：一是控告、举报的违法行为，也就是本条规定的情形。就执法实践而言，主要包括如下二种情形：其一是控告。控告，是指被侵害人及其近亲属、代理人因自己的人身权利或者财产权利受到违法嫌疑人的违法行为侵害，而要求公安机关依法追究违法嫌疑人的法律责任的行为。在此种情况下，违法嫌疑人是确定的，对于被侵害人的控告，公安机关应当依照法定职责予以受理；否则，被侵害人有权向检察机关进行申诉或者以公安机关不作为申请行政复议、提起行政诉讼。其二是举报。是指单位和个人以及受害人发现违法犯罪事实和违法犯罪嫌疑人时向公安机关交通管理部门进行告发，要求对案件和违法嫌疑人进行调查的行为。二是群众扭送，是指单位和个人发现了违法事实和违法嫌疑人，当场或者事后主动将违法嫌疑人强行扭送到公安机关交通管理部门的行为。群众扭送与举报的区别在于前者是人民群众自发地协助公安机关同违法行为作斗争的行为，应当予以鼓励，大力提倡。三是其他行政主管部门移送的案件。其他行政主管部门移送的案件，主要是指其他行政主管部门在工作中发现的属于公安机关交通管理部门管辖的案件以及其他行政机关认为应当由公安机关交通管理部门给予行政处罚或者采取行政强制措施的案件。

违法嫌疑人投案是指违法嫌疑人作案后，自动投案，如实交代自己的违法行为，并接受调查和处理的行为。没有发生道路交通事故，有交通违法行为，违法嫌疑人投案自首的情况较少，本条没有规定，但是根据《公安机关办理行政案件程序规定》和其他相关法律的规定，公安机关交通管理部门也应该受理。

第二节　交通技术监控

第十五条（交通技术监控设备收集证据要求）

公安机关交通管理部门可以利用交通技术监控设备、执法记录设备收集、固定违法行为证据。

交通技术监控设备、执法记录设备应当符合国家标准或者行业标准，需要认定、检定的交通技术监控设备应当经认定、检定合格后，方可用于收集、固定违法行为证据。

交通技术监控设备应当定期维护、保养、检测，保持功能完好。

条文释义

本条是交通技术监控设备、执法记录设备用于固定收集违法证据的标准与要求。

利用交通技术监控设备、执法记录设备收集、固定违法行为证据是实现交通管理现代化、信息化，科技强警、缓解警力不足矛盾的重要措施，是城市道路交通安全管理执法的发展方向，是借鉴国际先进交通安全管理方法的积极举措。《道路交通安全法》第一百一十四条首次以法律的形式规定公安机关交通管理部门根据交通技术监控记录资料，可以对违法的机动车所有人或者管理人依法予以处罚。充分发挥道路交通监控设备对道路交通安全违法行为的制约作用以及充分利用监控设备记录的资料，明确规定了交通监控技术设备记录的违法事实可以作为处罚的依据。为贯彻落实党的十八届四中全会《关于全面推进依法治国若干重大问题的决定》提出的关于建立执法全过程记录制度的要求，公安部制定了《公安机关现场执法视音频记录工作规定》，进一步规范对现场执法视音频资料进行收集、保存、管理、使用。

本条共分三款，分别从交通技术监控设备、执法记录设备使用、设备标准与设备运维三方面进行规定。

第一款规定公安机关交通管理部门可以利用交通技术监控设备、执法记录设备收集、固定违法行为证据。

交通技术监控设备最早出现在20世纪80年代，在当时的技术条件下，交通电子监控设备泛指用于信号灯控制路口的闯红灯违法拍摄设备。随着科学技术水平的不断提高和《道路交通安全法》的颁布实施，交通技术监控设备的内涵正在得到不断丰富和深化。目前，交通技术监控设备泛指采用电子手段取代警察对机动车、驾驶人、行人等交通参与人实施监测并记录其交通安全违法行为的技术装备，其核心内容是自动监测和记录机动车、驾驶人等交通参与人的交通安全违法行为过程，包括车辆信息采集、动态违法取证、执法管理等功能。按照安装方式来分，交通技术监控设备可以分为固定型和流动型两大类，其中固定型交通技术监控设备是指安装在固定地点、具有对机动车实施监测并记录违法行为的系统，常见的系统有闯红灯自动记录系统、闯禁区监测记录系统、车辆超速监测记录系统、公路车辆智能监测记录系统、车辆超速警示系统、车辆超重记录系统等；流动型交通技术监控设备是指能在运动过程中检测并记录违法行为的电子警察系统，常见的系统有酒精检测仪、车辆卫星定位系统、汽车行驶记录仪、车载式交通安全违法取证系统等。随着我国道路交通管理的现代化水平不断提高，科技手段在道路交通管理中的应用日趋广泛。各地城市政府在市区的主要干道都相继设立了电子自动摄像、拍照系统等电子监控设施，用于监控机动车辆是否按照交通信号灯、交通标志和交通标线行驶、停放。在高速公路和城市快速路以及汽车专用道路等道路上，也安装了激光测试仪等电子监控设备，测量机动车是否超速。本条第一款正是为了执行《道路交通安全法》第一百一十四条的规定，明确公安机关交通管理部门可以利用交通技术监控设备收集、固定违法行为证据。

《公安机关现场执法视音频记录工作规定》规定了六种必须使用执法记录设备记录的现场执法活动；并对记录过程内容进行规范，要求开展现场执法视音频记录时，应当对执法过程进行全程不间断记录，自到达现场开展执法活动时开始至执法活动结束时停止；从现场带回违法犯罪嫌疑人的，应当记录至将违法犯罪嫌疑人带入公安机关执法办案场所办案区时停止。

第二款规定的是交通技术监控设备、执法记录设备可用于收集违法行为证据的条件。

一是交通技术监控设备、执法记录设备必须符合国家标准或者行业标准；交通技术监控设备必须符合《机动车测速仪》（GB/T21255－2007）、《闯红灯自动记录系统验收技术规范》（GA/T870－2010）、《闯红灯自动记录系统通用技术条件》（GA/T496－2014）、《道路车辆智能监测记录系统通用技术条件》（GAT497－2016）、《交通电视监视系统工程验收规范》（GA/T514－2004）等国家标准和行业标准，执法记录设备必须符合《单警执法视音频记录仪》（GA/T947－2011）。

二是需要认定、检定的交通技术监控设备、执法记录设备应当经认定、检定合格，需经国家有关部门认定、检定合格。

交通技术监控设备在设计、建设和验收中应该严格遵守相关的国家标准或者行业标准。道路交通技术监控系统及移动道路交通技术监控设备在建设时要对项目的技术方案、实施方案、招投标、投资方式、运行维护、数据采集、规范使用等方面严格把关，确保项目建设的质量。对于符合国家技术标准或者行业标准的技术监控设备或者系统才可以用于收集违法证据。对于某些交通技术设备或系统尚没有相关技术标准的，国家质量技术监督部门需要对道路监控设备进行检测，校验后，经认定、检验合格，才能用于收集违法证据。

执法记录设备（单警执法视音频记录仪简称“执法记录仪”）应该经公安部特种警用装备质量监督检验中心检测合格。

第三款规定交通技术监控设备应当定期进行维护、保养、检测，保持功能完好。

公安机关交通管理部门应当明确相关职能部门和人员，严格按照《道路交通技术监控设备运行维护规范》（GA/T1043－2013）对监控设备日常维护、管理，定期进行检查、保养，发现故障及时维修，确保监控设备性能良好、正常运作。建立监控设备电子管理档案，对监控设备的名称、编号、类型、设置地点、启用时间、管理部门、检定日期、有效期及维修保养等信息和所在路口（路段）交通信号、设施等情况，逐个登记备案，记录设备状态。对监控设备技术参数的设置应当定期核定，及时处理记录的信息资料，不得编辑更改。

第十六条（交通技术监控设备设置）

交通技术监控设备的设置应当遵循科学、规范、合理的原则，设置的地点应当有明确规范相应交通行为的交通信号。

固定式交通技术监控设备设置地点应当向社会公布。

条文释义

本条是交通技术监控设备设置原则、设置地点选择与公布的规定。

本条共分两款，第一款规定了交通技术监控设备设置的基本原则，设置地点的具体要求。

交通技术监控设备的设置主要是为了震慑违法行为人，保障交通秩序和交通安全；设置地点应该选择违法行为高发，交通安全危害较大的路段或者路口，发挥技术监控设备的震慑威力。

根据《公安部关于规范使用道路交通技术监控设备的通知》技术监控设备原则上应当设置在省际、市际交界，危险路段，交通事故以及严重违法行为多发、交通秩序混乱以及机动车流量较大的路口、路段。设置交通技术监控设备应科学规划，避免重复建设。在没有安装固定监控设备的路段上，或者对固定监控设备无法取证的违法行为，可使用移动监控设备。设置的地点应当有明确的交通信号规范交通参与人的交通行为。明确的交通信号要求不会使交通参与人产生歧义，并且交通信号明显容易识别。

第二款是固定式交通技术监控设备设置地点公开。

公开固定式交通技术监控设备设置地点，保证交通参与者的知情权，本条款规定否定了“暗中执法”，保证以人为本的执法理念得到落实；同时也督促交通参与人自觉遵守交通法律、法规，保持交通秩序的安全畅通，也达到了交通安全管理的目标。设置地点公开也是发挥交通技术监控设备震慑作用的要求，体现了教育与惩罚相结合的原则。

相关法条

公安部文件

公通字［2007］54 号

公安部关于规范使用道路交通技术监控设备的通知

各省、自治区、直辖市公安厅、局，新疆生产建设兵团公安局：

为进一步规范道路交通技术监控设备的设置、使用和管理，确保执法公正，现将有关工作要求通知如下：

一、规范设备设置。交通技术监控设备原则上应当设置在省际、市际交界，危险路段，交通事故以及严重违法行为多发、交通秩序混乱以及机动车流量较大的路口、路段。设置交通技术监控设备应科学规划，避免重复建设。在没有安装固定监控设备的路段上，或者对固定监控设备无法取证的违法行为，可使用移动监控设备。各地要对交通技术监控设备设置组织一次排查、清理，对设置不合理、不规范的，及时进行调整。

二、严格资料审核。交通技术监控资料应当反映机动车基本情况以及违法事实等，并载有违法时间、地点等信息。对所采集的监控资料录入前应与机动车信息系统进行比对，核实机动车基本信息，并与道路交通违法信息系统进行比对，避免同一次交通违法行为重复录入。对于同一交通违法行为已被交通警察当场处罚，机动车号牌被套用、机动车被盗抢期间违反交通信号、与现场交通警察的指挥不一致等情形的监控资料，不再录入道路交通违法信息系统，已经录入的，核实后予以撤销。

三、规范信息告知。交通技术监控资料录入道路交通违法信息系统后，公安机关交通管理部门应当及时将监控资料记录的机动车类型、号牌，违法时间、地点和事实，接受处理时需携带的相关证件，接受处理的时间和地点，联系电话和违法信息的查询方式，公安机关交通管理部门名称及填发的日期等，通过挂号邮寄等方式告知机动车所有人。此外，可以通过在车管所、违法处理窗口设置违法信息自助式查询终端等多种方式方便群众查询。

四、加强设备维护。交通技术监控设备应当符合相关技术标准，产品质量检验合格，且在检定有效期内。各地公安机关交通管理部门应当定期对监控设备进行维护、保养，建立监控设备管理档案，定期将列入国家强制检定目录的在用监控设备委托法定检定机构检定。未依法检定、逾期未检定或者检定不合格的监控设备，不得继续使用。各地要积极向当地财政、物价部门争取将检定费用列入当地财政预算，降低设备检定费用，确保设备性能完好。

五、完善工作规范。各省级公安机关要进一步加强对下指导，认真梳理当前使用交通技术监控设备执法存在的问题，对设备的设置、检定和日常管理作出具体规定，制定完善交通技术监控记录资料收集、审核和处理工作规范。各级公安机关要进一步规范交通技术监控设备建设资金的投入方式，新投资建设的交通技术监控设备应当积极提请政府列入财政预算，禁止企业、个人投资。各级公安机关交通管理部门要结合"三基"工程建设，切实抓好各项制度和工作规范的贯彻落实，加强规范执法培训，对使用交通技术监控设备执法的工作人员要组织专题学习、培训和考核。

六、强化监督检查。各级公安机关及其交通管理部门要加大对使用交通技术监控设备执法的监督检查，及时发现和解决问题。对群众、新闻媒体以及其他部门发现和反映的问题，要认真对待，及时查明情况，澄清事实，整改不足。要积极完善监督机制，主动听取各方面的意见和建议，规范使用交通技术监控设备，不断提升执法水平，最大限度地争取群众的理解和支持，努力构建和谐、公正、文明的道路交通执法环境。

公安部

二〇〇七年七月二十日

第十七条（交通技术监控设备测速要求）

使用固定式交通技术监控设备测速的路段，应当设置测速警告标志。

使用移动测速设备测速的，应当由交通警察操作。使用车载移动测速设备的，还应当使用制式警车。

条文释义

本条是使用固定式交通技术监控设备和移动测速设备测速的要求规定。

道路交通安全法的目的是"为了维护道路交通秩序，预防和减少交通事故，保护人身安全，保护公民、法人和其他组织的财产安全及其他合法权益，提高通行效率"，"处罚"本身并不是目的，而只是实现目的的必要手段。

公开执法，尊重当事人的知情权是新形势下交通安全执法的新理念；正是在此理念下，本程序规定否定了交警的"暗中执法"。即使对驾驶人进行处罚，也使其知道公安机关交通管理部门是为安全而测速，而非为了处罚而测速，让受处罚的驾驶人心服口服。公安机关交通管理部门应该协助交通参与人员遵守法律，引导交通参与者遵守法律，而不应该"隐蔽执法"或"暗中执法"，大力提倡

"透明执法""阳光执法"。这一举措也可得到交通参与者的认同，促使他们形成遵守交通法律、法规的自觉意识，避免交通事故产生，同时也是对公民知情权的一种尊重。

本条共分两款，分别规范固定式和移动设备测速。

第一款固定式交通技术监控设备测速必须设置警告标志。

根据本款规定使用固定式交通技术监控设备应当采取适当的措施保证交通参与人员知悉。在公布测速地点的基础上，设置警告标志，不断地"提醒""告知""纠正"等措施是最好的手段。而利用交通技术监控设备记录违法行为不仅起到制裁、处罚作用，而且起到警示和教育作用。

第二款对于使用移动设备测速的明示进行了规定。

移动式测速设备应当由交警操作，交警必须着制式警服，便于识别；使用车载移动测速设备时，交警应使用制式警车，便于机动车驾驶人知悉，以发挥震慑和警示作用，给过往车辆以明确的信息，避免"暗中执法""隐蔽执法"。

第十八条（交通技术监控设备收集资料的证据要求）

作为处理依据的交通技术监控设备收集的违法行为记录资料，应当清晰、准确地反映机动车类型、号牌、外观等特征以及违法时间、地点、事实。

条文释义

本条是对交通技术监控设备收集的违法行为资料作为处理依据时的要求。

道路交通安全法允许公安机关交通管理部门依据交通技术监控记录资料对违法的机动车所有人或者管理人依法予以处罚；但是交通技术监控设备收集的违法行为记录资料必须达到处罚所要求的证明标准。

交通技术监控记录资料是作为处罚的证据使用，作为证据就必须具有证据的基本特征，就是具有双联性。一方面，记录资料清晰准确反映机动车的特征，这些特征可以达到认定机动车的程度；另一方面记录的资料也可以准确地反映违法行为的基本事实，包括时间、地点、违法事实；这样记录的资料就可以把机动车和违法行为联系在一起，公安机关交通管理部门就可以把记录的资料作为处罚的依据进行处罚。

第十九条（交通技术监控设备记录资料审核与录入）

交通技术监控设备收集违法行为记录资料后五日内，违法行为发生地公安机

关交通管理部门应当对记录内容进行审核，经审核无误后录入道路交通违法信息管理系统，作为处罚违法行为的证据。

条文释义

本条是对交通技术监控设备收集违法行为记录资料审核要求与录入时限的规定。

本条款进行了修改，进一步缩短了录入的时限；交通技术监控设备收集违法行为记录资料之日起五日内；违法行为发生地公安机关交通管理部门应该严格遵守，交通技术监控设备收集违法行为记录资料只有经过严格审查无误后，才能作为违法行为的证据使用。审核的机关为违法行为发生地公安机关交通管理部门；本程序规定没有明确内容审核的要求，应该严格依据公安部《关于规范使用道路交通技术监控设备的通知》（公通字［2007］54号）的第二项要求，交通技术监控资料应当反映机动车基本情况以及违法事实等，并载有违法时间、地点等信息。对所采集的监控资料录入前应与机动车信息系统进行比对，核实机动车基本信息，并与道路交通违法信息系统进行比对，避免同一次交通违法行为重复录入。对于同一交通违法行为已被交通警察当场处罚，机动车号牌被套用、机动车被盗抢期间违反交通信号、与现场交通警察的指挥不一致等情形的监控资料，不再录入道路交通违法信息系统，已经录入的，核实后予以撤销。

第二十条（违法信息查询、通知及联系方式备案、变更）

交通技术监控设备记录的违法行为信息录入道路交通违法信息管理系统后当日，违法行为发生地和机动车登记地公安机关交通管理部门应当向社会提供查询。违法行为发生地公安机关交通管理部门应当在违法行为信息录入道路交通违法信息管理系统后五日内，按照机动车备案信息中的联系方式，通过移动互联网应用程序、手机短信或者邮寄等方式将违法时间、地点、事实通知违法行为人或者机动车所有人、管理人，并告知其应在三十日内接受处理。

公安机关交通管理部门应当在违法行为人或者机动车所有人、管理人处理违法行为和交通事故、办理机动车或者驾驶证业务时，书面确认违法行为人或者机动车所有人、管理人的联系方式和法律文书送达方式，并告知其可以通过公安机关交通管理部门互联网站、移动互联网应用程序等方式备案或者变更联系方式、法律文书送达方式。

条文释义

本条是交通技术监控设备记录的违法行为信息传递相关事宜处理方式的规定。

本条为修改条款。细化通知、告知的责任主体，缩短了告知时间，增加告知处理违法行为的时限；同时明确在办理业务时，公安机关交通管理部门书面确认机动车支配人联系方式、法律文书送达方式，同时告知其备案或者变更联系方式、送达方式的方式。

本条共分两款，第一款规定了交通技术监控设备记录的违法行为信息提供查询，通知违法行为人或者机动车所有人、管理人，告知其接受处理。

由于通过交通监控设备记录的违法行为，违法行为人或者机动车所有人、管理人往往对此没有感知，根本不知道或者不确定自己实施了违法行为，当然不会自觉去接受处罚。因此，本条规定了主动查询和被动告知两种方式通知违法行为人或者机动车所有人、管理人的机动车违法行为被交通技术监控设备记录的事实情况。

基于方便群众的原则，本款规定了公安机关交通管理部门的一项重要义务，就是提供交通技术监控资料记录的违法行为的查询方式供违法行为人或者机动车所有人、管理人查询。要求违法行为发生地和机动车登记地公安机关交通管理部门在技术监控设备记录的违法行为信息录入道路交通违法信息管理系统后当日应当向社会提供查询。查询的方式可以是公安交通管理的互联网平台、车管所或者违法处理窗口设置违法信息自助式查询终端等多种方式方便群众查询。

同时要求主动通知违法行为人或者机动车所有人、管理人；违法行为发生地公安机关交通管理部门应当在违法行为信息录入道路交通违法信息管理系统五日内按照机动车备案信息中的联系方式，通过移动互联网应用程序、手机短信或者邮寄等方式将违法行为及发生时间、地点通知违法行为人或者机动车所有人、管理人，并告知其应在三十日内接受处理。

根据公安部《关于规范使用道路交通技术监控设备的通知》，提供查询和告知的内容包括：监控资料记录的机动车类型、号牌，违法时间、地点和事实，接受处理时需携带的相关证件，接受处理的时间和地点，联系电话和违法信息的查询方式，公安机关交通管理部门名称及填发的日期等。

第二款规定了公安机关交通管理部门在违法行为人或者机动车所有人、管理人在业务窗口办理相关业务时，书面确认其联系方式、送达方式的规定，告知其备案或者变更联系方式、送达方式的途径。

由于违法行为人或者机动车所有人、管理人生活工作的需要，其联系方式或者住所存在变动的可能，为了保持信息通知或者告知的畅通无误，在其到公安机关交通管理部门办理相关业务的宝贵机会，进行书面的确认方式，告知备案和变更的方法途径，有利于保证信息沟通及时性、有效性。

第二十一条（实际驾驶人违法信息记录）

对交通技术监控设备记录的违法行为信息，经核查能够确定实际驾驶人的，公安机关交通管理部门可以在道路交通违法信息管理系统中将其记录为实际驾驶人的违法行为信息。

条文释义

本条是实际驾驶人的核查确认与违法信息记录的规定。

本条是新增条款，首次明确经核查确认可以直接记录交通技术监控设备记录的机动车违法行为的实际驾驶人。

长期以来，对于交通技术监控设备记录的违法行为处理时，对于接受处理当事人的确认问题是个难题；根据《公安部关于根据交通技术监控记录资料处理交通违法行为的指导意见》（公交管〔2013〕93 号），公安机关交通管理部门根据交通技术监控记录资料处理违法行为时，可以对违法机动车的所有人或者管理人依法予以处罚。通过辨认证据图片、图像或者当事人书面陈述和签字确认、询问当事人、收集证人证言、审查当事人提供的证据等方式能够确定机动车驾驶人的，应当固定证据，对驾驶人依法处罚。不得对驾驶人或者机动车所有人、管理人以外的人员进行处罚。确立了以“处罚机动车所有人、管理人”为一般情形，有条件处罚确认的机动车驾驶人，禁止处罚机动车所有人、管理人、驾驶人以外的其他人的方式。

近年来，随着科技的高速发展，高清摄像头的普及，机动车驾驶人管理信息系统的发展，人脸识别技术的成熟，为公安机关交通管理部门直接通过交通技术监控设备记录的资料识别机动车驾驶人提供了条件；本程序从法律角度为技术的应用提供了依据。为直接处罚机动车驾驶人提供了条件，解决长期存在的无法直接确认和处罚机动车驾驶人的问题。

2019 年公安部出台《便利处理汽车租赁期间交通技术监控记录的道路交通安全违法行为办法》，明确承租人可以通过“交管 12123” APP 网上查询、自助处理租赁汽车交通违法行为；对承租驾驶人未及时处理的，根据租赁企业申请并经公安交管部门核查属实的，公安交管部门可将交通违法行为记录转移到承租驾驶人名下。为了把保证改革措施纳入法制框架内，《程序规定》明确规定，对交通技术监控设备记录的交通违法行为信息，能够确定实际驾驶人的，公安交管部门可以将该交通违法行为由机动车名下变更至实际驾驶人名下。

相关法条

《便利处理汽车租赁期间交通技术监控记录的道路交通安全违法行为办法》

第一条（立法目的）为便利承租驾驶人和租赁企业及时处理租赁汽车在租赁期间发生的交通技术监控记录的道路交通安全违法行为（以下简称交通违法行为），根据《道路交通安全法》及其配套法规、规章，制定本办法。

第二条（处理方式）适用本办法处理租赁汽车在短时租赁或者分时租赁期间发生的交通技术监控记录的交通违法行为，可以通过公安机关交通管理部门互联网交通安全综合服务管理平台（以下简称互联网服务平台）在线办理，或者在公安机关交通管理部门交通违法行为处理窗口办理。

第三条（合同备案）租赁企业通过互联网服务平台处理的，应当在互联网服务平台注册企业用户，将租赁企业名下租赁汽车录入互联网服务平台企业用户，并于租赁合同成立后24小时内，通过互联网服务平台将承租驾驶人姓名、驾驶证号、有效手机号码，租赁合同生效及终止时间，租赁汽车号牌号码等信息向公安机关交通管理部门备案。

租赁企业在公安机关交通管理部门交通违法行为处理窗口办理的，租赁企业应当在租赁合同成立后24小时内将承租驾驶人姓名、驾驶证号、有效手机号码，租赁合同生效及终止时间，租赁汽车号牌号码等信息按规定方式向公安机关交通管理部门备案。

第四条（租赁合同有效期）租赁合同生效及终止时间应当精确到分钟。租赁合同终止时间发生变更的，租赁企业应当及时提供变更后的租赁合同信息。

第五条（违法行为通知）公安机关交通管理部门应当在交通违法行为信息录入道路交通违法信息管理系统后三日内，通过互联网服务平台、“交管12123”手机APP和手机短信通知租赁企业、承租驾驶人，告知承租驾驶人及时处理或者提出异议，并提示承租驾驶人对属于与租赁企业之间的争议向租赁企业提出。

第六条（违法行为处理）相关租赁合同信息按规定备案后，承租驾驶人是“交管12123”手机APP注册用户的，可以通过“交管12123”手机APP自助处理租赁合同存续期间驾驶租赁汽车发生的交通违法行为。公安机关交通管理部门通过“交管 12123”手机 APP 核实租赁关系。

承租驾驶人到交通违法行为发生地或者机动车登记地公安机关交通管理部门接受处理的，公安机关交通管理部门应当通过系统核实租赁关系，不再要求承租驾驶人出示租赁汽车行驶证。符合交通违法行为异地处理条件的，按照道路交通安全违法行为异地处理工作规范执行。

第七条（租赁企业申请）承租驾驶人未在租赁合同期限届满之日起三十日内处理租赁汽车交通违法行为的，租赁企业可以向租赁汽车登记地公安机关交通管理部门申请将相关交通违法行为记录在承租驾驶人名下。

租赁企业申请将租赁汽车交通违法记录在承租驾驶人名下的，可以通过互联网服务平台或者在公安机关交通管理部门交通违法行为处理窗口提出，并提供以下材料：

（一）书面申请；

（二）租赁合同影印件。

实际租赁期限与租赁合同不一致的，应当在书面申请材料中予以说明，并提供相应材料。

租赁企业向公安机关交通管理部门提出申请后 24 小时内，应当通知承租驾驶人。

第八条（审查和权利通知）公安机关交通管理部门在收到租赁企业申请后三个工作日内，审查承租驾驶人姓名、驾驶证号、有效手机号码，租赁合同生效及终止时间，租赁汽车号牌号码等信息以及交通违法行为是否发生于该租赁合同存续期间，经确认无误的，通过互联网服务平台、“交管 12123”手机 APP、手机短信向承租驾驶人通知以下内容：根据租赁企业申请，拟将汽车租赁期间的交通违法行为记录在承租驾驶人名下，承租驾驶人有异议的，应当在收到通知后五个工作日内提出；未在规定期限内提出异议的，公安机关交通管理部门将该交通违法行为记录在承租驾驶人名下。

经公安机关交通管理部门通知，承租驾驶人未在规定期限内提出异议的，公安机关交通管理部门可以将该交通违法行为记录至承租驾驶人名下，并通过互联网服务平台、“交管 12123”手机 APP、手机短信通知承租驾驶人及时接受处理。

第九条（驾驶证审验）机动车驾驶证审验时，承租驾驶人有交通违法行为未接受处理或者未缴纳罚款的，按照《机动车驾驶证申领和使用规定》规定办理。

第十条（异议处理）交通违法行为记录至承租驾驶人名下，承租驾驶人对租赁合同主体、实际履行期间等内容有异议的，可以通过“交管12123”手机APP或者向机动车登记地公安机关交通管理部门交通违法处理窗口提出，机动车登记地公安机关交通管理部门查证属实的，应当将该交通违法行为恢复至租赁汽车名下。承租驾驶人对交通违法行为记录有异议的，按照《道路交通安全违法行为处理程序规定》办理。承租驾驶人提供证据证明交通违法行为系他人驾驶期间发生的，经违法行为发生地或者机动车登记地公安交管部门查证属实的，可以对实际驾驶人作出处罚决定。

第十一条（法律责任）租赁企业提供虚假合同等信息的，自发现之日起一年内，公安机关交通管理部门不再受理该租赁企业将交通违法行为记录在承租驾驶人名下的申请。

第十二条（便利支持）公安机关交通管理部门应当加强执法信息化建设，为租赁企业、承租驾驶人处理租赁汽车交通违法行为、提出异议提供便利和支持。

第十三条（案卷保存）公安机关交通管理部门按照本办法处理交通违法行为后，可以通过电子案卷的形式将相关证据材料、法律文书存档。处理过程中形成的纸质材料，应当扫描后以电子案卷形式保存。

第十四条（名词解释）本办法中的“租赁企业”，是指依法注册登记且经营范围中具有汽车租赁业务的法人。

本办法中的“租赁汽车”，是指租赁企业名下从事租赁活动的小型、微型载客汽车。

本办法中的“租赁合同”最长有效期限不得超过30日。

第十五条（引致条款）本办法未规定的违法行为处理程序，按照《道路交通安全违法行为处理程序规定》执行。

第十六条（实施时间）本办法自2019年9月20日起实施。

第二十二条（交通技术监控设备记录违法信息消除）

交通技术监控设备记录或者录入道路交通违法信息管理系统的违法行为信息，有下列情形之一并经核实的，违法行为发生地或者机动车登记地公安机关交通管理部门应当自核实之日起三日内予以消除：

（一）警车、消防救援车辆、救护车、工程救险车执行紧急任务期间交通技术监控设备记录的违法行为；

（二）机动车所有人或者管理人提供报案记录证明机动车被盗抢期间、机动车号牌被他人冒用期间交通技术监控设备记录的违法行为；

（三）违法行为人或者机动车所有人、管理人提供证据证明机动车因救助危难或者紧急避险造成的违法行为；

（四）已经在现场被交通警察处理的交通技术监控设备记录的违法行为；

（五）因交通信号指示不一致造成的违法行为；

（六）作为处理依据的交通技术监控设备收集的违法行为记录资料，不能清晰、准确地反映机动车类型、号牌、外观等特征以及违法时间、地点、事实的；

（七）经比对交通技术监控设备记录的违法行为照片、道路交通违法信息管理系统登记的机动车信息，确认记录的机动车号牌信息错误的；

（八）其他应当消除的情形。

条文释义

本条是对交通技术监控设备记录或录入道路交通安全违法信息管理系统的违法行为信息应当消除的情形规定。

本条为修改条款，增加明确了应当予以消除的违法信息的消除责任单位和消除的时限，并对消除的条件进行规范。

对于应当予以消除的违法信息，违法行为发生地或者机动车登记地公安机关交通管理部门均有权根据当事人申请或者要求，进行核实，核实后三日内予以消除；大大方便了当事人，是便民服务原则的重要体现。

对于交通技术监控设备记录的违法行为资料或录入道路交通安全违法信息管理系统的违法行为信息经过核实存在下列情况的应当消除：

1. 警车、消防车、救护车、工程救险车执行紧急任务期间被记录的。

根据《道路交通安全法》第五十三条规定，警车、消防车、救护车、工程救险车执行紧急任务时，可以使用警报器、标志灯具；在确保安全的前提下，不受行驶路线、行驶方向、行驶速度和信号灯的限制，其他车辆和行人应当让行。警车、消防车、救护车、工程救险车非执行紧急任务时，不得使用警报器、标志灯具，不享有前款规定的道路优先通行权。警车、消防车、救护车、工程救险车执行紧急任务期间，主要是在赶往执行任务地点，或者在执行紧急任务的地点未按照正常通行规定，不属于交通违法行为，应予以消除。

2. 机动车被盗抢期间或者机动车号牌被他人冒用期间发生的违法行为；由于机动车所有人、管理人丧失控制权，期间发生的交通违法行为责任应该由机动车的实际控制人负责；机动车所有人、管理人对交通安全违法行为不承担法律责任，应予以消除。

3. 有证据证明救助危难或者紧急避险造成的；救助危难或紧急避险都是为了较大的社会利益，不得已才实施的行为，为了保护更大的社会利益或者个人利益，具有合理性，不认定为交通安全违法行为，应予以消除。证明责任由违法行为人或者机动车所有人、管理人承担；但是公安机关交通管理部门有证据证明的也可以提供。

4. 违法行为在被交通技术监控记录的同时，也被现场交警执勤发现而被处理，根据“一事不二罚”的原则应该予以消除。

5. 因交通信号指示不一致造成的，当事人的交通行为是根据其中之一个指示进行的；当事人的行为没有过错，不构成违法，应予以消除。

6. 作为处理依据的交通技术监控设备收集的违法行为记录资料，不能清晰、准确地反映机动车类型、号牌、外观等特征以及违法时间、地点、事实的；这种情形属于无法达到证明标准，无法认定违法行为的主要事实，不能作为处罚的依据。

7. 记录的机动车号牌信息错误；确认的方式是经比对交通技术监控设备记录的违法行为照片、道路交通违法信息管理系统登记的机动车信息；经核对机动车的主要特征存在本质的差异如车辆不同、车辆颜色不同、车辆的特征性标志差异明显，可以排除二者同一的。

8. 其他应当消除的情形。本条款为兜底条款，本条采取列举方式对常见的情形进行了规定，不排除存在其他应当消除的情形，由公安机关交通管理部门依据合法、公平、公正的原则行使自由裁量权。

第二十三条（单位或者个人提供及群众举报资料作为证据）

经查证属实，单位或者个人提供的违法行为照片或者视频等资料可以作为处罚的证据。

对群众举报的违法行为照片或者视频资料的审核录入要求，参照本规定执行。

条文释义

本条明确个人或单位提供及群众举报资料可以作为处罚证据规定。

本次修订首次以部门规章的形式将单位和个人提供及群众举报证据材料作为违法行为的处罚依据。

本条共分两款，分别规定了个人或者单位提供的违法行为资料和群众举报违法行为资料作为处罚证据的具体规则。

第一款对于个人或者单位提供的违法行为资料，必须经查证属实。

公安机关交通管理部门在调查过程中，提取的单位或者个人的监控设备或者其他设备取得的证据材料，经查证属实，可以作为处罚的证据使用；单位或者个人提供的违法行为资料常见的有照片、视频；同时，根据《公安部关于根据交通技术监控记录资料处理交通违法行为的指导意见》（公交管〔2013〕93号）中规定，具有行驶记录功能且符合国家或者行业标准的卫星定位装置、车载视频装置等车辆动态监控系统记录的营运车辆、校车、危险物品运输车的超速、疲劳驾驶、违法停车等违法行为资料，经严格审核后可以作为违法信息录入公安交通管理综合应用平台。

对于单位或者个人提供的违法行为资料的查证审核应该由违法行为管辖地公安机关交通部门负责。

第二款明确规定群众举报的违法行为照片或者视频，参考本规定进行审核录入，可以作为处罚的依据。

举报违法犯罪行为是公民的基本权利，鼓励单位或个人提供违法行为的证据材料，有利于积极打击和震慑违法行为，同时扩大交通安全管理监控面，大大缓解警力不足问题，形成全民参与、全面预防的良好局面；为此，不少地方甚至出台了鼓励群众“随手拍”举报交通违法行为的奖励制度，收到良好的震慑作用。本次在总结各地经验的基础上，通过部门规章的形式固定下来。

2013年公安部交管局出台了《关于根据交通技术监控记录资料处理交通违法行为的指导意见》规定，对群众拍摄记录并在违法行为发生之日起三日内举报的机动车闯红灯、违法占用专用车道行驶等违法行为，要通过询问举报人和涉嫌违法车辆所有人、管理人等形式认真调查核实，对提供的记录资料严格审核，符合证据要求的，可以作为违法信息录入公安交通管理综合应用平台。

第四章 行政强制措施适用

本章概览

本章是关于行政强制措施的适用的规定，共18条，主要涉及公安机关交通管理部门及其交通警察在执法过程中采取的强制措施的种类、程序和具体适用的条件等。第二十四条至第二十六条规定行政强制措施的种类、实施程序及行政强制措施凭证应载明内容；第二十七条至第三十条规定扣留车辆的情形和处理办法；第三十一条和三十二条规定扣留机动车驾驶证的情形和处理方法；第三十三条和第三十四条规定拖移机动车适用和查询方法；第三十五条和第三十六条规定检验体内酒精、国家管制的精神药品、麻醉药品含量的情形和程序及重新检验；第三十七条至第三十九条规定收缴物品的情形和处理；第四十条和第四十一条规定对影响交通安全需要排除障碍的情况和实施程序。

第二十四条（交通安全执法行政强制措施种类）

公安机关交通管理部门及其交通警察在执法过程中，依法可以采取下列行政强制措施：

（一）扣留车辆；

（二）扣留机动车驾驶证；

（三）拖移机动车；

（四）检验体内酒精、国家管制的精神药品、麻醉药品含量；

（五）收缴物品；

（六）法律、法规规定的其他行政强制措施。

条文释义

本条对交通警察在执法过程中的行政强制措施的种类作出了明确的规定。

根据《立法法》《行政强制法》规定，只有法律或者行政法规才能够设立行政强制措施，本程序规定无权设立行政强制措施，只是对《道路交通安全法》设立的行政强制措施进行明确和归纳，便于在执法中适用。

公安机关交通管理部门及交通警察执法采取的行政强制措施设立的法律依据如下：

1. 扣留车辆设立依据《道路交通安全法》第八十九条、第九十二条、第九十五条、第九十六条、第九十八条的规定。

第八十九条规定，行人、乘车人、非机动车驾驶人违反道路交通安全法律、法规关于道路通行规定的，处警告或者五元以上五十元以下罚款；非机动车驾驶人拒绝接受罚款处罚的，可以扣留其非机动车。

第九十二条规定，公路客运车辆载客超过额定乘员的，处二百元以上五百元以下罚款；超过额定乘员百分之二十或者违反规定载货的，处五百元以上二千元以下罚款。货运机动车超过核定载质量的，处二百元以上五百元以下罚款；超过核定载质量百分之三十或者违反规定载客的，处五百元以上二千元以下罚款。有前两款行为的，由公安机关交通管理部门扣留机动车至违法状态消除。

第九十五条规定，上道路行驶的机动车未悬挂机动车号牌，未放置检验合格标志、保险标志，或者未随车携带行驶证、驾驶证的，公安机关交通管理部门应当扣留机动车，通知当事人提供相应的牌证、标志或者补办相应手续，并可以依照本法第九十条的规定予以处罚。当事人提供相应的牌证、标志或者补办相应手续的，应当及时退还机动车。

第九十六条规定，伪造、变造或者使用伪造、变造的机动车登记证书、号牌、行驶证、驾驶证的，由公安机关交通管理部门予以收缴，扣留该机动车，处十五日以下拘留，并处二千元以上五千元以下罚款；构成犯罪的，依法追究刑事责任。伪造、变造或者使用伪造、变造的检验合格标志、保险标志的，由公安机关交通管理部门予以收缴，扣留该机动车，处十日以下拘留，并处一千元以上三千元以下罚款；构成犯罪的，依法追究刑事责任。使用其他车辆的机动车登记证书、号牌、行驶证、检验合格标志、保险标志的，由公安机关交通管理部门予以收缴，扣留该机动车，处二千元以上五千元以下罚款。当事人提供相应的合法证明或者补办相应手续的，应当及时退还机动车。

第九十八条第一款规定，机动车所有人、管理人未按照国家规定投保机动车第三者责任强制保险的，由公安机关交通管理部门扣留车辆至依照规定投保后，并处依照规定投保最低责任限额应缴纳的保险费的二倍罚款。

2. 扣留机动车驾驶证设立依据《道路交通安全法》第一百一十条第一款规定，执行职务的交通警察认为应当对道路交通违法行为人给予暂扣或者吊销机动车驾驶证处罚的，可以先予扣留机动车驾驶证，并在二十四小时内将案件移交公安机关交通管理部门处理。

3. 拖移机动车设立依据《道路交通安全法》第九十三条第二款规定，机动车驾驶人不在现场或者虽在现场但拒绝立即驶离，妨碍其他车辆、行人通行的，处二十元以上二百元以下罚款，并可以将该机动车拖移至不妨碍交通的地点或者公安机关交通管理部门指定的地点停放。公安机关交通管理部门拖车不得向当事人收取费用，并应当及时告知当事人停放地点。

4. 检验体内酒精、国家管制的精神药品、麻醉药品含量设立依据《道路交通安全法实施条例》第一百零五条规定，机动车驾驶人有饮酒、醉酒、服用国家管制的精神药品或者麻醉药品嫌疑的，应当接受测试、检验。

5. 收缴物品设立依据《道路交通安全法》第九十六条、九十七条、第一百条规定。

第九十六条规定，伪造、变造或者使用伪造、变造的机动车登记证书、号牌、行驶证、驾驶证的，由公安机关交通管理部门予以收缴；伪造、变造或者使用伪造、变造的检验合格标志、保险标志的，由公安机关交通管理部门予以收缴，使用其他车辆的机动车登记证书、号牌、行驶证、检验合格标志、保险标志的，由公安机关交通管理部门予以收缴。

第九十七条规定，非法安装警报器、标志灯具的，由公安机关交通管理部门强制拆除，予以收缴，并处二百元以上二千元以下罚款。

第一百条第一款规定，驾驶拼装的机动车或者已达到报废标准的机动车上道路行驶的，公安机关交通管理部门应当予以收缴，强制报废。

6、《道路交通安全法》还设立了其他行政强制措施。

（1）责令消除安全隐患。根据《道路交通安全法》第一百零二条的规定，对六个月内发生二次以上特大交通事故负有主要责任以上的专业运输单位，公安机关交通管理部门可采取责令消除安全隐患的强制措施，具体方式是发出《责令限期消除交通安全隐患通知书》，未消除安全隐患的机动车禁止上路。专业运输单位应当严格按公安机关交通管理部门的责令，立即整改安全隐患，否则造成严重后果的，要承担相应的行政和刑事责任。

（2）责令停止违法行为。根据《道路交通安全法》第一百零四条的规定，未经批准，擅自挖掘道路、占用道路施工或者从事其他影响道路交通安全活动的，公安机关交通管理部门可以发出通知责令其停止违法活动，恢复交通；并可由道路主管部门依法给予罚款。

（3）责令排除妨碍。在道路两侧及隔离带上种植树木、其他植物或者设置广告牌、管线等，遮挡路灯交通信号；妨碍安全视距的，公安机关交通管理部门应责令行为人排除妨碍；拒不执行的，强制排除妨碍。

第二十五条（行政强制措施实施程序）

采取本规定第二十四条第（一）、（二）、（四）、（五）项行政强制措施，应当按照下列程序实施：

（一）口头告知违法行为人或者机动车所有人、管理人违法行为的基本事实、拟作出行政强制措施的种类、依据及其依法享有的权利；

（二）听取当事人的陈述和申辩，当事人提出的事实、理由或者证据成立的，应当采纳；

（三）制作行政强制措施凭证，并告知当事人在十五日内到指定地点接受处理；

（四）行政强制措施凭证应当由当事人签名、交通警察签名或者盖章，并加盖公安机关交通管理部门印章；当事人拒绝签名的，交通警察应当在行政强制措施凭证上注明；

（五）行政强制措施凭证应当当场交付当事人；当事人拒收的，由交通警察在行政强制措施凭证上注明，即为送达。

现场采取行政强制措施的，交通警察应当在二十四小时内向所属公安机关交通管理部门负责人报告，并补办批准手续。公安机关交通管理部门负责人认为不应当采取行政强制措施的，应当立即解除。

条文释义

本条是关于实施行政强制措施程序的规定。

交通警察在执法过程中，需要对违法行为人采取扣留车辆、扣留机动车驾驶证、收缴物品、检验体内酒精、国家管制的精神药品、麻醉药品含量四种强制措施时，按照本条规定的程序进行；对于采取拖移机动车强制措施则依据本程序规定第三十三条实施。

本条共分两款，第一款规范了实施行政强制措施的程序。

本条规定的采取强制措施的程序应按下列步骤开展：

1. 表明执法身份。表明执法身份是交通警察在执法过程中的第一环节，交通警察只有如实表明身份后，才说明其具有代表公安机关交通管理部门执法的资格，执法主体资格符合法律要求的。对于需要对违法行为人采取强制措施的交通警察来说，不能身着便服，应当按规定着装，佩戴警察标志并持有人民警察证件。交通警察着装必须按照《人民警察法》的规定，佩戴人民警察标志或者持有人民警察证件，保持警容严整，举止端庄。

2. 告知。交通警察应当口头告知违法行为人或者机动车所有人、管理人违法行为的基本事实、拟作出行政强制措施的种类、依据及其依法享有的权利。

应当明确指出，交通警察对当事人采取行政强制措施一般都是针对交通安全违法行为人，但在个别情况下，由于交通安全违法当事人无法查明，则需对机动车的所有人或者管理人采取强制措施，此时，告知的对象就是机动车的所有人或者管理人。

交通警察告知违法行为的基本事实是指违法行为违反道路交通安全法律、法规规定的具体情况；拟作出行政强制措施的种类主要是本条列举的这四种强制措施及采取强制措施的依据；违法行为依法享有的权利主要是行政复议权、行政诉讼权和行政赔偿权，交通警察应当告知当事人这些权利。由于采取行政强制措施并没有对当事人进行处罚，所以，交通警察在告知上述内容外，还应当明确告知当事人接受处理的时间和地址，以方便当事人接受处理。交通警察应当认真向违法行为人履行告知程序，不仅有利于当事人了解违法情况，接受处理措施，同时也有利于当事人对交通警察执法进行监督。

3. 听取当事人的陈述和申辩。交通警察在履行完告知程序后，应当听取违法行为人的陈述和申辩，违法行为人提出的事实、理由或者证据成立的，应当采纳；违法当事人对其行为进行申辩和陈述是法律赋予的权利，公安机关交通管理部门及交通警察不能剥夺此项权利。需要明确指出，当事人可以对违法行为进行必要的解释、陈述、申辩，但不能影响交通警察的正常工作，更不能无理取闹、寻衅滋事，妨碍正常交通秩序。听取当事人的陈述和申辩有利于交通警察更好地了解案件的事实，如果当事人陈述的事实和理由或者证据成立的，应当依法采纳，以保证行政强制措施正确适用。

4. 制作行政强制凭证。当交通警察依法告知违法当事人的违法事实、拟作出处罚决定的法律依据，并充分听取了当事人的陈述和申辩后，交通警察应当制作行政强制措施凭证，并告知当事人在十五日内到指定地点接受处理；行政强制措施作为交通警察采取行政强制措施时使用的法律文书。交通警察制作行政强制措施凭证应当按照规定准确规范填写，确保文书的效力。交通警察制发行政强制措施凭证可以由一名交通警察实施。

交通警察在行政强制措施凭证制作完毕后，应当将行政强制措施凭证交由被处罚人签名，同时交通警察也应当签名或盖章，并加盖公安机关交通管理部门印章。如果当事人拒绝签名的，交通警察应当在行政强制措施凭证上予以注明。在实践中，为提高执法效率，公安机关交通管理部门一般会将单位行政公章套印至文书，这不影响文书的使用效力。

5. 交付行政强制措施凭证。交通警察在制作完行政强制措施凭证后，应当将行政强制措施凭证当场交付当事人，当事人如果拒收的，交通警察应当在行政强制措施凭证上注明，即为送达。行政强制措施凭证一式二份，一份存档，一份送达被处罚人。

第二款规定了现场采取行政强制措施的报告和审批。

根据《行政强制法》规定，行政机关实施行政强制措施前须向行政机关负责人报告并经批准；实施行政强制措施必须经负责人批准；同时，情况紧急，需要当场实施行政强制措施的，行政执法人员应当在二十四小时内向行政机关负责人报告，并补办批准手续。行政机关负责人认为不应当采取行政强制措施的，应当立即解除。本款规定与《行政强制法》的要求保持一次。

第二十六条（行政强制措施凭证内容）

行政强制措施凭证应当载明当事人的基本情况、车辆牌号、车辆类型、违法事实、采取行政强制措施种类和依据、接受处理的具体地点和期限、决定机关名称及当事人依法享有的行政复议、行政诉讼权利等内容。

条文释义

本条是关于行政强制措凭证主要内容的规定。

行政强制措施凭证是指公安机关交通管理部门依法对当事人及其车辆、驾驶证等采取行政强制措施时使用的法律文书，它是公安机关交通管理部门作出行政强制措施所具备的法律效力的表现形式，也是当事人到指定地点接受处理及取消对其车辆、驾驶证等强制措施时所应持的凭据。公安机关交通管理部门在对当事人采取行政强制措施时，应当依法出具行政强制措施凭证，既有利于规范公安机关交通管理部门处理违法行为，保障公安机关交通管理部门正确履行职责，又有利于保护自然人、法人和其他组织的合法权益。

公安机关交通管理部门及其交通警察出具的行政强制措施凭证应包括以下内容：

1. 当事人的基本情况和车辆牌号、类型。当事人的基本情况包括当事人的姓名、家庭住址、电话、其他联系方式、驾驶证号、档案编号、发证机关。其中姓名是指户籍上注明的常用姓名，应与驾驶证上姓名保持一致。属于外国籍或者少数民族的人员，应当写明其汉语音译名。如当事人有驾驶资格的，则还应填写机动车驾驶证号、驾驶证的档案编号及核发驾驶证的机关。如无驾驶证则无须填写上述项目。车辆牌号、车辆类型为当事人违法行为发生时驾驶的车辆车牌号和车辆类型，车辆类型可分为大型客车、大型货车、小型汽车、三轮汽车等。

2. 违法事实和采取强制措施种类和依据。行政强制措施凭证中应用简练的语言将违法行为人的基本违法事实描述清楚。采取行政强制措施种类和法律依据，应当准确填写法律、法规、规章的全称，并具体到条、款、项。

3. 接受处理的具体地址和期限。具体地址应详细便于寻找，接受处理的时间应为十五日内。

4. 决定机关名称。应写明全称。

5. 当事人依法享有的行政复议或者提起行政诉讼的权利。行政强制凭证应当明确告知被处罚人不服决定的，应如何行使行政复议法和行政诉讼的权力，载明违法行为人申请行政复议或提起行政诉讼的期限、地点。向被处罚人交待诉权是行政机关应该履行的法定职责，行政机关履行好这一职责，既可以保护当事人的合法权益，又可以加强对办案机关的办案人员的监督，体现了行政机关对自身办案公正、合法的自信心。按照行政复议法和行政诉讼法的规定，违法行为人可以在具体行政行为作出之日起，应在六十日内到作出行政行为的上一级机关申请行政复议，或在三个月内依法向人民法院提起行政诉讼。

6. 其他内容还包括当事人签名，当事人应当在行政强制措施凭证上签名，如果当事人拒绝签名的，交通警察应当在备注中注明。交通警察签名或者盖章，公安机关交通管理部门盖章。交通警察应当在行政强制措施上签名或盖章，应当签署本人姓名或名章，不得使用加盖他人名章的行政强制措施凭证，避免程序违法。公安机关交通管理部门盖章应加盖作出处罚决定单位的行政公章，注意不能盖行政机关内部机构的印章，同时，盖章时不要越权，即哪一级行政机关作出处罚就盖哪一级的章，处罚权限要与所盖的印章相一致，如果印章不一致的话，往往会导致程序违法。填发的日期，交通警察在制作行政强制措施凭证时，应当准确填写制作凭证的日期，避免发生笔误，确保行政强制措施凭证的有效性。

第二十七条（扣留车辆情形）

有下列情形之一的，依法扣留车辆：

（一）上道路行驶的机动车未悬挂机动车号牌，未放置检验合格标志、保险标志，或者未随车携带机动车行驶证、驾驶证的；

（二）有伪造、变造或者使用伪造、变造的机动车登记证书、号牌、行驶证、检验合格标志、保险标志、驾驶证或者使用其他车辆的机动车登记证书、号牌、行驶证、检验合格标志、保险标志嫌疑的；

（三）未按照国家规定投保机动车交通事故责任强制保险的；
（四）公路客运车辆或者货运机动车超载的；
（五）机动车有被盗抢嫌疑的；
（六）机动车有拼装或者达到报废标准嫌疑的；
（七）未申领《剧毒化学品公路运输通行证》通过公路运输剧毒化学品的；
（八）非机动车驾驶人拒绝接受罚款处罚的。
对发生道路交通事故，因收集证据需要的，可以依法扣留事故车辆。

条文释义

本条是交通警察可以扣留车辆的行政强制措施的具体情形和条件的规定。

交通警察在执法过程中，出现下列九种情形时，可采取扣留车辆的行政强制措施。应当注意的是新程序规定除掉了旧的程序规定“因无其他机动车驾驶人代替驾驶、违法行为尚未消除、需要调查或者证据保全等原因不能立即放行的”才扣车的前提条件，只要有下列情形，就可采取扣留机动车强制措施：

1．“上道路行驶的机动车未悬挂机动车号牌，未放置检验合格标志、保险标志，或者未随车携带机动车行驶证、驾驶证的；”对这一条，应注意“上道路行驶”的规定，只有上道路行驶的机动车法律才要求悬挂机动车号牌，放置检验合格标志、保险标志，随车携带机动车行驶证、驾驶证。

对上述违法行为采取扣留车辆的行政强制措施的原因如下：

(1) 机动车号牌和行驶证是车辆初次检验技术状况的合格证，是机动车取得道路通行权利，具有上道路行驶资格的许可证，是车辆的身份证。如果机动车没有悬挂号牌或未随车携带行驶证，则机动车缺少必备的身份证明，该车有可能没有进行注册登记，也可能有被盗抢的嫌疑。因此，对于未悬挂机动车号牌或是未随车携带行驶证的，采取扣留车辆的强制措施。

(2) 车辆检验合格标志是车辆按规定进行了定期检验，并符合有关标准后核发的合格标志，机动车必须经检验合格后，才能上道路行驶；机动车保险标志，是机动车办理了第三者责任险的凭证，第三者责任险在我国是法定的强制保险险种，机动车都必须投保该种保险。如果机动车未放置这两种标志，意味着车辆在检验或第三者保险方面可能存在问题，为避免发生危险，交通警察应当先扣留此类车辆，在查清具体情况后，按规定进行处罚。

(3) 机动车驾驶证，是机动车驾驶人具有驾驶车辆资格的唯一凭证，有关道路交通安全的法律、法规明确要求机动车驾驶人要随车携带驾驶证。没有随车携带驾驶证，说明驾驶人可能没有驾驶证或是驾驶证已被吊销、暂扣，不具备驾驶车辆的资格，为保护道路交通安全，交通警察可以扣留车辆。

2. “有伪造、变造或者使用伪造、变造的机动车登记证书、号牌、行驶证、检验合格标志、保险标志、驾驶证或者使用其他车辆的机动车登记证书、号牌、行驶证、检验合格标志、保险标志嫌疑的；”有伪造、变造机动车登记证书、号牌、行驶证、检验合格标志、保险标志嫌疑即使没有使用，亦可采取扣留机动车的强制措施，最常见就是在机动车上发现有伪造、变造的机动车登记证书、号牌、行驶证、检验合格标志、保险标志。

机动车登记证书、号牌、行驶证、检验合格标志、保险标志是机动车上道路行驶必须具备的最基本法定证件。使用伪造、变造或其他车辆的机动车登记证书、号牌、行驶证、检验合格标志、保险标志嫌疑的，说明该车的来路不正或是有其他问题。出于保证道路交通安全和查明车辆真正归属的需要，应当对机动车进行扣留，以利于交通警察查明真相，减少交通隐患。

3. “未按照国家规定投保机动车交通事故责任强制保险的；”按照我国《道路交通安全法》的规定，我国实行机动车第三者强制保险制度，任何在我国大陆地区行驶的机动车都必须办理第三者责任强制保险，并且第三者责任保险标志应当按要求悬挂，对于未投保机动车第三者责任强制保险的，交通警察发现后，有权对其采取扣留机动车的行政强制措施。

4. “公路客运车辆或者货运机动车超载的；”由于车辆超载会对正常的交通秩序产生影响，同时也是造成交通事故的主要原因之一，是一种严重的交通安全隐患。为保障道路交通安全、预防和减少交通事故的发生，对于超载车辆，交通警察必须采取扣留机动车的强制措施，直至消除交通隐患为止。

5. “机动车有被盗抢嫌疑的；”交通警察在值勤、执法过程中，发现机动车具有被盗抢嫌疑的，应当及时将车辆扣留下来，待有关部门调查清楚后，按照有关规定进行处理。

6. “机动车有拼装或者达到报废标准嫌疑的；”拼装车是指使用报废机动车的发动机、方向盘、变速器、前后桥、车架以及其他零配件组装的机动车。报废汽车是指达到国家报废标准，或者虽未达到国家报废标准，但发动机或者底盘严重损坏，经检验不符合国家机动车运行安全技术条件或者国家机动车污染物排放标准的机动车。由于拼装和达到报废的机动车带有严重的安全隐患，上道路行驶必然会对正常的道路交通秩序产生影响，是引发交通事故发生的主要危险因素之一。因此，交通警察在发现机动车属于拼装车或者已达到报废标准的车辆上道路行驶的，应当依法对其采取扣留的行政强制措施。

7. “未申领《剧毒化学品公路运输通行证》通过公路运输剧毒化学品的；”运输剧毒化学品实行许可制，必须到公安机关交通管理部门申请，办理通行证。

8. “非机动车驾驶人拒绝接受罚款处罚的。”由于非机动车驾驶人在实施道路交通安全违法行为后，对其进行罚款处罚适用当场收缴，不存在当事人去银行缴纳罚款的情况。所以，如果非机动车驾驶人拒绝缴纳罚款的，交通警察应当对非机动车驾驶人采取扣留非机动车的强制措施，然后，通知非机动车驾驶人到指定时间、地点接受处理。如不对非机动车驾驶人采取一定措施，对非机动车的处罚就难以落实。

9. “对发生道路交通事故，因收集证据需要的，可以依法扣留事故车辆。”本条规定扣留车辆的情形是“因收集证据需要”，车辆包括机动车和非机动车。

《道路交通安全法》第七十一条第二款规定，交通警察应当对道路交通事故现场进行勘验、检查，收集证据；因收集证据的需要，可以扣留事故车辆，但是应当妥善保管，以备核查。《道路交通事故处理程序》第二十八条规定：“因收集证据的需要，公安机关交通管理部门可以扣留事故车辆及机动车行驶证，并开具行政强制措施凭证。”因此，“因收集证据需要”可以扣留事故车辆以及机动车行驶证，公安机关交通管理部门应当开具行政强制措施凭证，将车辆移至指定的地点并妥善保管。需要把握以下三点：

一是因收集证据需要扣留事故车辆情形。

交通警察在实践中扣留事故车辆的，必须出于“因收集证据需要”，不能变相扣押车辆。在道路交通事故处理实践中，“因收集证据需要”的情形有：对肇事车辆的安全性能进行检测；鉴定肇事车辆发生事故的机械故障；提取车体有关道路交通事故的痕迹；对车辆及其所载货物的总质量进行核实；对车辆损坏程度作出鉴定，等等。

二是“因收集证据需要”扣留事故车辆的期限。

法律并没有规定“因收集证据需要”扣留车辆的期限，但是根据《道路交通事故处理程序规定》，需要进行检验、鉴定的，公安机关交通管理部门应当自事故现场调查结束之日起三日内委托具备资格的鉴定机构进行检验、鉴定。对现场调查结束之日起三日后需要检验、鉴定的，应当报经上一级公安机关交通管理部门批准。公安机关交通管理部门应当与检验、鉴定机构约定检验、鉴定完成的期限，约定的期限不得超过三十日。超过三十日的，应当报经上一级公安机关交通管理部门批准，但最长不得超过六十日。公安机关交通管理部门应当在收到检验、鉴定报告之日起五日内，将检验、鉴定报告复印件送达当事人。当事人对检验、鉴定意见有异议的，可以在公安机关交通管理部门送达之日起三日内申请重新检验、鉴定，经县级以上公安机关交通管理部门负责人批准后，进行重新检验、鉴定。重新检验、鉴定应当另行委托检验、鉴定机构。同一交通事故的同一鉴定事项，重新检验、鉴定以一次为限。检验、鉴定意见确定之日起五日内，公安机关交通管理部门应当通知当事人领取扣留的事故车辆、机动车行驶证以及扣押的物品。对驾驶人逃逸的无主车辆或者经通知当事人三十日后仍不领取的车辆，经公告三个月仍不来接受处理的，对扣留的车辆依法处理。

三是因收集证据需扣留事故车辆的处理。

公安机关交通管理部门对于“扣留事故车辆”具体的处理包括：

对无牌证的事故车辆的处理。公安机关交通管理部门应当扣留机动车，通知当事人提供相应的牌证、标志或者补办相应手续，并可以依法予以处罚。当事人提供相应的牌证、标志或者补办相应手续的，应当及时退还机动车。

对拼装或者报废的事故车辆的处理。公安机关交通管理部门应当予以收缴，强制报废。

对未保险的事故车辆的处理。由公安机关交通管理部门扣留车辆至依照规定投保后，并处依照规定投保最低责任限额应缴纳的保险费的两倍罚款。

对弃车逃逸的无主车辆或者当事人不领取的事故车辆的处理。有关人员不依法接受处理的，经公安机关交通管理部门通知并且经公告三个月仍不前来接受处理的，由公安机关交通管理部门将该机动车送交有资格的拍卖机构拍卖，所得价款上缴国库；非法拼装的机动车予以拆除；达到报废标准的机动车予以报废；机动车涉及其他违法犯罪行为的，移交有关部门处理。

第二十八条（扣留的车辆与货物处理）

交通警察应当在扣留车辆后二十四小时内，将被扣留车辆交所属公安机关交通管理部门。

公安机关交通管理部门扣留车辆的，不得扣留车辆所载货物。对车辆所载货物应当通知当事人自行处理，当事人无法自行处理或者不自行处理的，应当登记并妥善保管，对容易腐烂、损毁、灭失或者其他不具备保管条件的物品，经县级以上公安机关交通管理部门负责人批准，可以在拍照或者录像后变卖或者拍卖，变卖、拍卖所得按照有关规定处理。

条文释义

本条是关于被扣留的车辆及所载货物处理的规定。

本条共分两款，第一款规定被扣车辆的处理方式。

交通警察在执法过程中，对违法当事人采取扣留车辆强制措施后，应当在二十四小时内将扣留的车辆交到所属的公安机关交通管理部门，由公安机关交通管理部门统一并妥善保管，不得擅自使用被扣留车辆。这样规定，既有利于被扣留车辆的统一管理，也可避免交通警察擅自使用被扣留车辆情况的发生。如果交通警察未严格遵守该规定的要求，擅自使用被扣留车辆的，则按照交通安全法的规定，给予相应的行政处分。同时，在车辆被扣留期间，如果因公安机关保管不善，造成车辆丢失或者损坏的，公安机关交通管理部门应当按规定予以赔偿或者修复。

车辆停放产生的停车费由公安机关交通管理部门支付，不得向机动车所有人或管理人收取停车费或保管费。

第二款规定扣留车辆所载货物的处理方式。

1. 处理被扣留车辆所载货物的基本原则。

公安机关交通管理部门在扣留车辆时，不得扣留车辆所载货物，应当及时通知当事人自行处理货物，这是对公安机关扣留装载货物车辆的原则性规定。交通警察在采取扣留车辆这种行政强制措施时，应严格遵守该规定的要求，如果车辆装有货物，要及时通知当事人自行处理所载货物。

2. 处理被扣留车辆所载货物的两种例外情况。

（1）对于被扣留车辆装载的货物是不易腐烂、损毁、灭失或者其他具备保管条件的物品的，交通警察通知当事人后，当事人无法自行处理或者不处理的，公安机关应当承担起保管、照看货物的责任，但要对货物的具体情况进行详细的记录，避免出现货物丢失、损坏的情况。但应当注意，对于当事人无法自行处理或者不处理的货物，交通管理部门仅承担防止灭失的责任，而不承担妥善保管货物的责任，也就是说，交通管理部门只承担货物数量上的责任，即货物在数量上不会发生改变，如确保货物不被盗、被抢等，不承担货物质量上的责任，即货物在质量、成分上发生改变与交通管理部门无关，如货物发生变质、贬值等。

（2）对于被扣留车辆所载货物为容易腐烂、损毁、灭失或者其他不具备保管条件的物品，经通知当事人自行处理，当事人无法自行处理或是不处理的，公安机关交通管理部门在经县级以上公安机关交通管理部门负责人批准后，可以在拍照或者录像后变卖，货物变卖所得按有关规定处理。这样规定主要针对那些装载货物为新鲜水果、蔬菜等不易保管的货物的车辆，为避免因扣留车辆而使货物发生腐烂、灭损等贬值情况的发生，在当事人不自行处理的情况下，赋予公安机关交通管理部门变卖货物权力，以免造成不必要的财产损失和浪费。但公安机关交通管理部门行使该项权力有着严格的程序，即必须经县级以上公安机关交通管理部门的负责人批准，在对货物的情况进行拍照或者录像后，才能变卖货物。此处所指的县级以上公安机关交通管理部门指的是县级以上公安机关交通管理部门或者相当于同级的公安机关交通管理部门。要求公安机关交通管理部门对货物的情况进行拍照或者录像，既可规范执法，有效避免公安机关擅自处理当事人货物的情况，也可避免事后当事人因公安机关交通管理部门自行变卖货物产生矛盾。按照我国民事法律的规定，公安机关变卖的货物所得的货款应当首先交纳交通安全违法罚款，然后支付因变卖货物花费的费用，最后剩余货款才能够交付当事人。

还应当补充一种情况，根据本规定第二十九条的规定，机动车因装载货物超载而被扣留的，违法当事人无法自行消除违法状态的，公安机关交通管理部门应当将超载的货物运到指定的场地卸载，并由违法行为人与指定场地的保管方签订卸载货物的保管合同。对于因消除违法状态的费用由违法行为人自行承担。

第二十九条（超载违法状态消除）

对公路客运车辆载客超过核定乘员、货运机动车超过核定载质量的，公安机关交通管理部门应当按照下列规定消除违法状态：

（一）违法行为人可以自行消除违法状态的，应当在公安机关交通管理部门的监督下，自行将超载的乘车人转运、将超载的货物卸载；

（二）违法行为人无法自行消除违法状态的，对超载的乘车人，公安机关交通管理部门应当及时通知有关部门联系转运；对超载的货物，应当在指定的场地卸载，并由违法行为人与指定场地的保管方签订卸载货物的保管合同。

消除违法状态的费用由违法行为人承担。违法状态消除后，应当立即退还被扣留的机动车。

条文释义

本条是对超载违法行为消除的规定。

本条共分两款，第一款规定了超载违法行为消除的方式。

《道路交通安全法》第九十条规定，公路客运车辆载客超过额定乘员以及货运机动车超过核定载质量的，公安机关交通管理部门应当扣留机动车至违法状态消除，本条第一款规定确定了消除违法状态的具体步骤和方法。

超载涉及载质量和核定载人数两个概念，所谓载质量是指车辆除自身质量外的最大限度的载物质量，货运机动车一般按照国家公布的车型技术参数确定载质量，核定载质量的单位为千克；核定载人数是指根据国家公布的车型技术参数或有关技术资料来确定的客运车辆的最高载人数。核定载质量和核定载人数分别记载于机动车登记证书和机动车行驶证上。公路客运车辆载客超过核定人数或货运机动车超过核定载质量的，就是超载，当然这里所说的公路客运车辆不包括在城市内作为公共交通工具的公共汽车、电车等。

判断车辆是否超载，在具体执法过程中，以机动车行驶证上的核定乘员和核定载质量为准。对于货运车辆，应当首先通过道路上检查点或专门的电子称，测出机动车的总质量，进而根据机动车行使证上记载的车辆自身质量计算出车辆的载质量，然后与机动车行驶证上记载的核定载质量进行对比，从而得出是否超载的结论。车辆超载是一个社会问题，有其深刻的经济根源，超载不仅严重损坏公路，缩短公路使用寿命，使国家财产蒙受巨大损失，而且扰乱正常的交通秩序，甚至引发交通事故，直接威胁人民群众的生命安全。因此，对于超载，必须进行严厉处罚，且在处罚之前必须先采取现场处置措施，即扣留超载车辆消除其违法状态，使《道路交通安全法》“反超载，保安全”的立法本意真正落实到实处。

消除违法状态，可以由违法行为人自行解决，如果违法行为人有能力自行消除违法状态，应当首先允许当事人自行解决，以减少成本，但应在公安机关交通管理部门的监督下进行。问题的关键是如何确定“违法行为人是否可以自行消除违法状态”，如果公安机关交通管理部门不能及时确定或认定违法行为人是否具备自行消除违法状态的能力，以采取相应措施，则可能引起一定的社会矛盾和乘车人的不满，或影响正常的交通秩序。以客运机动车乘客转运为例，在实践中往往出现矛盾和纠纷，尤其是在气候恶劣的条件下要求超乘人员下车，往往给乘车人造成很大的不便和困难，如果此时转运又在较长时间得不到解决，使乘客长时间滞留于现场，将对乘车人的生活带来更大的不便，容易在乘客中产生抱怨情绪，使得这项旨在保护人身安全的措施，反而得不到理解和支持。所以，公安机关交通管理部门特别是执勤民警，应把握好原则性和灵活性，及时确定违法行为人所具备的消除违法状态的能力。

违法行为人是否具备消除违法行为的能力，应采用时间来界定，即从违法行为人消除违法行为的最短时间来判断。一般来讲，如果消除违法行为没有时间限制，而任由行为人自行实施，则每个违法行为人都可以逐步的消除违法行为状态，但客观上不允许违法行为人将消除违法行为的时间无限期的拖延。因此，如果行为人在消除违法行为状态时可能花费过长的时间，就可以认定其不具备自行消除违法状态的能力。例如，对于转运乘客，行为人承诺将马上调派一辆客车到现场，但经询问，实际上该车离现场尚有一段距离，需要较长的时间，并不能及时赶到现场，其赶到现场的时间远大于公安机关交通管理部门通知转运所需时间，则可以认定违法行为人不具备自行消除违法状态的能力。

对货车超载的，根据本条之规定，可首先将超载货车扣留于指定的卸载场地，再行决定是由违法行为人自行消除违法行为，还是卸载后放行。货车超载，违法行为人自行消除违法状态的措施无非就是转货，若行为人有能力及时转运货物，从交通安全的角度讲，转运货物应当离开现场，到道路以外不影响交通安全的场地进行；若行为人没有能力转货，则理应及时将车辆扣留于指定场地，这样做既避免了车辆滞留现场影响交通，又利于违法行为人卸载后及时放行。由违法行为人与指定场地的保管方签订保管合同，是一项法律化的规范性措施，虽然卸载是基于行政强制措施产生，但卸货并不是公安机关交通管理部门扣货，而是将货物交由指定场地保管方保管，其真正的法律主体是违法行为人和指定场地保管方，双方是民事法律关系，既然收取了费用，保管方有义务保证货物的完好，保管合同的签订，明确了权利和义务，避免了可能产生的因保管不善而带来的违法行为人和公安机关交通管理部门的矛盾。

第二款规定了消除超载违法行为的费用承担。

消除超载违法行为是公安机关交通管理部门的职责，但是由于违法状态是由行为人造成，消除费用由国家承担有失公平，且有助长违法行为发生的风险，因此本款规定由违法行为人承担，体现了公平、公正的原则。

对于超载应采取扣留机动车的强制措施，扣留机动车是确保及时消除违法状态的强制措施，目的达到之后，应当立即放行，不能再以对违法行为处罚为由，继续扣留车辆。

第三十条（扣留的车辆核实与处理）

对扣留的车辆，当事人接受处理或者提供、补办的相关证明或者手续经核实后，公安机关交通管理部门应当依法及时退还。

公安机关交通管理部门核实的时间不得超过十日；需要延长的，经县级以上公安机关交通管理部门负责人批准，可以延长至十五日。核实时间自车辆驾驶人或者所有人、管理人提供被扣留车辆合法来历证明，补办相应手续，或者接受处理之日起计算。

发生道路交通事故因收集证据需要扣留车辆的，扣留车辆时间依照《道路交通事故处理程序规定》有关规定执行。

条文释义

本条是关于车辆扣留核实时间和返还的相关规定。

本条共分三款，第一款规定了扣留车辆处置方式分为三种情形：

一是对当事人主动配合，主动消除扣留车辆原因，应该在核实后及时返还车辆。例如，非机动车驾驶人拒绝接受罚款处罚而被扣留，当事人接受处理，自觉缴纳罚款的。

二是提供或补办相关证明，如因未携带机动车驾驶证，扣留车辆后，当事人拿来合法的驾驶证的，应当即时发还扣留的车辆，未申领《剧毒化学品公路运输通行证》通过公路运输剧毒化学品的经补办，取得通行证的。

三是手续经过核实不存在非法情况的，如机动车有被盗抢嫌疑的或机动车有拼装或者达到报废标准嫌疑经核实后嫌疑排除的，应及时退还。

第二款规定了公安机关交通管理部门核查的时限。

对于需要对机动车情况进行调查核实的，主要是机动车因具有使用伪造、变造或者其他车辆的机动车登记证书、号牌、检验合格标志、保险标志嫌疑的，机动车具有被盗抢嫌疑的，机动车属于拼装或者已达到报废标准的，在采取扣留机动车的行政强制措施后，需对其进行调查核实。对于因调查核实机动车情况的，本条规定了核实的时间期限，具体如下：

1. 公安机关交通管理部门核实的时间不得超过十日。公安机关交通管理部门核查机动车情况，主要是通过核查当事人提供的各种证明材料、机动车的基本情况，与公安机关登记的机动车情况是否一致来对机动车的来历证明进行调查、核实。旧的程序规定是不超过十五日，新程序规定调整为十口，缩短了期限。

2. 需要延长的，经县级以上公安机关交通管理部门负责人批准，可以延长至十五日。由于各个案件的复杂程度和调查取证的难易程序不同，工作量也有多有少，可能在十日内无法查清机动车的来历证明的，则可以将扣留车辆的期限延长至十五日。但延长扣车期限有着严格的程序，即必须报县级以上公安机关交通管理部门负责人，在负责人批准后，才能延长扣留车辆的期限。未经批准，不得擅自延长扣留车辆的期限。旧的程序规定可延长为三十日，新程序规定调整为十五日，也缩短了期限。

对于核实时间计算，规定了适用的三种特殊情况，分别是：

1. 核实时间自车辆驾驶人或者所有人、管理人提供被扣留车辆合法来历证明计算。机动车驾驶人或者所有人、管理人不提供机动车的合法来历证明，则公安机关交通管理部门无法对机动车的来历证明进行调查、核实，因此，只要车辆驾驶人或者所有人、管理人不提供被扣留车辆合法来历证明的，公安机关交通管理部门可一直扣留机动车。

2. 核实时间自车辆驾驶人或者所有人、管理人补办相应手续计算。对于个别需要扣留车辆的交通安全违法行为在作出处罚决定后，要求必须补办相应手续才能将被扣留车辆发还，如当事人未补办相应手续，则扣留车辆可持续。例如，机动车因未按照规定投保机动车第三者责任强制保险的，公安机关交通管理部门在作出处罚决定后，要求当事人还需补办第三者责任强制保险，如果当事人一直未补办第三者责任强制保险的有关手续或者未办理办毕的，则公安机关交通管理部门可继续扣留该机动车。

3. 核实时间自机动车驾驶人或者所有人、管理人接受处理起计算。扣留车辆仅是公安机关交通管理部门实施的一种行政强制措施手段，公安机关交通管理部门还要根据交通安全违法行为性质、具体情节等给予相应的处罚。如果机动车的驾驶人或者所有人、管理人不按照公安机关指定的时间、地点接受处理，则公安机关可以一直扣留车辆。

还需补充说明的是，根据交通安全法实施条例的规定被扣留的机动车，驾驶人或者所有人、管理人三十日内没有提供被扣留机动车的合法证明，没有补办相应手续，或者不前来接受处理，经公安机关交通管理部门通知并且经公告三个月仍不前来接受处理的，由公安机关交通管理部门将该机动车送交有资格的拍卖机构拍卖，所得价款上缴国库；非法拼装的机动车予以拆除；达到报废标准的机动车予以报废；机动车涉及其他违法犯罪行为的，移交有关部门处理。

第三款规定了因处理交通事故需收集证据需要扣留车辆的时限，需根据证据调查的需要确定，依据《道路交通事故处理程序规定》执行，一般根据检验鉴定的时间确定，根据《道路交通事故处理程序规定》第五十八条第一款规定，自检验报告、鉴定意见确定之日起五日内，公安机关交通管理部门应当通知当事人领取被扣留的事故车辆。

第三十一条（扣留机动车驾驶证情形）

有下列情形之一的，依法扣留机动车驾驶证：

（一）饮酒后驾驶机动车的；

（二）将机动车交由未取得机动车驾驶证或者机动车驾驶证被吊销、暂扣的人驾驶的；

（三）机动车行驶超过规定时速百分之五十的；

（四）驾驶有拼装或者达到报废标准嫌疑的机动车上道路行驶的；

（五）在一个记分周期内累积记分达到十二分的。

条文释义

本条是关于适用扣留机动车驾驶证强制措施的情形的规定。

本条所指的扣留机动车驾驶证是公安机关交通管理部门针对交通安全违法行为采取的行政强制措施种类中的一种，是为保证交通安全违法工作顺利进行和交通管理处罚得以实现的重要手段。扣留机动车驾驶证与暂扣机动车驾驶证有着本质的不同，扣留机动车驾驶证只是公安机关交通管理部门采取的一种行政强制措施，它本身不是处罚；而暂扣机动车驾驶证则是公安机关交通管理部门依法对道路交通安全违法行为人在一定时间内暂停其机动车驾驶证资格的处罚方式，它是对交通安全违法行为人应当承担的行政法律责任。扣留机动车驾驶证与暂扣机动车驾驶证在适用对象、程序以及后果上也是完全不同的，切勿将扣留机动车驾驶证与暂扣机动车驾驶证等同对待。

公安机关交通管理部门采取扣留机动车驾驶证措施适用于以下五种情形：

1. 饮酒后驾驶机动车的。

对于饮酒后驾驶机动车的驾驶人，按照《道路交通安全法》第九十一条的规定，除对机动车驾驶人进行罚款处罚外，还要对驾驶人处于暂扣驾驶证的处罚。根据《道路交通安全法》第一百一十条的规定，执行职务的交通警察认为应当对道路交通安全违法行为人给予暂扣或者吊销机动车驾驶证处罚的，可以先予扣留机动车驾驶证。因此，为保证行政处罚的顺利进行、减少产生不必要的冲突，对于饮酒后驾驶机动车的，交通警察可以扣留其机动车驾驶证。本条对于饮酒后的理解，应从广义上讲，包括酒后和醉酒后两种状态。

2. 将机动车交由未取得机动车驾驶证或者机动车驾驶证被吊销、暂扣的人驾驶的。

无论是机动车驾驶人、所有人或管理人将机动车交由未取得机动车驾驶证或者机动车驾驶证被吊销、暂扣的人驾驶的，均可暂扣其机动车驾驶证。

未取得机动车驾驶证就意味着没有驾驶车辆上道路行驶的资格，没有驾驶机动车的资格而驾驶机动车必然会对交通安全构成重大威胁，而当事人明知驾驶人没有驾驶证仍将车辆交由其驾驶的，是一种严重违法行为。按照道路交通安全法的规定，对该人在处以罚款的同时，也可以吊销其机动车驾驶证。同样，驾驶证被吊销、暂扣的人也是暂不具有驾驶资格的人员，不能驾驶车辆上道路行驶。将车辆交由驾驶证被吊销、暂扣的人驾驶也是一种严重违法行为，与交由未取得驾驶证的人处罚相同。所以，对于机动车驾驶人、所有人或管理人将机动车交由未取得机动车驾驶证或者驾驶证被吊销、暂扣的人驾驶的，可以吊销机动车驾驶人、所有人或管理人的机动车驾驶证。

3. 机动车行驶超过规定时速50%的。

超速行驶对道路交通安全的影响较大，特别是超过规定时速50%以上的，极易引发交通事故，因此，道路交通安全法对机动车超过规定时速50%以上的规定了较为严厉的处罚。在对违法行为人处以罚款处罚外，还可以处以吊销机动车驾驶证。同样，为保证行政处罚的顺利实施，交通警察应当扣留违法行为人的机动车驾驶证。

4. 驾驶有拼装或者达到报废标准嫌疑的机动车上道路行驶的。

拼装或者已经达到报废标准的车辆，在安全技术条件等方面都不能达到国家规定的标准，是交通安全的巨大隐患，必须严厉打击。因此，道路交通安全法对驾驶拼装或报废机动车的驾驶人，规定了较为严厉的处罚，在进行罚款的同时，还将吊销机动车驾驶证。根据《道路交通安全法》第一百条的规定，为保证吊销驾驶证的行政处罚顺利实施，公安机关交通管理部门应当扣留违法行为人的机动车驾驶证。应该注意如果应在“道路上行驶”的，在交通安全法界定的“道路”外的路上行驶，不适用本规定。另外，经核查排除嫌疑的，应及时归还机动车驾驶证。

5. 在一个记分周期内累积记分达到12分的。

按照道路交通安全法的规定，我国实行机动车驾驶人累积记分制度，对于在一个记分周期内累积记分达到12分的，驾驶人不能继续驾驶机动车。而应当按照规定参加道路交通安全法律、法规的学习并接受考试。考试合格的，记分予以清除，发还机动车驾驶证；考试不合格的，继续参加学习和考试。因此，机动车驾驶人在一个记分周期内累积记分达到12分就无权再驾驶机动车。交通警察在执勤执法过程中，发现驾驶人的累积记分已达12分的，应当按照规定扣留其机动车驾驶证。对于驾驶人通过违法记分查询或公安机关的通告得知自己的积分已满12分，主动去公安机关交通管理部门指定地点报名学习，由公安机关交通管理部门指定地点扣留其机动车驾驶证。

相关法条

公安部对再次饮酒后驾驶机动车适用法律问题的批复

公复字〔2017〕1号

福建省公安厅：

你厅《关于“再次饮酒后驾驶机动车”相关法律适用问题的请示》（闽公综〔2016〕527号）收悉。现批复如下：

一、关于因饮酒后驾驶机动车被处罚两次又饮酒后驾驶机动车的行为认定及适用法律问题。因饮酒后驾驶机动车被处罚，以后又实施饮酒后驾驶机动车行为的，无论发生几次，均认定为再次饮酒后驾驶机动车，按照《道路交通安全法》第91条第1款规定予以处罚。

二、关于饮酒后驾驶机动车被处罚，又实施饮酒后驾驶营运机动车的适用法律问题。因饮酒后驾驶机动车被处罚，又实施饮酒后驾驶营运机动车，适用《道路交通安全法》第91条第3款关于饮酒后驾驶营运机动车的规定处罚。

公安部

2017年1月20日

第三十二条（扣留机动车驾驶证的处理）

交通警察应当在扣留机动车驾驶证后二十四小时内，将被扣留机动车驾驶证交所属公安机关交通管理部门。

具有本规定第三十一条第（一）、（二）、（三）、（四）项所列情形之一的，扣留机动车驾驶证至作出处罚决定之日；处罚决定生效前先予扣留机动车驾驶证的，扣留一日折抵暂扣期限一日。只对违法行为人作出罚款处罚的，缴纳罚款完毕后，应当立即发还机动车驾驶证。具有本规定第三十一条第（五）项情形的，扣留机动车驾驶证至考试合格之日。

条文释义

本条是关于被扣机动车驾驶证的处理及扣留期限规定。

本条共分两款，第一款规定了被扣留机动车驾驶证及时交所属公安机关交通管理部门。

交通警察在执法过程中，采取扣留机动车驾驶证措施的，应当在二十四小时内将被扣留的机动车驾驶证交到所属的公安机关交通管理部门。该规定要求，交通警察如果需要扣留违法当事人机动车驾驶证的，应当在二十四小时内完成，并将被扣留的驾驶证交至所属单位，由本单位统一妥善保管。这样规定，可有效避免交通警察因保管不善而出现驾驶证丢失、损坏现象。同时，也有利于公安机关交通管理部门在对交通安全违法行为处理完毕后，及时将驾驶证发还当事人。

第二款规定了扣留机动车驾驶证不同情形的处理。

对于扣留机动车驾驶证的原因是由于本规定第三十一条规定的前四种情况的扣留机动车驾驶证至作出处罚决定之日，即饮酒后驾驶机动车的；将机动车交由未取得机动车驾驶证或者机动车驾驶证被吊销、暂扣的人驾驶的；机动车行驶超过规定时速百分之五十的；驾驶有拼装或者达到报废标准嫌疑的机动车上道路行驶的上述四种情况扣留机动车驾驶证至作出处罚决定之日。对违法行为一旦作出处罚决定，扣留机动车驾驶证这项强制措施的期限就已结束。虽然对于某些违法行为人可能会适用暂扣机动车驾驶证的行政处罚，与扣留机动车驾驶证在表现形式是相同，但这与扣留机动车驾驶证有着本质的不同，是公安机关交通管理部门对违法行为人实施的行政制裁。同时还应当明确，如果对违法行为人适用暂扣机动车驾驶证进行处罚的，根据《道路交通安全法》第一百一十三条的规定，暂扣机动车驾驶证的期限从处罚决定生效之日起计算；处罚决定生效前先予扣留机动车驾驶证的，扣留一日折抵暂扣期限一日。

对于只对违法行为作出罚款处罚的，作出处罚决定后，应当立即发还机动车驾驶证。对于因机动车驾驶人累积记分达到12分而扣留其机动车驾驶证的，公安机关扣留其驾驶证至考试合格之日。驾驶人考试合格的，公安机关交通管理部门应立即发还驾驶证。根据道路交通安全法及其实施条例和驾驶证申领和使用办法的规定，我国对机动车驾驶人管理实行累积记分制度，在一个记分周期内，驾驶人的记分达到或超过12分就不能再继续驾驶车辆，应当在记分满12分的十五日内到公安机关交通管理部门指定地点报名参加学习道路交通安全法律、法规，如不报名参加学习，则公安机关公告其驾驶证停止使用。机动车驾驶人在达12分后及在报名学习期间，是没有驾驶车辆资格的。因此，公安机关交通管理部门应当扣留机动车驾驶证的期限至学习考试合格之日为止。

第三十三条（拖移机动车适用情形）

违反机动车停放、临时停车规定，驾驶人不在现场或者虽在现场但拒绝立即驶离，妨碍其他车辆、行人通行的，公安机关交通管理部门及其交通警察可以将机动车拖移至不妨碍交通的地点或者公安机关交通管理部门指定的地点。

拖移机动车的，现场交通警察应当通过拍照、录像等方式固定违法事实和证据。

条文释义

本条是关于拖移机动车适用情形的规定。

本条共分两款，第一款规定了适用拖移机动车的情形。

道路交通安全法及其实施条例关于停车及临时停车做出了明确的规定。《道路交通安全法》第五十六条规定，“机动车应当在规定地点停放。禁止在人行道上停放机动车；但是，依照本法第三十三条规定施划的停车泊位除外。在道路上临时停车的，不得妨碍其他车辆和行人通行。”

道路交通安全法实施条例对临时停车做了进一步的规定，第六十三条规定，机动车在道路上临时停车，应当遵守下列规定：

1. 在设有禁停标志、标线的路段，在机动车道与非机动车道、人行道之间设有隔离设施的路段以及人行横道、施工地段，不得停车；

2. 交叉路口、铁路道口、急弯路、宽度不足4米的窄路、桥梁、陡坡、隧道以及距离上述地点50米以内的路段，不得停车；

3. 公共汽车站、急救站、加油站、消防栓或者消防队（站）门前以及距离上述地点30米以内的路段，除使用上述设施的以外，不得停车；

4. 车辆停稳前不得开车门和上下人员，开关车门不得妨碍其他车辆和行人通行；

5. 路边停车应当紧靠道路右侧，机动车驾驶人不得离车，上下人员或者装卸物品后，立即驶离；

6. 城市公共汽车不得在站点以外的路段停车上下乘客。

机动车驾驶人在道路上停车或临时停车时，应当严格遵守上述规定的要求。

对于机动车违反上述停车、临时停车规定需要采取拖移机动车强制措施的需要符合下列条件：

一是机动车违反停车、临时停车规定妨碍其他车辆或者行人通行；对于妨碍通行的认定，应由交通警察自由裁量。

交通警察在认定违法停车或临时停车的行为是否妨碍通行时，应以该车辆是否造成妨碍通行的事实作为判断的标准，只要是违反停放、临时停车规定的行为在某一时间段内会妨碍通行，就可以认定为具有妨碍通行的事实。例如，某一条道路早晚高峰时段内道路两侧禁止停车，交通警察在这一时段内发现有机动车停放，当时尚未影响通行，但在早晚高峰这一时段内将肯定会影响通行，对于这种情形，应该认定为妨碍通行。如果交通警察认定车辆具有妨碍通行的事实，同时，机动车驾驶人不在现场可依法将该车辆拖移至不妨碍通行的地点或指定地点。

二是驾驶人不在现场或者在现场但经交通警察责令驶离，而拒绝立即驶离的。

如果机动车驾驶人在现场，交通警察应当责令驾驶人迅速驶离，在通知驾驶人驶离后，仍拒绝驶离的，则可以采取拖移机动车的措施；如当事人同意驶离的，则交通警察不得采取该措施。同时还应明确，对于虽然违反停车或临时停车规定，但不妨碍其他车辆或行人通行的，可对其进行粘贴违法停车通知书，告知机动车驾驶人到指定地点接受处理，不得对其采取拖移机动车的行政强制措施。

第二款规定了拖移机动车固定违法事实和证据的要求。

拖移机动车的，现场交通警察应当通过拍照、录像等方式固定违法事实和证据。公安机关交通管理部门可以采用数码像机、数码摄像机等电子设备对违法行为进行记录。执法人员在采用数码像机等设备记录违法停车的，要注意对违法的状态进行全面的记录，从多个角度进行拍摄，包括车牌号、车辆停放地点的显著标志等，从而能够真实地反映违法停车的状态。通过采取拍照等方式记录违法停车的状态，可以有效地固定违法事实的证据，有利于当事人对交通警察执法行为的监督，避免交通警察违法拖车。固定违法事实和证据，也是为了在当事人提出行政复议，特别是当事人提起行政诉讼时，公安机关交通管理部门能及时地提供证据和违法事实，保证正常执法活动。

对于拖车收费的问题，道路交通安全法明确规定，公安机关交通管理部门拖车不得向当事人收取费用。公安机关交通管理部门拖走妨碍交通车辆，保持道路交通秩序是公安机关依法履行职责的措施，是公安机关交通管理部门的执法行为，不应向当事人收取费用。同时，公安机关交通管理部门在拖移违反规定停放的车辆时，还应当采取适当的措施拖移，避免对机动车造成损坏。根据道路交通安全法的规定，如果公安机关交通管理部门因采取不正确的方法拖车而造成机动车损坏的，应当依法承担补偿责任。这里的补偿责任不是行政意义上的国家赔偿责任。国家赔偿责任是由公安机关交通管理部门的违法行为造成的，而补偿责任是公安机关交通管理部门的合法行为给当事人造成损失时承担的责任。公安机关交通管理部门依法将当事人违法停放的车辆拖移至指定地点停放，是执行职务的合法行为，期间由于采取了不正确的拖车方法，对车辆造成了损害，给当事人的财产造成了损失，依法应当根据过错的大小承担相应的补偿责任。但应明确，如果公安机关交通管理部门采取正确的拖车方法，依然给当事人的车辆造成了损失，则不承担赔偿责任。

第三十四条（拖移机动车查询和告知）

公安机关交通管理部门应当公开拖移机动车查询电话，并通过设置拖移机动车专用标志牌明示或者以其他方式告知当事人。当事人可以通过电话查询接受处理的地点、期限和被拖移机动车的停放地点。

条文释义

本条是关于公安机关交通管理部门公开拖车查询方式的规定。

道路交通安全法规定，对于被拖移机动车的，公安机关交通管理部门应当及时告知当事人停放地点。本条是对落实道路交通安全法规定的具体措施，即公安机关应当通过拖车电话查询、标志牌或者其他方式告知当事人接受处理的地点、期限和被拖移机动车的停放地点。

公安机关交通管理部门对违法停放、临时停放的车辆采取拖移车辆的强制措施，多数情况下当事人都不在场，执法人员不可能等待当事人回来后亲自告知处理方式、车辆停放地点等情况，因此采取公开拖车查询电话、设置拖移机动车专用标志牌明示等各种措施来告知当事人，有利于当事人迅速掌握车辆下落，及时接受处理、领取被拖移车辆。该规定是交通安全法便民原则的重要体现，同时也是公安机关交通管理部门的一项基本义务。

按照本规定的要求，公安机关提供的查询方式主要包括三种：

1. 拖移机动车查询电话。这要求公安机关必须建立拖移机动车专用查询电话，以方便当事人查询。交通警察在拖移机动车后，应当及时将被拖移机动车的号牌、车辆类型、被拖移机动车的停放地点向有关部门报告，及时转交机动车查询电话的管理人员，掌握被拖移车辆的基本情况，便于当事人查询时准确告知。

2. 设置拖移机动车专用标志牌明示。也是为配合拖车查询电话的使用，公安机关应当在禁止停车的地点设置拖移机动车专用标志牌，告知公安机关交通管理部门的拖车查询电话、处理地点等信息，使当事人可以及时了解有关情况。

3. 公安机关交通管理部门还可采取其他告知方式通知当事人。有条件的公安机关还可采取网上查询等其他方式告知当事人接受处理的地点、期限、被拖移车辆存放地点等。

公安机关交通管理部门告知的当事人的内容包括：当事人接受处理的具体地

点、期限、车辆停放地点，公安机关交通管理部门应当将上述内容在当事人查询时一次全部告知。

第三十五条（涉嫌酒驾或毒驾的检验、检测）

车辆驾驶人有下列情形之一的，应当对其检验体内酒精含量：

（一）对酒精呼气测试等方法测试的酒精含量结果有异议并当场提出的；

（二）涉嫌饮酒驾驶车辆发生交通事故的；

（三）涉嫌醉酒驾驶的；

（四）拒绝配合酒精呼气测试等方法测试的。

车辆驾驶人对酒精呼气测试结果无异议的，应当签字确认。事后提出异议的，不予采纳。

车辆驾驶人涉嫌吸食、注射毒品或者服用国家管制的精神药品、麻醉药品后驾驶车辆的，应当按照《吸毒检测程序规定》对车辆驾驶人进行吸毒检测，并通知其家属，但无法通知的除外。

对酒后、吸毒后行为失控或者拒绝配合检验、检测的，可以使用约束带或者警绳等约束性警械。

条文释义

本条是对车辆驾驶人涉嫌酒驾或者毒驾检验、检测的规定。

本条共分四款，规范涉嫌酒驾、毒驾的检验、检测情形和结果确认及约束性警械的使用。

《道路交通安全实施条例》第一百零五条规定，机动车驾驶人有饮酒、醉酒、服用国家管制的精神药品或者麻醉药品嫌疑的，应当接受测试、检验。上述规定说明，交通警察在执法过程中，发现机动车驾驶人有饮酒、醉酒、服用国家管制的精神药品或麻醉药品的，有权对其进行酒精含量或药品含量进行检验、测试，当事人应该配合公安机关进行有关的检验测试。

本条第一款规定了需要对车辆驾驶人检验体内酒精含量的具体情形：

1. 对酒精呼气测试等方法测试的酒精含量结果有异议的并当场提出的。

交通警察在执法过程中，发现有机动车摇摆不定，驾驶人有饮酒嫌疑的，应当进行拦截，对机动车驾驶人的酒精含量进行测试。公安机关交通管理部门一般使用呼气式酒精测试仪；但是由于饮酒驾车的驾驶人在被交警例行抽查时，有的带有抵触情绪，有的会采用憋气、伪装呼气实际上不但不呼出气体反而倒吸气等种种伎俩逃避检查、拖延时间。有的驾驶人假装不会使用呼气式酒精测试仪，反复十多次甚至几十次测试不予配合，拖延时间，大大降低了警察的工作效率。研究发现人体唾液中酒精含量与血液中酒精含量具有相关性，且时间、体重、性别、年龄、饮酒量等因素对唾液/血液中酒精浓度无显著影响。只需一点唾液，就可根据试纸的反应颜色判断测试者饮酒多少，不易产生误差。而且由于唾液试纸便于携带，使交警的例行检查更加易行；另外，不排除其他检测方法的使用。

呼吸式酒精测试等方法相对于血液检验来说，在其精确度上和稳定性上要低于血液检验，所以当违法当事人对酒精呼吸测试的酒精含量有异议的，并当场提出的，交通警察应当采取血液检验的方式，检验其体内的酒精含量。如当事人对测试结果没有异议，或者没有当场提出，则无须再通过血液检验方式确定酒精含量；但对于测试结果为涉嫌醉酒的，必须采取血液检测的方式来确定驾驶人的酒精含量。应当明确指出，通过对血液检验方式来检验当事人的酒精含量，应当由具有检验鉴定资质的鉴定机构进行。

2. 涉嫌饮酒车辆发生交通事故的。

根据《车辆驾驶人员血液、呼气酒精含量阈值与检验》（GB19522－2004），车辆驾驶人员血液中的酒精含量大于或者等于20mg/100ml，小于80mg/100ml为饮酒驾车，血液中的酒精含量大于或者等于80mg/100ml为醉酒驾车。80mg/100ml即醉酒的临界值，超过80mg/100ml的是醉酒状态，不超过80mg/100ml的则是饮酒状态。

饮酒驾驶车辆发生交通事故的，驾驶人是否饮酒对认定交通事故责任起着重要的作用。因此，在车辆发生交通事故后，交通警察发现驾驶人有饮酒驾驶嫌疑的，首先通过酒精测试仪检测其酒精含量，如显示驾驶人的酒精含量超过20mg/ml，确认为酒后驾车的，其次还应当采取血液检测的方式对驾驶人的酒精含量进行检测。因为血液检测酒精含量较之酒精呼吸检测仪的精确度高，同时血液检测的结果也易于保存，所以，对于饮酒驾驶车辆发生交通事故的，为有效的固定有关证据，应当采取对驾驶人体内酒精含量进行检验的行政强制措施。

3. 涉嫌醉酒驾驶的。

醉酒驾驶机动车涉嫌构成危险驾驶罪，根据刑事案件的证明标准，证据必须确实充分，达到排除合理怀疑的标准；对于酒精呼气测试结果的精确性和可靠性不能满足刑事案件的证据要求，必须进行体内血液酒精含量检测，作为定罪量刑的证据。

4. 拒绝配合酒精呼气测试等方法测试的。

如果拒绝配合酒精呼气测试等方法测试，导致无法得到测试结果或存在较大误差的，则应当采取强制措施对驾驶人体内酒精含量进行检验，作为处罚的依据。

第二款规定了酒精呼气测试结果的异议及确认。

对于酒精呼气测试结果有异议的，当事人应该当场提出，对于当事人提出异议的，公安机关交通管理部门应该采取检验体内酒精含量进一步确认；而对于没有当场提出异议的，应该由当事人签字确认，对于事后提出异议的，公安机关交通管理部门不予采纳，以酒精呼气测试结果作为处罚的依据。本次修订完善了呼气酒精测试结果适用的程序，更加科学规范。

第三款规定涉嫌毒驾的检测程序统一依据《吸毒检测程序规定》进行。

毒驾主要包括吸食、注射毒品或者服用国家管制的精神药品、麻醉药品后驾驶车辆。毒品是指鸦片、海洛因、甲基苯丙胺（冰毒）、吗啡、大麻、可卡因以及国家规定管制的其他能够使人形成瘾癖的麻醉药品和精神药品。国家管制的精神药品或者麻醉药品，是指根据《精神药品管理办法》和《麻醉药品管理办法》而列入管制目录的药品。精神药品一般包括通安纳咖、安眠酮、甲基苯丙胺等，国家管制的麻醉药品一般包括鸦片、海洛因、吗啡、大麻、可卡因等麻醉性毒品。精神药品和麻醉药品对人的神经系统产生较强的作用，常人服用后会产生亢奋或抑制，人的判断能力、控制能力、反应能力都会极大下降，此时驾驶机动车极易发生交通事故，对他人和自己的生命、财产造成损失。交通警察发现驾驶人涉嫌服用国家管制的精神药品、麻醉药品的，应当对其进行药品检测。目前，对精神药品或麻醉药品进行检测的只有通过尿液测试方法检验当事人是否服用。所以，交通警察发现机动车驾驶人有服用国家管制的精神药品、麻醉药品嫌疑的，应当将其带至医疗机构提取尿液对其服用药品情况进行检验；具体程序依据《吸毒检测程序规定》。

第四款规定约束性警械的使用。

对酒后、吸毒后行为失控或者拒绝配合检验的，可以使用约束带或者警绳等约束性警械。执行这一规定时，应注意以下几点：

1. 使用约束性警械的条件。

使用约束性警械的必须具备两个条件，缺一不可。

一是酒后、吸毒后行为失控。所谓行为失控，可根据当事人当时的表现来判断，交通警察根据现场情况确定，但不能无限制扩大。如果当事人只是言语粗鲁，没有暴力动作，一般就不需要使用约束带或者警绳约束。在约束时，要采取措施使违法嫌疑人不能伤害本人和他人，不能危及公共安全，又要防止在使用约束手段时不能对其造成伤害或者侮辱其人格尊严，否则就违背了约束的宗旨。违背本规定第三条“对违法行为的处理应当遵循合法、公正、文明、公开、及时的原则，尊重和保障人权，保护公民的人格尊严”的基本原则。只有对于行为失控的人，才可以使用约束带或者警绳等对其进行约束，控制其身体或者行为。如果醉酒人虽然处于醉酒状态，但其行为举止对公共安全或者其他人的人身并不构成威胁，如有的人醉酒后沉睡不醒，就不应使用约束带或者警绳。

二是拒绝配合检验。拒绝配合检验应该是当事人以主动或消极的行为导致酒精检验无法进行；但是如果当事人由于处于醉酒状态，酩酊大醉，无法进行酒精呼气检测，不能认定为拒绝配合检验。

2. 不能使用手铐、脚镣等警械。

根据公安机关办理行政案件程序规定，对举止失控的醉酒人，可使用约束带或警绳等进行约束，但是不得使用手铐、脚镣等警械。公安机关在实际执法工作中必须严格依法使用手铐、脚镣等警械，凡不符合使用警械的情况绝对不能使用。在对当事人进行约束时，无论其行为举止如何，均不得使用手铐、脚镣等警械。

3. 约束过程中应当注意监护。

对于违法嫌疑人处于醉酒状态，对自己的行为不能正确辨认和控制，而且有可能在被约束的过程中对自己或者他人造成伤害，有的人可能会在酒精的作用下伤人毁物，有的人则可能会因酒精中毒，危及其生命安全。从保护违法嫌疑人合法权益和维护公共安全的角度出发，对醉酒的违法嫌疑人不能放任不理，而是必须加强监管看护工作，出现紧急情况时能够及时处理，以免造成不必要的危害后果。一旦确认违法嫌疑人酒醒后，应当立即解除约束。约束只是为了防止其在醉酒状态时给自己或他人造成危险或者威胁，而其酒醒后已恢复至正常状态，因酒醉产生的危险或者威胁已不存在，继续对其约束既不符合法定条件，也没有多大必要。

对于拒绝配合检验的，可以使用约束带或者警绳等约束性警械的，在提取检验的检材后，如果没有行为失控的情况，应及时解除约束。

相关法条

吸毒检测程序规定

（2009年9月27日中华人民共和国公安部令第110号发布，根据2016年12月16日公安部令第141号《公安部关于修改〈吸毒检测程序规定〉的决定》修订）

第一条 为规范公安机关吸毒检测工作，保护当事人的合法权益，根据《中华人民共和国禁毒法》《戒毒条例》等有关法律规定，制定本规定。

第二条 吸毒检测是运用科学技术手段对涉嫌吸毒的人员进行生物医学检测，为公安机关认定吸毒行为提供科学依据的活动。

吸毒检测的对象，包括涉嫌吸毒的人员，被决定执行强制隔离戒毒的人员，被公安机关责令接受社区戒毒和社区康复的人员，以及戒毒康复场所内的戒毒康复人员。

第三条 吸毒检测分为现场检测、实验室检测、实验室复检。

第四条 现场检测由县级以上公安机关或者其派出机构进行。

实验室检测由县级以上公安机关指定的取得检验鉴定机构资格的实验室或者有资质的医疗机构进行。

实验室复检由县级以上公安机关指定的取得检验鉴定机构资格的实验室进行。

实验室检测和实验室复检不得由同一检测机构进行。

第五条 吸毒检测样本的采集应当使用专用器材。现场检测器材应当是国家主管部门批准生产或者进口的合格产品。

第六条 检测样本为采集的被检测人员的尿液、血液、唾液或者毛发等生物样本。

第七条 被检测人员拒绝接受检测的，经县级以上公安机关或者其派出机构负责人批准，可以对其进行强制检测。

第八条 公安机关采集、送检、检测样本，应当由两名以上工作人员进行；采集女性被检测人尿液检测样本，应当由女性工作人员进行。

采集的检测样本经现场检测结果为阳性的，应当分别保存在 A、B 两个样本专用器材中并编号，由采集人和被采集人共同签字封存，采用检材适宜的条件予以保存，保存期不得少于六个月。

第九条 现场检测应当出具检测报告，由检测人签名，并加盖检测的公安机关或者其派出机构的印章。

现场检测结果应当当场告知被检测人，并由被检测人在检测报告上签名。被检测人拒不签名的，公安民警应当在检测报告上注明。

第十条 被检测人对现场检测结果有异议的，可以在被告知检测结果之日起的三日内，向现场检测的公安机关提出实验室检测申请。

公安机关应当在接到实验室检测申请后的三日内作出是否同意进行实验室检测的决定，并将结果告知被检测人。

第十一条　公安机关决定进行实验室检测的，应当在作出实验室检测决定后的三日内，将保存的A样本送交县级以上公安机关指定的具有检验鉴定资格的实验室或者有资质的医疗机构。

第十二条　接受委托的实验室或者医疗机构应当在接到检测样本后的三日内出具实验室检测报告，由检测人签名，并加盖检测机构公章后，送委托实验室检测的公安机关。公安机关收到检测报告后，应当在二十四小时内将检测结果告知被检测人。

第十三条　被检测人对实验室检测结果有异议的，可以在被告知检测结果后的三日内，向现场检测的公安机关提出实验室复检申请。

公安机关应当在接到实验室复检申请后的三日内作出是否同意进行实验室复检的决定，并将结果告知被检测人。

第十四条　公安机关决定进行实验室复检的，应当在作出实验室复检决定后的三日内，将保存的B样本送交县级以上公安机关指定的具有检验鉴定资格的实验室。

第十五条　接受委托的实验室应当在接到检测样本后的三日内出具检测报告，由检测人签名，并加盖专用鉴定章后，送委托实验室复检的公安机关。公安机关收到检测报告后，应当在二十四小时内将检测结果告知被检测人。

第十六条　接受委托的实验室检测机构或者实验室复检机构认为送检样本不符合检测条件的，应当报县级以上公安机关或者其派出机构负责人批准后，由公安机关根据检测机构的意见，重新采集检测样本。

第十七条　被检测人是否申请实验室检测和实验室复检，不影响案件的正常办理。

第十八条　现场检测费用、实验室检测、实验室复检的费用由公安机关承担。

第十九条　公安机关、鉴定机构或者其工作人员违反本规定，有下列情形之一的，应当依照有关规定，对相关责任人给予纪律处分或者行政处分；构成犯罪的，依法追究刑事责任：

（一）因严重不负责任给当事人合法权益造成重大损害的；

（二）故意提供虚假检测报告的；

（三）法律、行政法规规定的其他情形。

第二十条　吸毒检测的技术标准由公安部另行制定。

第二十一条　本规定所称“以上”“内”皆包含本级或者本数，“日”是指工作日。

第二十二条 本规定自2010年1月1日起施行。

第三十六条（酒精检验的程序）

对车辆驾驶人进行体内酒精含量检验的，应当按照下列程序实施：

（一）由两名交通警察或者由一名交通警察带领警务辅助人员将车辆驾驶人带到医疗机构提取血样，或者现场由法医等具有相应资质的人员提取血样；

（二）公安机关交通管理部门应当在提取血样后五日内将血样送交有检验资格的单位或者机构进行检验，并在收到检验结果后五日内书面告知车辆驾驶人。

检验车辆驾驶人体内酒精含量的，应当通知其家属，但无法通知的除外。

车辆驾驶人对检验结果有异议的，可以在收到检验结果之日起三日内申请重新检验。

具有下列情形之一的，应当进行重新检验：

（一）检验程序违法或者违反相关专业技术要求，可能影响检验结果正确性的；

（二）检验单位或者机构、检验人不具备相应资质和条件的；

（三）检验结果明显依据不足的；

（四）检验人故意作虚假检验的；

（五）检验人应当回避而没有回避的；

（六）检材虚假或者被污染的；

（七）其他应当重新检验的情形。

不符合前款规定情形的，经县级以上公安机关交通管理部门负责人批准，作出不准予重新检验的决定，并在作出决定之日起的三日内书面通知申请人。

重新检验，公安机关应当另行指派或者聘请检验人。

条文释义

本条是关于实施体内酒精含量的检验程序和重新检验的规定。

本条共分六款，前两款规定车辆驾驶人进行体内酒精含量检验的实施程序；后四款规定酒精含量重新检验程序。

第一款规定了车辆驾驶人进行体内酒精含量检测的实施程序。

驾驶人包括非机动车驾驶人和机动车驾驶人；交通警察在值勤执法或者专项执法过程中，对车辆驾驶人进行检验体内酒精含量检测程序应该注意以下几点：

1. 检材提取要求。

由两名交通警察或者由一名交通警察带领辅警将当事人带到医疗机构提取血样；或者现场由具有相应资质的法医等提取血样；相应资质应该为具有医生或者护理人员资质，具有操作提取血样的技能。

为确保公安机关交通管理部门取得的证据真实、可靠、有效，对驾驶人进行抽血，必须由两名交通警察或者一名交通警察带领一名辅警带领当事人到医疗机构进行抽血，不能单独由辅警带领违法嫌疑人去医疗机构，更不能让其独自前往医疗机构。这是公安机关交通管理部门在采取此类行政强制措施时应特别注意的问题。对当事人提取血样必须由两名交通警察带领违法嫌疑人到医疗机构进行也是《行政强制法》的要求，这是对公安机关交通管理部门强制性和约束性的规定。

2. 送检时限要求和检验机构。

考虑到生物检材的易变性和办案时限的要求，对于抽取的血样应该五日内送交有检验资格的机构进行检验。检验资格指的是具有血液酒精检验、鉴定资质的司法鉴定机构。

3. 告知检验结果。

对于血液检测结果应该书面告知当事人。机动车驾驶人对检验结果有异议的，可以在收到检验结果之日起三日内申请重新检验。

第二款规定了对车辆驾驶人检验体内酒精含量的，通知其家属。

对车辆驾驶人进行体内酒精含量检测的，应当通知家属；由于车辆驾驶人进行体内酒精含量检验属于行政强制措施；根据《公安机关办理行政案件程序规定》，应当当场告知当事人家属实施强制措施的公安机关、理由、地点和期限；无法当场告知的，应当在实施强制措施后立即通过电话、短信、传真等方式通知；身份不明、拒不提供家属联系方式或者因自然灾害等不可抗力导致无法通知的，可以不予通知。告知、通知家属情况或者无法通知家属的原因应当在询问笔录中注明。

通知家属并不要求一定要通知到家属，也没有规定要求家属到场后才进行检验，通知后就履行了义务。

第三款规定了申请重新检验的期限。

对于血液酒精检测结果不服的，收到检验结果之日起三日内申请；逾期提出的，不予受理。

第四款规定了应当进行重新检验的情形。

具有法定情形的，经过县级以上公安机关交通管理部门负责人批准，重新进行检验。申请重新鉴定的次数一般以一次为限。

第五款规定了不予批准重新检验的处理。

对于不符合前款规定的法定情形的，经过县级以上公安机关交通管理部门负责人批准，做出决定，三日内通知申请人，并说明理由。

第六款规定了重新检验的实施。

为了增强鉴定的客观真实性，提升申请人对鉴定人的信任感，消除当事人对重新鉴定的顾虑，提升鉴定意见的公信力；重新检验必须重新另行指派或者聘请检验鉴定人，不得由原鉴定人进行重新鉴定；重新检验可以指派或者聘请原检验鉴定机构的其他检验鉴定人进行鉴定，也可以另行指派或聘请其他鉴定机构的检验鉴定人进行重新检验鉴定。

第三十七条（收缴物品程序与处理）

对非法安装警报器、标志灯具或者自行车、三轮车加装动力装置的，公安机关交通管理部门应当强制拆除，予以收缴，并依法予以处罚。

交通警察现场收缴非法装置的，应当在二十四小时内，将收缴的物品交所属公安机关交通管理部门。

对收缴的物品，除作为证据保存外，经县级以上公安机关交通管理部门批准后，依法予以销毁。

条文释义

本条是关于收缴非法装置程序与处理的规定。

本条共分三款，规范收缴物品的方式、上交与处理。本条规定的把握从以下几个方面：

1. 关于适用收缴非法装置的常见情形。

本条所指的非法装置，就是道路交通安全法律、法规明令禁止安装的装置，如普通车辆安装警报器、非机动车加装动力装置等。对于道路交通安全法律、法规没有明令禁止安装的装置、装饰物、物品，均不能作为非法装置予以收缴。本条规定可以适用收缴非法装置的有下列两种情形：

一是非法安装警报器、标志灯具的。

警报器和标志灯具是专供特种车辆安装和使用的设施，是为了保证特种车辆在执行紧急任务时能够顺利通行而安装的警报器具。安装警报器和标志灯具必须按照法定的范围和标准进行安装，同时也应严格按照法律的规定使用。根据道路交通安全法的规定，只有警车、消防车、救护车、工程救险车可以按照规定喷涂标志图案，安装警报器，标志灯具，未经公安机关交通管理部门批准，机动车不得喷涂、安装、使用前四种车辆专用的标志图案、警报器或者标志灯具。因此，交通警察在发现非专用车辆安装警报器、标志灯具的，应当依法予以收缴。

二是自行车、三轮车加装动力装置的。

自行车、三轮车是非机动车的范畴，加装动力装置后，一方面破坏自行车、三轮车自身的结构平衡，增加危险因素；另一方面，由于加装后的自行车、三轮车行驶速度会大大提高，这样就会对非机动车道内行驶的其他车辆的正常行驶产生影响，严重的还会引发交通事故。因此，为维护交通秩序与交通安全及公民的人身安全，交通警察发现自行车、三轮车安装动力装置的，应当对动力装置予以收缴。

对于上述两种类型的加装设施，公安机关交通管理部门应当以加装非法装置为由，适用强制收缴措施。

应当注意的，是根据《机动车登记规定》的规定，小型、微型载客汽车加装前后防撞装置；货运机动车加装防风罩、水箱、工具箱、备胎架等；增加机动车车内装饰。在不影响安全和识别号牌的情况下，机动车所有人不需要办理变更登记。对于上述的加装设施，公安机关交通管理部门不得以加装非法装置为由，适用强制收缴措施。

2. 关于收缴非法装置程序的规定。

交通警察在收缴机动车、非机动车安装的非法装置后，应当在二十四小时内，将收缴的非法装置上交到所属公安机关。这就要求交通警察在适用收缴非法装置措施时，应当在二十四小时内完成，同时将非法装置上交到所属公安机关统一处理。目前，在执法实践中，交通警察发现机动车或非机动车安装有非法装置的，交通警察应当首先让当事人自行拆除，然后将非法装置予以收缴。而对于拒不拆除的，交通警察可以代执行，即代替当事人拆除违法安装的警报器、标志灯具、动力装置等非法装置，然后实施收缴。在整个执法过程中，应当向当事人讲明当事人的违法事实和执法依据等，尽量取得当事人的配合。如果当事人拒绝公安机关交通管理部门及其交通警察的执法、未使用暴力的，可以依照《中华人民共和国治安管理处罚法》的相关规定进行处罚。如果当事人使用暴力、威胁方法的、构成犯罪的移交有关部门，依法追究其刑事责任。

交通警察在执行收缴警报器、标志灯具、动力装置等非法装置时，除应当遵守上述规定外，还应当遵守《公安机关办理行政案件程序规定》中关于涉案财物的处理的规定，制作《收缴物品决定书》和《收缴物品清单》，以保护公民、法人和其他组织的合法权益，规范公安机关的收缴活动。

对于收缴的警报器、标志灯具、动力装置等非法装置，除作为证据需要保存外，应当予以销毁，但必须经县级以上公安机关交通管理部门批准后，才能依法销毁。交通警察不得未经批准擅自处理收缴的非法装置，更不得私自使用、占有。

第三十八条（扣留的拼装或达到报废机动车处理）

公安机关交通管理部门对扣留的拼装或者已达到报废标准的机动车，经县级以上公安机关交通管理部门批准后，予以收缴，强制报废。

条文释义

本条是关于对扣留的拼装车或者已达到报废标准的机动车的处理方式。

交通警察在执法过程中，对于已扣留的拼装车或者已达到报废标准的机动车，应当按照下列规定进行处理：被扣留的拼装车或者已达报废标准的机动车，依法予以收缴，并强制报废，但须经得县级以上公安机关交通管理部门批准。对于未经批准的，任何单位和个人不得擅自将被扣留车辆报废。公安机关交通管理部门在处理被扣留拼装车时，可以在收缴后送机动车解体厂予以解体。对于被扣留的达到报废标准的机动车，还应当责令报废机动车的所有人办理注销登记后，送机动车解体厂予以解体。因达到报废标准的机动车一般都是经过正常的机动车登记手续，在报废前，如不办理机动车注销手续，则机动车档案内始终还保存着该车的资料，不利于车辆管理部门对机动车的管理。

应当注意的是被扣留的拼装车或达到报废标准的机动车有其他违法犯罪嫌疑的，则应当移交公安机关有关部门处理。如果被扣留的拼装车或达到报废标准的机动车有其他违法犯罪嫌疑的，则不能予以销毁，而应当移交公安机关的其他部门。例如，机动车驾驶人驾驶拼装的机动车后发生交通事故后逃逸的，情节严重的，会构成交通肇事罪，此时，该拼装的机动车将成为证实犯罪行为的重要证据，因此，不能对该拼装机动车解体，而是应当移交公安机关交通管理部门相关机构处理；涉嫌盗抢机动车的或其他利用机动车犯罪的，移送刑事侦查部门处理。

第三十九条（非法牌证处理）

对伪造、变造或者使用伪造、变造的机动车登记证书、号牌、行驶证、检验合格标志、保险标志、驾驶证的，应当予以收缴，依法处罚后予以销毁。

对使用其他车辆的机动车登记证书、号牌、行驶证、检验合格标志、保险标志的，应当予以收缴，依法处罚后转至机动车登记地车辆管理所。

条文释义

本条是对伪造、变造和使用机动车牌证和标志、驾驶证处理方法的规定。

本条共分两款，第一款对伪造、变造或者使用伪造、变造的机动车登记证书、号牌、行驶证、检验合格标志、保险标志、驾驶证的处理。

伪造机动车登记证书、号牌、行驶证、检验合格标志、保险标志、机动车驾驶证是指上述牌证、标志、证件不是由主管部门依法发放，而是本来没有而完全编造出的假牌证、假证件。

变造机动车登记证书、号牌、行驶证、检验合格标志、保险标志、机动车驾驶证是指上述牌证、标志、证件是由主管部门按规定发放，但是这些牌证、标志、证件已经超过有效期或是不合格的牌证、标志，或出于其他原因，将不合格、失效的牌证、标志、证件改为合格、有效的牌证、标志、证件或将牌证、标志改为其他车辆的牌证、标志、证件。

使用伪造、变造机动车登记证书、号牌等牌证、标志、证件的，是指该机动车的牌证、标志带有虚假成分，不符合该机动车的真实情况，或该机动车驾驶人与机动车驾驶证存在出入，不符合驾驶证所记载的信息的。存在上述情况，就可以认定为使用伪造、变造的牌证、标志、证件。

本款对收缴伪造、变造机动车牌证、标志、机动车驾驶证的处理作出了明确的规定。对伪造、变造或者使用伪造、变造的机动车牌证、标志及机动车驾驶证的，在对违法行为人依法进行处罚后，依法对收缴的牌证予以销毁；按照《道路交通安全法》第九十六条规定，公安机关交通管理部门对于伪造、变造或者使用伪造、变造的机动车登记证书、号牌、行驶证、检验合格标志、驾驶证或者使用其他车辆的机动车登记证书、号牌、行驶证、检验合格标志、保险标志的，由公安机关交通管理部门予以收缴，扣留该机动车，并处一千元以上五千元以下罚款；构成犯罪的，依法追究刑事责任。对伪造、变造的牌证、标志，由于其本身就是假的，所以为防止假的牌证、标志再次流入社会，被其他车辆使用，公安机关交通管理部门应当将这些伪造、变造的牌证、标志予以销毁。

第二款规定对使用其他车辆的机动车牌证、标志的处理。

使用其他车辆的机动车牌证、标志的，在对违法行为人依法进行处罚后，转至牌证核发地车辆管理所；对于机动车驾驶人驾驶的车辆使用的是其他车辆的牌证、标志的，由于这些牌证、标志是经过公安机关交通管理部门按照规定核发的，所以不能予以销毁，而应发转至牌证核发地的车辆管理所，车辆管理所再根据具体情况依法予以处理。

第四十条（排除影响安全视距障碍方式）

对在道路两侧及隔离带上种植树木、其他植物或者设置广告牌、管线等，遮挡路灯、交通信号灯、交通标志，妨碍安全视距的，公安机关交通管理部门应当向违法行为人送达排除妨碍通知书，告知履行期限和不履行的后果。违法行为人在规定期限内拒不履行的，依法予以处罚并强制排除妨碍。

条文释义

本条是对在道路两侧及隔离带上种植树木、其他植物或者设置广告牌、管线等妨碍交通安全视距，依法予以拆除的规定。

公安机关交通管理部门在发现违法行为人在道路两侧及隔离带上种植树木、其他植物或者设置广告牌、管线等，遮挡路灯、交通信号灯、交通标志，妨碍安全视距的，应当按照下列规定进行处理：

1. 公安机关应当向违法行为人送达排除妨碍通知书，规定履行的期限，告知不履行的后果。所谓排除妨碍是指违法行为人将对他人安全行驶造成影响的障碍物予以拆除，恢复到车辆、行人能够正常通行的情形。公安机关在要求违法行为人拆除影响交通安全的植物、广告、管线等时，应当向违法行为人出具排除妨碍通知书，并规定合理的履行期限，使违法行为人在规定的期限内能够完成拆除障碍物。同时还应当告知违法行为人不履行排除妨碍的要求将会产生的后果。

2. 违法行为人在规定期限内拒不履行的，依法予以处罚并强制履行排除妨碍。公安机关交通管理部门在向违法行为人送达排除妨碍通知书，并规定了排除妨碍的期限，要求违法当事人对道路两侧及隔离带种植的树木、其他植物、广告等妨碍交通安全的障碍物予以拆除的，在超过规定期限后，当事人仍不拆除的，公安机关交通管理部门应当对其依法进行处罚并强制排除妨碍。公安机关交通管理部门应当按照《道路交通安全法》第一百零六条的规定，对违法行为处以二百元以上二千元以下的罚款。公安机关交通管理部门在对违法行为进行处罚后，还应当对影响交通安全的障碍物进行强制拆除，排除妨碍。

第四十一条（事后排除障碍的程序）

强制排除妨碍，公安机关交通管理部门及其交通警察可以当场实施。无法当场实施的，应当按照下列程序实施：

（一）经县级以上公安机关交通管理部门负责人批准，可以委托或者组织没有利害关系的单位予以强制排除妨碍；

（二）执行强制排除妨碍时，公安机关交通管理部门应当派员到场监督。

条文释义

本条是关于公安机关交通管理部门采取强制排妨碍措施时的程序规定。

对于在道路两侧及隔离带上种植树木、其他植物或者设置广告牌、管线等，遮挡路灯、交通信号灯、交通标志、妨碍安全视距的，公安机关交通管理部门已向违法当事人送达排除妨碍通知书，要求违法当事人在规定的时间内排除妨碍，当事人在规定期限内未排除妨碍的，公安机关交通管理部门可强制排除妨碍。公安机关强制排除妨碍分为两种情况：

一是公安机关交通管理部门及其交通警察在排除妨碍时，如果能够当场将妨碍交通安全的障碍物拆除的，则可以当场进行拆除，排除妨碍，及时恢复车辆、行人的正常通行。例如，在道路两侧违法安装的广告牌、种植的树木等障碍物体积较小、重量较轻的，公安机关交通管理部门能够自行拆除的，则公安机关交通管理部门可以自行排除妨碍。

二是公安机关交通管理部门及其交通警察无法实施当场排除妨碍的，可以委托或者组织其他部门实施强制排除妨碍。如果影响交通安全的障碍物体积过大、数量过多，仅靠公安机关交通管理部门的设备无法将障碍物拆除的，公安机关交通管理部门应当按照下列程序进行：

可以委托或者组织没有利害关系的单位予以强制排除妨碍，但必须经公安机关交通管理部门负责人批准。对于公安机关交通管理部门及其交通警察无法当场排除的妨碍，公安机关交通管理部门应当在其负责人批准后，委托或者组织没有利害关系的单位予以强制排除妨碍。所谓没有利害关系的单位是指该单位与被拆除妨碍交通安全的障碍物的所有人之间没有任何利益、冲突、纠纷。之所以规定委托或者组织没有利害关系的单位予以强制排除妨碍，是为避免公安机关交通管理部门有以权谋私的嫌疑。

公安机关交通管理部门在委托或组织没有利害关系单位在实施强制排除妨碍时，应当指派交通警察到场进行监督。强制拆除影响交通安全的障碍物，是公安机关交通管理部门依法履行职权的过程，虽然公安机关交通管理部门没有能力进行拆除而委托或组织其他单位对妨碍物进行拆除，但仍应当指派交通警察到场，以代表是公安机关交通管理部门在进行执法。仅由委托或组织的单位进行强制排除妨碍容易造成当事人的误解，产生不必要的纠纷。同时，在实施强制排除妨碍时，交通警察还应当对拆除的过程进行监督，要求排除妨碍单位采取适当的手段，避免出现损坏其他交通设施或是出现拆除范围扩大或缩小的现象发生。

第五章 行政处罚

本章概览

本章共分两节，分别规定行政处罚的决定和行政处罚的执行；第一节规定行政处罚决定，共十七条，涉及不同行政处罚类型的适用条件和实施程序，本次修订增加六条，进一步完善非现场执法程序。第四十二条规定口头警告的适用情形和办法；第四十三条规定适用简易程序和一般程序行政处罚的种类；第四十四条和第四十五条规定适用简易程序处罚的实施程序与简易程序处罚决定书的内容；第四十六条和第四十七条规定违法行为处理通知书的制发程序和内容；第四十八条和第四十九条规定适用一般程序处罚决定实施程序和行政处罚决定书的内容；第五十条是对一人有两种以上违法行为或一种违法行为并处两个以上处罚种类且涉及两个处罚主体的处理；第五十一条规定一般程序处罚的期限；第五十二条规定交通技术监控设备记录的违法行为处罚程序。第五十三条至第五十八条规定了未处理违法行为的通知、申请延期处理、直接处罚及送达等。

第二节规定行政处罚的执行，共四条；第五十九条是对当场收缴罚款的规定，第六十条规定当事人逾期不履行行政处罚决定的强制执行；第六十一条规定对非本辖区机动车驾驶人给予暂扣、吊销机动车驾驶证处罚时驾驶证转递的规定；第六十二条规定行政拘留的违法行为人可以委托他人代缴罚款。

第一节 行政处罚的决定

第四十二条（口头警告适用）

交通警察对于当场发现的违法行为，认为情节轻微、未影响道路通行和安全的，口头告知其违法行为的基本事实、依据，向违法行为人提出口头警告，纠正违法行为后放行。

各省、自治区、直辖市公安机关交通管理部门可以根据实际确定适用口头警告的具体范围和实施办法。

条文释义

本条是对口头警告适用的有关规定。

本条共分两款，第一款规定了口头警告的适用情形和程序。

交通警察在对当场发现的道路交通安全违法行为进行处理时，根据违法行为的不同性质，可适用不同的处罚种类和处罚程序。交通警察在值勤、执法过程中，对于发现的情节显著轻微，且未对正常的交通秩序、交通安全产生影响的，交通警察可以采取警告的方式对其进行处罚。为了增强实施口头警告的操作性，《交通警察道路执勤执法工作规范》作了进一步规定，明确了轻微违法行为的认定标准，对于《道路交通安全法》规定可以给予警告、无记分的违法行为、未造成影响道路通行和安全的后果且违法行为人已经消除违法状态的，可以认定为轻微违法行为。

警告，是指行政机关对公民、法人或者其他组织违反行政管理法律规范的行为的谴责和警示，其目的是通过对违法行为人的一种精神上的惩戒，以申明其有违法行为，并使其以后不再违法，否则，就要受到更严厉的处罚。警告属于申诫罚的范畴。所谓申诫罚是指行政机关向违反行政法律规范的管理相对人提出警诫或者谴责，申明其行为违法，教育行为人避免以后再犯的一种形式。它的主要特点在于对违法行为人实施精神上或名誉、信誉等方面的惩戒，而不对违法行为实体权利的剥夺或限制，更能体现处罚与教育相结合的原则。

道路交通安全法上的警告是对道路交通安全违法行为进行处罚的类型之一，它是指公安机关交通管理部门对道路交通安全违法行为人的告诫，指出其危害性，告诫其不要再犯。警告与一般的批评教育从内容到形式都有很多相似之处，但它们有着本质的区别。批评教育是做思想工作，不具有强制性；而警告属于公安机关的执法活动，是依法给予道路交通安全违法行为人的一种行政处罚，具有国家强制性。警告可以分为两种形式，一种是口头警告，另一种是书面警告。

由于交通警察在执勤过程中，承担着指挥、疏导交通、维护交通秩序等职责，对于发现的情节轻微且对道路通行影响不大的，采取警告方式处罚的，不宜采取书面警告而应采取口头警告的方式进行处罚。

本款是对交通警察适用口头警告的具体规定，为准确理解本条的规定，应注意以下两个方面：

一是本款的规定适用于交通警察当场发现的违法行为。关于交通安全违法行为的发现方式有两种，一种是由交通警察当场发现，当场发现是指交通安全违法行为正在实施过程中，或在实施后不久，或违法行为处于一定的持续的状态中时被交通警察查获，“当场”强调的是时间概念而不是空间概念，强调的是违法行为被发现的时间性。本条的适用对象是交通警察当场发现的违法行为。另一种发现方式是通过数码像机、摄像机、电子眼等交通技术监控设备记录的违法行为。对于由交通技术监控设备记录的违法行为不是当场发现，无法当场进行处罚，而是当事人发现后或通知当事人后到公安机关交通管理部门指定地点接受处罚；《交通警察道路执勤执法工作规范》明确了对交通技术监控设备记录的轻微违法行为的教育、提示方式；对交通技术监控设备记录的轻微违法行为，可以通过手机短信、邮寄交通安全违法提示、通知车辆所属单位等方式，提醒机动车驾驶人遵守道路交通法律法规。

二是在适用口头警告处罚时，还应当把握两个条件：其一，道路交通安全违法行为情节轻微；其二，未影响道路通行的。两个条件同时具备时，公安机关交通管理部门及其交通警察才能在指出其违法行为并给予口头警告后放行。这里的道路交通安全违法行为情节轻微，应当是一个综合判断标准，包括当事人实施违法行为时的心理状态、当时的客观交通环境等因素，而是否影响道路通行则要由执勤的交通警察根据现场的交通情况进行判断。应当明确，并非是造成交通堵塞才属于影响道路通行，造成道路通行缓慢，影响了其他行人、车辆的正常行驶，都属于影响道路通行。

第二款授权各省、自治区、直辖市公安机关交通管理部门制定适用口头警告的范围和实施办法。

为了增加口头警告的可操作性，本条第二款授权各省、自治区、直辖市公安机关交通管理部门根据实际确定适用口头警告的具体范围和实施办法，根据本地交通违法态势制定细则，使得执勤民警能够准确把握、精准实施。

第四十三条（处罚决定程序的选择适用）

对违法行为人处以警告或者二百元以下罚款的，可以适用简易程序。

对违法行为人处以二百元（不含）以上罚款、暂扣或者吊销机动车驾驶证的，应当适用一般程序。不需要采取行政强制措施的，现场交通警察应当收集、固定相关证据，并制作违法行为处理通知书。其中，对违法行为人单处二百元（不含）以上罚款的，可以通过简化取证方式和审核审批手续等措施快速办理。

对违法行为人处以行政拘留处罚的，按照《公安机关办理行政案件程序规定》实施。

条文释义

本条是对不同行政处罚适用决定程序的规定。

本条共分三款，分别规定适用三类程序。

第一款规定了适用简易程序的处罚类型包括警告或者二百元（含）以下罚款。

简易处罚程序是行政处罚程序的一种，主要针对那些违法事实确凿并有法定依据的违法行为，根据国家行政管理的法律、法规，行政机关工作人员可以当场给予处罚的程序，也称之为当场处罚程序。公安机关交通部门及其交通警察对于事实清楚、情节简单、后果轻微的道路交通安全违法行为，可以当场对其进行行政处罚。

根据《道路交通安全法》及本条的规定，交通警察对违法行为人处以二百元以下罚款的，可以适用简易程序作出处罚决定。适用警告或者二百元（含）以下罚款的违法行为主要有以下几类：

一是行人、乘车人、非机动车驾驶人违反道路交通安全法律、法规关于道路通行规定的，处警告或者五元以上五十元以下罚款；非机动车驾驶人拒绝接受罚款处罚的，可以扣留其非机动车。

二是机动车驾驶人违反道路交通安全法律、法规关于道路通行规定的，处警告或者二十元以上二百元以下罚款。

三是机动车驾驶证申领和使用中的违法行为，主要有以下几项：

1. 申请人在道路上学习驾驶时，未按规定随身携带学习驾驶证明，由公安机关交通管理部门处二十元以上二百元以下罚款。

2. 申请人在道路上学习驾驶时，有下列情形之一的，由公安机关交通管理部门对教练员或者随车指导人员处二十元以上二百元以下罚款：

（1）未按照公安机关交通管理部门指定的路线、时间进行的；

（2）未按照规定放置、粘贴学车专用标识的。

3. 机动车驾驶人有下列行为之一的，由公安机关交通管理部门处二十元以上二百元以下罚款：

（1）机动车驾驶人补领机动车驾驶证后，继续使用原机动车驾驶证的；

（2）在实习期内驾驶机动车不符合第七十五条规定的；

（3）驾驶机动车未按规定粘贴、悬挂实习标志或者残疾人机动车专用标志的；

（4）持有大型客车、牵引车、城市公交车、中型客车、大型货车驾驶证的驾驶人，未按照规定申报变更信息的。

四是机动车号牌申领和使用中的违法行为：

1. 故意遮挡、污毁或者不按照规定安装机动车号牌的，处警告或者二十元以上二百元以下罚款。

2. 有下列情形之一的，由公安机关交通管理部门处警告或者二百元以下罚款：

(1) 重型、中型载货汽车及其挂车的车身或者车厢后部未按照规定喷涂放大的牌号或者放大的牌号不清晰的；

(2) 机动车喷涂、粘贴标识或者车身广告，影响安全驾驶的；

(3) 载货汽车、挂车未按照规定安装侧面及后下部防护装置、粘贴车身反光标识的；

(4) 机动车未按照规定期限进行安全技术检验的；

(5) 改变车身颜色、更换发动机、车身或者车架，未按照本规定第十条规定的时限办理变更登记的；

(6) 机动车所有权转移后，现机动车所有人未按照规定的时限办理转移登记的；

(7) 机动车所有人办理变更登记、转移登记，机动车档案转出登记地车辆管理所后，未按照规定时限到住所地车辆管理所申请机动车转入的。

道路交通安全法对适用简易程序的违法行为的范围只是作出抽象性的规定，而对适用简易程序的违法行为的具体情节未作出明确规定。为避免交通警察在执法过程中认定违法行为出现分歧，提高执法的效率与准确程度，一些地方性法规中对适用简易程序的违法行为进行了细化，便于交通警察在执法过程中执行。

《道路交通安全法》规定的可以适用简易处罚程序的范围与《行政处罚法》规定的范围并不完全一致。根据《行政处罚法》的规定，可以当场处罚的罚款，对公民为五十元，对法人和其他组织为一千元；而《道路交通安全法》规定的当场处罚的罚款额为二百元，超过了《行政处罚法》关于对公民处以五十元罚款可以适用简易程序的规定。但这并不意味着《道路交通安全法》与《行政处罚法》相矛盾，根据我国法理学的原则，后法优于前法，特别法优于一般法的规定，道路交通安全法是关于道路交通管理的专门性法律，而行政处罚法是行政机关实施行政处罚时适用的一般法，因此，在道路交通安全法实施后，在对道路交通安全违法行为的处罚中，二百元以下罚款和警告均可以适用简易程序进行处罚。但是，公安机关交通管理部门在进行其他种类处罚时除应当遵守道路交通安全法的规定外，还应当遵守行政处罚法的原则性规定。

本条第二款适用一般程序处理的违法行为及适用快速办理的违法行为。

一般程序是指对于案件较为复杂、情节严重，不能适用简易程序对违法行为进行处罚时，通常行政机关应当适用的程序。一般程序包括立案程序、调查程序、审查程序、决定程序、告知程序、陈述与申辩程序、送达程序和执行程序。由于交通安全违法行为相对于一般行政违法行为来说，具有案情简单、事实清楚的特点，交通安全法上的一般程序在个别环节上可以进行简化。

1. 适用一般程序处罚的违法行为。

按照道路交通安全法的规定，适用一般程序处理的违法行为包括以下两种情况：一是对违法行为人处以二百元以上罚款的；二是对违法行为人处以暂扣或者吊销机动车驾驶证处罚的。

根据道路交通安全法及实施条例和本程序规定，适用一般程序的违法行为包括以下类型：

(1) 单处二百元（不含）以上罚款的违法行为。

公路客运车辆载客超过额定乘员的，处二百元以上五百元以下罚款；超过额定乘员百分之二十或者违反规定载货的，处五百元以上二千元以下罚款。

货运机动车超过核定载质量的，处二百元以上五百元以下罚款；超过核定载质量百分之三十或者违反规定载客的，处五百元以上二千元以下罚款。

运输单位的车辆有超过额定乘员或超过核定载质量的、违反规定载货或违反规定载客情形，经处罚不改的，对直接负责的主管人员处二千元以上五千元以下罚款。

申请人在道路上学习驾驶时，未使用符合规定的机动车或者自学用车搭载随车指导人员以外的其他人员的；由公安机关交通管理部门对教练员或者随车指导人员处二百元以上五百元以下罚款。

机动车驾驶证被依法扣押、扣留或者暂扣期间，采用隐瞒、欺骗手段补领机动车驾驶证的；机动车驾驶人身体条件发生变化不适合驾驶机动车，仍驾驶机动车的；逾期不参加审验仍驾驶机动车的，由公安机关交通管理部门处二百元以上五百元以下罚款，收回机动车驾驶证。

安全技术检验机构不按规定进行检验的。《道路交通安全法》第九十四条规定，机动车安全技术检验机构不按照机动车国家安全技术标准进行检验，出具虚假检验结果的，由公安机关交通管理部门处所收检验费用五倍以上十倍以下罚款，并依法撤销其检验资格；构成犯罪的，依法追究刑事责任。

单位在设置广告牌、管线等妨碍安全视距的。《道路交通安全法》第一百零六条规定，在道路两侧及隔离带上种植树木、其他植物或者设置广告牌、管线等，遮挡路灯、交通信号灯、交通标志，妨碍安全视距的，由公安机关交通管理部门责令行为人排除妨碍；拒不执行的，处二百元以上二千元以下罚款，并强制排除妨碍，所需费用由行为人负担。

使用其他车辆的机动车登记证书、号牌、行驶证、检验合格标志、保险标志的，由公安机关交通管理部门予以收缴，扣留该机动车，处二千元以上五千元以下罚款。

非法安装警报器、标志灯具的，由公安机关交通管理部门强制拆除，予以收缴，并处二百元以上二千元以下罚款。

（2）应处以暂扣驾驶证的违法行为，在道路交通安全法中只涉及一种。

饮酒后驾驶机动车的，处暂扣六个月机动车驾驶证，并处一千元以上二千元以下罚款。

（3）应处以吊销驾驶证的违法行为，在道路交通安全法中涉及十二种，必须吊销机动车驾驶证的交通违法行为有以下九种：

①因饮酒后驾驶机动车被处罚，再次饮酒后驾驶机动车的，处十日以下拘留，并处一千元以上二千元以下罚款，吊销机动车驾驶证。

②醉酒驾驶机动车的，由公安机关交通管理部门约束至酒醒，吊销机动车驾驶证，依法追究刑事责任；五年内不得重新取得机动车驾驶证。

③饮酒后驾驶营运机动车的，处十五日拘留，并处五千元罚款，吊销机动车驾驶证，五年内不得重新取得机动车驾驶证。

④醉酒驾驶营运机动车的，由公安机关交通管理部门约束至酒醒，吊销机动车驾驶证，依法追究刑事责任；十年内不得重新取得机动车驾驶证，重新取得机动车驾驶证后，不得驾驶营运机动车。

⑤饮酒后或者醉酒驾驶机动车发生重大交通事故，构成犯罪的，依法追究刑事责任，并由公安机关交通管理部门吊销机动车驾驶证，终生不得重新取得机动车驾驶证。

⑥造成交通事故后逃逸的，构成犯罪，依法追究法律责任，并由公安机关交通管理部门吊销机动车驾驶证，且终生不得重新取得机动车驾驶证。

⑦违反道路交通安全法律、法规的规定，发生重大交通事故，构成犯罪的，依法追究刑事责任，并由公安机关交通管理部门吊销机动车驾驶证。

⑧驾驶拼装的机动车或者已达到报废标准的机动车上道路行驶的，处二百元以上二千元以下罚款，并吊销机动车驾驶证。

⑨对道路交通违法行为人给予暂扣或者吊销机动车驾驶证处罚的，可以先予扣留机动车驾驶证；道路交通违法行为人应当在十五日内到公安机关交通管理部

门接受处理。无正当理由逾期未接受处理的，吊销机动车驾驶证。

可以并处吊销机动车驾驶证的交通违法行为有三种：

①将机动车交由未取得机动车驾驶证或者机动车驾驶证被吊销、暂扣的人驾驶的；由公安机关交通管理部门处二百元以上二千元以下罚款，可以并处吊销机动车驾驶证。

②机动车行驶超过规定时速百分之五十的；由公安机关交通管理部门处二百元以上二千元以下罚款，可以并处吊销机动车驾驶证。

③机动车驾驶人未取得校车驾驶资格驾驶校车的，由公安机关交通管理部门处一千元以上三千元以下的罚款，情节严重的，可以并处吊销机动车驾驶证。

2. 一般程序适用的情况。

适用一般程序的，交通警察不能当场作出处罚决定，需由公安机关交通管理部门依法决定处罚，因此，在交通警察适用一般程序处罚违法行为人时，应当填写《道路交通安全违法行为处理通知书》，通知违法行为人在指定的时间、地点接受相应的处罚。需要采取行政强制措施的，应当填写《公安交通管理行政强制措施凭证》，该凭证可兼做《道路交通安全违法行为处理通知书》使用。关于《道路交通安全违法行为处理通知书》和《公安交通管理行政强制措施凭证》的式样及填写方法，公安部已做出明确的规定，公安机关交通管理部门应按照该规定准确填写交通管理法律文书，确保交通警察在执法过程中法律文书使用正确、填写规范。

根据本程序规定，对违法行为适用一般程序处罚的又分为两种情况：

一种是需对违法行为人采取行政强制措施的。行政强制措施是指行政强制措施是行政主体为了保障行政管理的顺利进行，通过依法采取强制手段迫使拒不履行行政法义务的相对方履行义务或达到与履行义务相同的状态；或者出于维护社会秩序或保护公民人身健康、安全的需要，对相对方的人身或财产采取紧急性、即时性强制措施的具体行政行为的总称。在本程序中规定的行政强制措施有以下几种，分别为扣留车辆、扣留机动车驾驶证、拖移机动车、收缴物品、检验体内酒精、国家管制的精神药品、麻醉药品含量和法律、法规规定的其他行政强制措施。按照《公安机关办理行政案件程序规定》的规定，对交通安全违法行为人，公安机关还可采取传唤、留置等强制措施。交通警察在对违法行为人适用一般程序时，需要采取上述行政强制措施的，应当当场制作行政强制措施凭证，该凭证兼作道路交通安全违法行为处理通知书。

另一种是无须对违法行为人采取行政强制措施的。交通警察在对违法行人适用一般程序时，无须采取有关的行政强制措施的，现场交通警察应当收集、固定相关证据，制作道路交通安全违法行为处理通知书，要求行为人在指定时间、地点接受处罚。

3. 快速办理。

对违法行为人单处二百元（不含）以上罚款的，可以通过简化取证方式和审核审批手续等措施快速办理。交通安全违法行为数量巨大，警力投入较多，为了促进繁简分流，有效化解矛盾，节约警力，将有限的执法资源投入到重大复杂的案件中，公安机关办理行政案件程序规定，新增了有关行政案件快速办理的内容。本程序规定也增加规定了快速办理内容，提升办理交通安全违法行为处理的效率。

可以适用快速办理的交通安全违法行为是违法行为人单处二百元（不含）以上罚款的。快速办理的主要工作流程与要求：

书面告知，征得同意：快速办理行政案件前，公安机关应当书面告知违法嫌疑人快速办理的相关规定，征得其同意，并由其签名确认。

证据调查：违法嫌疑人承认违法事实、认错认罚，并有视音频记录、电子数据、检查笔录等关键证据能够相互印证的，公安机关可以不再开展其他调查取证工作。

案件审批：由专兼职法制员或者办案部门负责人审核后，报公安机关负责人审批。

笔录制作：使用简明扼要的格式询问笔录，尽量减少需要文字记录的内容。或者使用执法记录仪等设备对询问过程录音录像的，替代书面询问笔录。

口头告知：采用口头方式履行处罚前告知程序。

作出处罚：公安机关可以根据违法行为人认错悔改、纠正违法行为、赔偿损失以及被侵害人谅解情况等情节，依法对违法行为人从轻、减轻处罚或者不予行政处罚。

本条第三款对违法行为人处以行政拘留处罚的，按照《公安机关办理行政案件程序规定》实施的援引规定。

对违法行为人处以行政拘留处罚的分为必须处以拘留与可以并处拘留两种情形：

第一种情形必须处以拘留的违法行为主要有以下两种类型：

1. 两种饮酒后驾驶车辆的违法行为。

因饮酒后驾驶机动车被处罚，再次饮酒后驾驶机动车的，处十日以下拘留，并处一千元以上二千元以下罚款，吊销机动车驾驶证。

饮酒后驾驶营运机动车的，处十五日拘留，并处五千元罚款，吊销机动车驾驶证，五年内不得重新取得机动车驾驶证。

2. 牌证违法行为。

伪造、变造或者使用伪造、变造的机动车登记证书、号牌、行驶证、驾驶证的，处十五日以下拘留，并处二千元以上五千元以下罚款；构成犯罪的，依法追究刑事责任。

伪造、变造或者使用伪造、变造的检验合格标志、保险标志的，由公安机关交通管理部门予以收缴，扣留该机动车，处十日以下拘留，并处一千元以上三千元以下罚款；构成犯罪的，依法追究刑事责任。

第二种可以并处拘留的违法情形，行为人有以下行为的，处罚款处罚的同时，可以并处拘留，是否并处拘留可以根据违法行为的情形决定。

有下列行为之一的，由公安机关交通管理部门处二百元以上二千元以下罚款；可以并处十五日以下拘留：

1. 没有合法驾驶资格。

未取得机动车驾驶证、机动车驾驶证被吊销或者机动车驾驶证被暂扣期间驾驶机动车的；

2. 两种尚不构成犯罪的违法行为。

造成交通事故后逃逸，尚不构成犯罪的；

强迫机动车驾驶人违反道路交通安全法律、法规和机动车安全驾驶要求驾驶机动车，造成交通事故，尚不构成犯罪的；

3. 交通设施违法行为，尚不构成犯罪。

故意损毁、移动、涂改交通设施，造成危害后果，尚不构成犯罪的；

4. 三种不听劝阻的交通安全违法行为。

违反交通管制的规定强行通行，不听劝阻的；非法拦截、扣留机动车辆，不听劝阻，造成交通严重阻塞或者较大财产损失的。

对于处以行政拘留的，依据《公安机关办理行政案件程序规定》实施，应该注意以下几个问题：

一是行政拘留处罚由县级以上公安机关决定。依法应当对交通安全违法行为人予以行政拘留的，公安机关交通管理部门应当报其所属的县级以上公安机关决定。

二是作出行政拘留处罚决定的，应当及时将处罚情况和执行场所或者依法不执行的情况通知被处罚人家属。

三是对于下列人员，应当给予行政拘留处罚的，不执行行政拘留处罚：已满十四周岁不满十六周岁的；已满十六周岁不满十作周岁，初次违反治安管理的；

七十周岁以上的；怀孕或者哺乳自己不满一周岁的婴儿的。

第四十四条（简易程序实施）

适用简易程序处罚的，可以由一名交通警察作出，并应当按照下列程序实施：

（一）口头告知违法行为人违法行为的基本事实、拟作出的行政处罚、依据及其依法享有的权利；

（二）听取违法行为人的陈述和申辩，违法行为人提出的事实、理由或者证据成立的，应当采纳；

（三）制作简易程序处罚决定书；

（四）处罚决定书应当由被处罚人签名、交通警察签名或者盖章，并加盖公安机关交通管理部门印章；被处罚人拒绝签名的，交通警察应当在处罚决定书上注明；

（五）处罚决定书应当当场交付被处罚人；被处罚人拒收的，由交通警察在处罚决定书上注明，即为送达。

交通警察应当在二日内将简易程序处罚决定书报所属公安机关交通管理部门备案。

条文释义

本条是适用简易程序的具体工作步骤的规定。

简易程序具有程序简单、快捷、运作灵活、可由一名交通警察实施等特点，在交通执法过程中，大量的交通安全违法行为是适用简易程序进行处理的，所以交通警察准确理解简易程序的具体规定，牢固掌握适用简易程序的具体条件和操作步骤，对于交通警察规范执法具有重要的作用。

交通警察在适用简易程序对违法行为人进行处罚时应按照下列步骤进行：

1. 表明执法身份。按照我国《行政处罚法》第三十四条的规定，执法人员当场作出行政处罚决定的，应当向当事人出示执法身份证件，填写预定格式、编有号码的行政处罚决定书。该规定说明，表明执法身份是当场处罚程序的第一个步骤，以表明行政机关实施行政处罚的主体资格，即处罚主体合法。为此，执法人员应当向当事人出示其必要的证件。而对于正在执勤的交通警察来说，不能身着便服，而应当按规定着装，佩戴警察标志并持有人民警察证件。交通警察着装必须按照《人民警察法》的规定，佩戴人民警察标志或者持有人民警察证件，保持警容严整，举止端庄。

2. 告知。交通警察应当口头告知违法行为人违法行为的基本事实、拟作出行政处罚的依据及其依法享有的权利。交通警察向违法行为告知必要的事实和处罚依据等是对违法行为人进行行政处罚的一个必不可少步骤，违法当事人只有了解自己的行为到底违反了哪些法律、法律应给予怎样的处罚，以及自己权利后，才能自觉地接受处罚。所以，交通警察履行告知程序有利于当事人接受处罚决定，同时也有利于当事人对交通警察依法执法的监督。交通警察如不履行告知程序，则当事人有权不接受处罚。

根据《交通警察道路执勤执法工作规范》，交通警察履职使用下列用语：实施行政处罚或者行政强制措施前，告知违法行为人应享有的权利时，交通警察应当使用的规范用语是：你有权陈述和申辩；对行人、非机动车驾驶人的违法行为给予当场罚款时，交通警察应当使用的规范用语是：你的（列举具体违法行为）违反了道路交通安全法律法规，依据《道路交通安全法》第××条和《道路交通安全法实施条例》第××条（或××地方法规）的规定，对你当场处以××元的罚款；对机动车驾驶人给予当场罚款或者采取行政强制措施时，交通警察应当使用的规范用语是：你的（列举具体违法行为）违反了道路交通安全法律法规，依据《道路交通安全法》第××条和《道路交通安全法实施条例》第××条（或××地方法规）的规定，对你处以××元的罚款，记××分（或者扣留你的驾驶证/机动车）。

3. 听取辩解。交通警察在履行完告知程序后，应当听取违法行为人的陈述和申辩，违法行为提出的事实、理由或者证据成立的，应当采纳；根据《道路交通安全法实施条例》第一百一十一条的规定，当事人对公安机关交通管理部门及其交通警察的处罚有权进行陈述和申辩，交通警察应当充分听取当事人的陈述和申辩，不得因当事人陈述、申辩而加重其处罚。该规定说明，当事人对处罚决定进行陈述和申辩是法律赋予其的权利，公安机关交通管理部门及交通警察不能剥夺违法当事人的陈述、申辩权，而是应当充分听取当事人的陈述和申辩，如果当事人陈述的事实和理由或者证据成立的，应当依法采纳。同时，公安机关交通管理部门及其交通警察不能因当事人的申辩而加重对其的处罚，因为当事人对处罚决定进行陈述和申辩是其依法履行权利的过程，公安机关交通管理部门及其交通警察不能因当事人履行法定权利而给予更重的处罚。

4. 作出处罚决定，制作简易程序处罚决定书。当交通警察依法告知违法当事人的违法事实、拟作出处罚决定的法律依据，并充分听取了当事人的陈述和申辩后，交通警察应当当场作出处罚决定，并制作简易程序处罚决定书。简易程序处罚决定书应当包括当事人的基本信息、违法车辆的情况、当事人的基本违法事实，给予罚款的金额及当事人的救济途径等内容。交通警察开具简易程序处罚决定书后，应当由被处罚人签名、交通警察签名或盖章、公安机关交通管理部门盖章。如果当事人拒绝签名的，交通警察应当在简易程序处罚决定书上予以注明。

5. 当场交付简易程序处罚决定书。交通警察在制作完毕简易程序处罚决定书后，应当将简易程序处罚决定书当场交付被处罚人。当事人如果拒收的，交通警察应当在简易程序处罚决定书上注明，即为送达。

6. 备案。交通警察在作出处罚决定，出具简易程序决定书之后，应当及时将简易程序处罚决定书报所属公安机关交通管理部门备案。交通警察应当在二日内将简易程序处罚决定书交所属公安机关交通管理部门备案。这样既符合有关档案管理的规定，又能够使交通警察当场处罚及时受到公安机关交通管理部门的监督，及时发现交通警察填写法律文书中存在的各种问题，避免交通警察当场处罚的过程出现违法情况。

第四十五条（简易程序处罚决定书内容）

简易程序处罚决定书应当载明被处罚人的基本情况、车辆牌号、车辆类型、违法事实、处罚的依据、处罚的内容、履行方式、期限、处罚机关名称及被处罚人依法享有的行政复议、行政诉讼权利等内容。

条文释义

本条是关于简易程序处罚决定书内容的规定。

根据本条规定，简易程序处罚决定书应当载明以下内容：

1. 被处罚人的基本情况和车辆牌号、类型。被处罚人的基本情况包括当事人的姓名、驾驶证号、档案编号、发证部门。其中姓名是指户籍上注明的常用姓名，应与驾驶证上姓名保持一致。属于外国籍或者少数民族的人员，应当写明其汉语音译名。如被处罚人有驾驶资格的，则还应填写机动车驾驶证号、驾驶证的档案编号及核发驾驶证的机关。如无驾驶证则无须填写上述项目。车辆牌号、车辆类型，为被处罚人违法行为发生时驾驶的车辆车牌号和类型，车辆类型可分为大型客车、大型货车、小型汽车、三轮汽车等。

2. 违法事实。简易程序处罚决定书应用简练的语言将违法行为人的基本违法事实描述清楚。

3. 处罚的依据和处罚的内容。依据需要具体到《道路交通安全法》具体的条款项。

4. 履行方式、期限。罚款履行的方式为当场缴纳和到银行缴纳，到银行缴纳的期限是十五日内。

5. 处罚机关名称。具体规范的具有独立执法资格的公安机关交通管理部门。

6. 被处罚人依法享受的行政复议或者提起行政诉讼的权利。简易程序处罚决定书应当明确告知被处罚人不服决定的，应如何行使行政复议和行政诉讼的权利，载明违法行为人申请行政复议或提起行政诉讼的期限、地点。向被处罚人交待诉权是行政机关应该履行的法定职责，行政机关履行好这一职责，既可以保护当事人的合法权益，又可以加强对办案机关的办案人员的监督，体现了行政机关对自身办案公正、合法的自信心。按照行政复议法和行政诉讼法的规定，违法行为人可以在具体行政行为作出之日起，应在六十日内到作出行政行为的上一级机关申请行政复议，或在三个月内依法向人民法院提起行政诉讼。

第四十六条（制发违法行为处理通知书程序）

制发违法行为处理通知书应当按照下列程序实施：

（一）口头告知违法行为人违法行为的基本事实；

（二）听取违法行为人的陈述和申辩，违法行为人提出的事实、理由或者证据成立的，应当采纳；

（三）制作违法行为处理通知书，并通知当事人在十五日内接受处理；

（四）违法行为处理通知书应当由违法行为人签名、交通警察签名或者盖章，并加盖公安机关交通管理部门印章；当事人拒绝签名的，交通警察应当在违法行为处理通知书上注明；

（五）违法行为处理通知书应当当场交付当事人；当事人拒收的，由交通警察在违法行为处理通知书上注明，即为送达。

交通警察应当在二十四小时内将违法行为处理通知书报所属公安机关交通管理部门备案。

条文释义

本条是交通警察适用一般程序时制发道路交通安全违法行为处理通知书的规定。

一般程序是指对于案件较为复杂、情节严重，不能适用简易程序对违法行为进行处罚时行政机关应当适用的程序。在道路交通安全法中，对于执勤执法中当场发现的交通安全违法行为适用一般程序，交通警察不能当场作出处罚决定，而是通知违法当事人在指定的时间、地点接受处罚。

交通警察对于当场发现的违法行为适用一般程序，制发道路交通安全违法行为处理通知书具体包括以下几个步骤：

1. 表明执法身份。表明执法身份是充分表明处罚主体具备法定资格，是代表国家行政机关行使行政处罚权。为此，行政执法人员应当向当事人出示其必要的证件。而对于正在执勤的交通警察来说，不能身着便服，而应当按规定着装，佩戴警察标志并持有人民警察证件。交通警察着装必须按照《人民警察法》的规定，佩戴人民警察标志或者持有人民警察证件，保持警容严整，举止端庄。

2. 告知。交通警察应当口头告知违法行为人违法行为的基本事实。交通警察向违法行为告知必要的基本事实是对违法行为人进行行政处罚的一个必不可少步骤，违法当事人只有了解自己的违法行为的基本事实才能真正接受对其的处罚，所以，交通警察履行告知程序有利于当事人接受处罚决定，同时也有利于当事人对交通警察依法执法的监督。交通警察如不告知当事人违法基本情况当事人有权不接受处罚。根据我国《行政处罚法》规定，行政机关及其执法人员在作出行政处罚决定之前，未按规定向当事人告知给予行政处罚的事实、现由和依据的，行政处罚决定不能成立。交通警察对违法当事人的处罚也应当遵守行政处罚的一般原则，因此，在对当事人进行处罚时，交通警察必须将上述事项告知违法当事人，认真履行告知程序，确保执法的有效性。对于拟作出的处罚、依据及其依法享有的权利本规定不再要求告知，因为违法行为处理通知书只是通知当事人在指定时间到指定地点接受处罚，对于做出的具体处罚应该在处罚时决定，而不应该在制作违法行为处理通知书时确定，当事人依法享有的权利可以在处罚时告知。

3. 听取当事人的陈述和申辩。交通警察在履行完告知程序后，应当听取违法行为人的陈述和申辩，违法行为提出的事实、理由或者证据成立的，应当依法采纳；根据《道路交通安全法实施条例》第一百一十条的规定，当事人对公安机关交通管理部门及其交通警察的处罚有权进行陈述和申辩，交通警察应当充分听取当事人的陈述和申辩，不得因当事人陈述、申辩而加重其处罚。上述规定说明，当事人对处罚决定进行陈述和申辩是法律赋予其的权利，公安机关交通管理部门及交通警察不能剥夺违法当事人的陈述、申辩权，而是应当充分听取当事人的陈述和申辩，听取当事人的陈述和申辩是公安机关作出行政处罚决定前必须履行的义务。如果当事人陈述的事实和理由或者证据成立的，应当依法采纳。同时，公安机关交通管理部门及其交通警察不能因当事人的申辩而加重对其的处罚，因为当事人对处罚决定进行陈述和申辩是其依法履行权利的过程，公安机关交通管理部门及其交通警察不能因当事人履行法定权利而给予更重的处罚。

4. 制作道路交通安全违法行为处理通知书，并通知当事人在十五日内接受处理。

当口头告知违法行为人违法行为的基本事实，并充分听取了违法行为人的陈述和申辩后，交通警察应当制作道路交通安全违法行为处理通知书。

需要对违法行为人采取行政强制措施的，交通警察按照一般程序处罚此类违法行为时，制作行政强制措施凭证，该行政强制措施凭证兼作违法行为处理通知书使用，交通警察无须再填写违法行为通知书。此时行政强制措施凭证可以兼作道路交通安全违法行为处理通知书使用。

对违法行为人不需要采取行政强制措施的，则由交通警察当场制作道路交通安全违法行为处理通知书即可。

5. 交付道路交通安全违法行为处理通知书。交通警察将道路交通安全违法行为处理通知书或行政强制措施凭证制作完毕后，应当将道路交通安全违法行为处理通知书当场交付当事人，当事人如果拒收的，交通警察应当在道路交通安全违法行为处理通知书上注明。道路交通安全违法行为处理通知书一式二份，一份存档，一份送达被处罚人。

6. 备案。交通警察按照一般程序规定，认真履行各种手续，出具道路交通安全违法行为处理通知书后，应当及时将通知书一份在二十四小时内交所属公安机关交通管理部门备案。这样规定不仅符合有关档案管理的规定，还能够使交通警察的执法活动受到公安机关交通管理部门的监督，及时发现交通警察执法过程中的问题。

第四十七条（违法行为处理通知书内容）

违法行为处理通知书应当载明当事人的基本情况、车辆牌号、车辆类型、违法事实、接受处理的具体地点和时限、通知机关名称等内容。

条文释义

本条是对违法行为处理通知书内容的规定。

根据本条的规定包括以下内容：

1. 当事人的基本情况和车辆牌号、类型。被处罚人的基本情况包括当事人的姓名、家庭住址、电话、其他联系方式、驾驶证号、档案编号、发证机关。其中姓名是指户籍上注明的常用姓名，应当与驾驶证上姓名保持一致。属于外国籍或者少数民族的人员，应当写明其汉语音译名。如当事人有驾驶资格的，则还应填写机动车驾驶证号、驾驶证的档案编号及核发驾驶证的机关。如无驾驶证则无须填写上述项目。车辆牌号、车辆类型，为被处罚人违法行为发生时驾驶的车辆车牌号和类型，车辆类型可分为大型客车、大型货车、小型汽车、三轮汽车等。

2. 违法事实。应用简练的语言将违法行为人的基本违法事实描述清楚。主要包括时间、地点、交通方式、违法行为、当事人等。

3. 接受处理的具体地点和时限。地址应具体明确，便于寻找，时限应具体明确。

4. 通知机关名称。要求具体的规范全称，公安机关交通管理部门具有独立执法权的机关。

第四十八条（一般程序实施）

适用一般程序作出处罚决定，应当由两名以上交通警察按照下列程序实施：

（一）对违法事实进行调查，询问当事人违法行为的基本情况，并制作笔录；当事人拒绝接受询问、签名或者盖章的，交通警察应当在询问笔录上注明；

（二）采用书面形式或者笔录形式告知当事人拟作出的行政处罚的事实、理由及依据，并告知其依法享有的权利；

（三）对当事人陈述、申辩进行复核，复核结果应当在笔录中注明；

（四）制作行政处罚决定书；

（五）行政处罚决定书应当由被处罚人签名，并加盖公安机关交通管理部门印章；被处罚人拒绝签名的，交通警察应当在处罚决定书上注明；

（六）行政处罚决定书应当当场交付被处罚人；被处罚人拒收的，由交通警察在处罚决定书上注明，即为送达；被处罚人不在场的，应当依照《公安机关办理行政案件程序规定》的有关规定送达。

条文释义

本条是按照一般程序作出处罚决定的工作步骤规定。

交通警察适用一般程序处罚的应当按照以下具体步骤进行：

1. 对违法事实进行调查，询问当事人。交通警察首先对违法事实进行调查，就违法行为的基本情况询问当事人，并制作询问笔录。当事人拒绝接受询问、签名或者盖章的，应当在询问笔录上注明。

询问当事人是交通警察调查取证的一个重要环节，对于交通警察来说，询问当事人是了解案件情况、取得证据、查明案件情况的一种有效手段。对当事人来说，是进行辩解的一个机会。

询问当事人时，首先应查明当事人的真实身份，接着询问其是否有道路交通安全违法行为，并让当事人陈述违法的情节，对其无违法行为的辩解也应当听取。交通警察对于当事人的陈述应当耐心听取，仔细分析当事人陈述的每一个环节。对于当事人有两个或两个以上违法行为的，交通警察应当分别询问。

具体交通警察询问当事人应当制作询问笔录。询问笔录的内容包括：时间、地点、询问人、被询问人、询问主要内容。询问笔录应交被询问人核对，被询问人确认无误后，应当在笔录上签名或盖章。询问笔录可作为认定案件的事实、证明当事人有无违法行为的证据。被询问人拒绝接受询问、签名或者盖章的，办案人员应当在询问笔录上注明。

2. 告知。按照一般程序进行告知程序的，交通警察应当采取书面形式或笔录形式，告知当事人拟作出的行政处罚的事实、理由及依据，并告知其依法享有的权利；交通警察向当事人进行告知必须采取书面形式或笔录形式，这就要求告知书的内容应当具体、明确，不能产生歧意。公安部专门制定了公安行政处罚告知笔录式样，公安机关交通管理部门可根据案件的实际情况制定使用。交通警察向当事人拟作出的行政处罚的事实、理由及依据，并告知其依法享有的权利等是对当事人进行行政处罚的一个必不可少步骤，当事人只有了解自己的行为到底违反了哪些法律、法律应给予怎样的处罚，以及自己还有什么权利后，才能真正接受对自己的处罚，所以，交通警察履行告知程序有利于当事人接受处罚决定，同时也有利于当事人对交通警察依法执法的监督。交通警察如不告知当事人违法基本情况、拟作出行政处罚的依据的，则当事人有权不接受处罚。

3. 对当事人陈述、申辩进行复核。复核也是一般程序中的一项重要步骤，通过对当事人陈述、申辩的事实、理由等的复核，以确定当事人的陈述和申辩是真实还是虚构，是否应当采纳，关于复核的结果应当在笔录中注明。程序规定没有要求当事人签字的规定，因为复核是公安机关的权利，当事人没有必要签字来确认。

4. 制作处罚决定书。当交通警察依法履行了询问当事人、告知、对当事人陈述、申辩复核程序后，交通警察应当制作公安交通管理行政处罚决定书。公安交通警察按照一般程序作出处罚决定的，应当由两名以上交通警察实施。

公安交通管理行政处罚决定书应当载明被处罚人的基本情况、车辆牌号、车辆类型、违法事实和证据、处罚的依据、处罚的内容、履行方式、期限、处罚机关名称及被处罚人依法享有的行政复议、行政诉讼权利等内容。并由被处罚人签名、交通警察签名或者盖章、公安机关交通管理部门盖章。

交通警察出具公安交通管理行政处罚决定书，应当由被处罚人签名、交通警察签名或盖章、公安机关交通管理部门盖章。如果当事人拒绝签名的，交通警察应当在道路交通安全违法行为处理通知书上予以注明。

5. 处罚决定书的送达。公安机关交通管理部门在作出行政处罚决定后，公安机关交通管理部门应当在宣告后当场交付当事人。被处罚人拒收的，由交通警察在处罚决定书上注明，即为送达；当事人不在场的，应当依照《公安机关办理行政案件程序规定》的有关规定，将公安交通管理行政处罚决定书送达当事人。

相关法条

公安机关办理行政案件程序规定

《公安部关于修改〈公安机关办理行政案件程序规定〉的决定》经 2018 年 11 月 3 日公安部部长办公会议通过，自 2019 年 1 月 1 日起施行。

第三十六条　送达法律文书，应当遵守下列规定：

（一）依照简易程序作出当场处罚决定的，应当将决定书当场交付被处罚人，并由被处罚人在备案的决定书上签名或者捺指印；被处罚人拒绝的，由办案人民警察在备案的决定书上注明；

（二）除本款第一项规定外，作出行政处罚决定和其他行政处理决定，应当在宣告后将决定书当场交付被处理人，并由被处理人在附卷的决定书上签名或者捺指印，即为送达；被处理人拒绝的，由办案人民警察在附卷的决定书上注明；被处理人不在场的，公安机关应当在作出决定的七日内将决定书送达被处理人，治安管理处罚决定应当在二日内送达。

送达法律文书应当首先采取直接送达方式，交给受送达人本人；受送达人不在的，可以交付其成年家属、所在单位的负责人员或者其居住地居（村）民委员会代收。受送达人本人或者代收人拒绝接收或者拒绝签名和捺指印的，送达人可以邀请其邻居或者其他见证人到场，说明情况，也可以对拒收情况进行录音录像，把文书留在受送达人处，在附卷的法律文书上注明拒绝的事由、送达日期，由送达人、见证人签名或者捺指印，即视为送达。

无法直接送达的，委托其他公安机关代为送达，或者邮寄送达。经受送达人同意，可以采用传真、互联网通信工具等能够确认其收悉的方式送达。

经采取上述送达方式仍无法送达的，可以公告送达。公告的范围和方式应当便于公民知晓，公告期限不得少于六十日。

第四十九条（行政处罚决定书内容）

行政处罚决定书应当载明被处罚人的基本情况、车辆牌号、车辆类型、违法事实和证据、处罚的依据、处罚的内容、履行方式、期限、处罚机关名称及被处罚人依法享有的行政复议、行政诉讼权利等内容。

条文释义

本条是关于公安交通管理行政处罚决定书内容的规定。

公安交通管理行政处罚决定书是指公安机关交通管理部门适用一般程序，依法对当事人作出行政处罚决定时使用的法律文书，它是公安机关交通管理部门作出行政处罚决定所具备的法律效力的表现形式。其目的在于将公安行政处罚决定告知当事人，同时告知当事人不服处罚决定的法律救济途径。公安机关交通管理部门对自然人、法人和其他组织依法实施行政处罚，作出行政处罚决定，为使其产生法律效力，必须以公安交通管理行政处罚决定书这一法律形式确定公安机关实施行政处罚的效力，从而对当事人产生约束力，最终完成行政处罚这一具体行政行为。因此，公安机关交通管理部门及其交通警察在作出行政处罚时，都必须出具公安行政处罚决定书，并当场交付当事人或依法送达当事人。如果公安机关交通管理部门及其交通警察在对当事人实施行政处罚时不依法出具公安交通管理行政处罚决定书，其行政处罚决定将因违反法定程序而归于无效。

公安交通管理行政处罚决定书是公安机关交通管理部门对当事人实施的违法行为的处罚意见，具体包括以下内容：

1. 被处罚人的基本情况。被处罚人的基本情况包括被处罚人的姓名、联系方式、驾驶证号、档案编号、发证机关。其中姓名是指户籍上注明的常用姓名，应与驾驶证上姓名保持一致。属于外国籍或者少数民族的人员，应当写明其汉语音译名。如被处罚人有驾驶资格的，则还应填写机动车驾驶证号、驾驶证的档案编号及核发驾驶证的机关。如无驾驶证则无须填写上述项目。违法行为人是单位的，应当填写单位全称及其法定代表人、单位地址。

2. 车辆牌号、车辆类型。处罚决定书应当载明驾驶车辆号牌和车辆类型，车辆类型可分为大型客车、大型货车、小型汽车、三轮汽车等。

3. 违法事实和证据。违法事实部分填写应当准确、简明、扼要，如违反交通信号灯使用规定、违反规定停车等。证据部分如实填写公安机关掌握的违法行为人的证据。

4. 处罚的依据、处罚的内容、处罚机关名称。公安交通管理行政处罚决定书中还应当如实填写作出处罚决定所依据的法律、法规，应当填写全称并具体到条、款、项。处罚的内容即道路交通安全法规定五种类型：警告、罚款、暂扣或吊销机动车驾驶证、拘留。处罚机关的名称应准确填写作出处罚决定的单位名称。

5. 处罚的履行方式和期限。履行方式是指当事人以何种方式，是缴纳罚款，还是作出某种行为等履行处罚决定；履行处罚决定的期限，是有效履行处罚决定的期间。

6. 依法享有的复议、诉讼权利的内容。公安交通管理行政处罚书中要明确告知被处罚人不服处罚决定的，应如何行使行政复议和行政诉讼的权力，载明违法行为人申请行政复议或提起行政诉讼的期限、地点。向被处罚人交待诉权是行政机关应该履行的法定职责，行政机关履行好这一职责，既可以保护当事人的合法权益，又可以加强对办案机关的办案人员的监督，体现了行政机关对自身办案公正、合法的自信心。按照行政复议法和行政诉讼法的规定，违法行为人可以在具体行政行为作出之日起六十日内到作出行政行为的上一级机关申请行政复议，或在三个月内依法向人民法院提起行政诉讼。

另外，还要被处罚人签名、交通警察签名或者盖章、公安机关交通管理部门盖章。公安交通管理行政处罚决定书还应当包括被处罚人签名、交通警察签名或者盖章、公安机关交通管理部门盖章，其处罚才能产生效力。但对于被处罚人拒绝签名的，交通警察应当在行政处罚决定书备注中注明。交通警察在行政强制措施上签名或盖章，应当签署本人姓名或名章，不得使用加盖他人名章的行政强制措施凭证，避免程序违法。公安机关交通管理部门盖章应加盖作出处罚决定单位的公章，注意不能没有独立执法资格内部机构的印章，同时，盖章时不要越权，即哪一级行政机关作出处罚就盖哪一级的章，处罚权限要与所盖的印章相一致，如果印章不一致的话，往往会导致程序违法。

第五十条（两种特殊情形违法行为的行政处罚决定书制作）

一人有两种以上违法行为，分别裁决，合并执行，可以制作一份行政处罚决定书。

一人只有一种违法行为，依法应当并处两个以上处罚种类且涉及两个处罚主体的，应当分别制作行政处罚决定书。

条文释义

本条是关于一人有两种以上违法行为或一人只有一种违法行为，但需要同时并处两个以上处罚种类且涉及两个处罚主体的处理方式。

本条规定了交通安全违法中的较为特殊的两种情况，一种是一人有两种以上违法行为，另一种是一人只有一种违法行为，但并处两个以上处罚种类且涉及两个处罚主体的情况。

1. 一人有两种以上违法行为的处理方式。

所谓一人有两种以上违法行为是指一个当事人实施了两种以上类型不同、可以分别处罚的交通安全违法行为。交通警察在执勤执法中，一人有两种以上的违法行为要求违法行为是同时发生或是相隔时间不长，如机动车驾驶人未携带机动车驾驶证驾驶车辆，并违反规定超车的，该机动车驾驶人就是一人有两种违法行为。在利用交通技术监控设备记录的违法行为中，一人有两种以上的违法行为对时间没有要求。应当指出，下列几种违法行为，不认为是当事人实施两种违法行为，而只认定为一种违法行为，分别是：一是连续行为。即一人两次以上连续实施同一种交通安全违法行为，不属于两种以上不同的交通安全违法行为，如驾驶人在驾驶车辆时，不断违反规定超车，在对其违法行为进行认定时，应认定为一种违法行为，即违反规定超车。二是持续性违法行为。即一人实施的一种交通安全违法行为，在改正以前在时间上处在持续状志，长时间的违法，应作为一种违法行为来处理，如违法停车，车辆超载等。三是吸收行为。即两种交通安全违法行为后果有轻重之分，两种行为之间存在内在联系，在执法实践中一般按照重行为吸收轻行为。例如：一辆半挂牵引车超载且牵引车的载质量小于挂车载质量，同时违反了《道路交通安全法》第四十八条“机动车载物应当符合核定的载质量，严禁超载”和《道路交通安全法实施条例》第五十六条第二款第三项“载货汽车所牵引挂车的载质量不得超过载货汽车本身的载质量”在处理时应按较重的处罚择一重处罚。

对于一人有两种以上违法行为的处理方式是分别裁决，合并执行，可以制作一份交通管理行政处罚决定书。所谓分别裁决，是指对当事人的交通安全违法行为根据道路交通安全法律、法规的规定，分别作出处罚；所谓合并执行，是对当事人各种交通安全违法行为分别作出处罚后，加在一起合并执行。制作一份公安交通管理行政处罚决定书，该决定书应当分别载明当事人的违法行为的数量、分别作出的处罚决定、合并执行的处罚情况等。但对上述连续行为、持续行为和吸收行为则不适用分别裁决、合并执行，制作一份交通管理行政处罚决定书的规定。同时还应明确，本条之所以规定对一人有两种以上违法行为分别裁决，合并执行，可以制作一份交通管理行政处罚决定书是考虑到方便交通警察执法，减少交通警察开具行政处罚决定的数量，也便于当事人接受处罚。但是交通警察对一人的违法行为已分别作出裁决，并分别出具了行政处罚决定书也是可行的，并不违反法律、法规的规定。

在适用分别裁决，合并执行，制作一份公安交通管理行政处罚决定书处理一人有两种以上违法行为时，有一种例外情况不适用上述处理方式，即对两种违法行为进行处罚的主体不一致时，不能合并执行，只制作一份交通管理行政处罚决定书，而应当分别裁决，分别制作行政处罚决定书。例如，因饮酒后驾驶机动车被处罚，再次饮酒后驾驶机动车，同时又未携带驾驶证的，在对该行为人进行处罚时，因饮酒后驾驶机动车被处罚，再次饮酒后驾驶机动车处以暂处以拘留处罚的，须由县、市公安局、公安分局或者相当于县一级的公安机关进行裁决，而对未携带驾驶证驾车的违法行为处以罚款的，则由县级以上公安机关交通管理部门作出处罚即可。所以，由于对这两种违法行为进行处罚的主体不一致，就不能适用分别裁决，合并执行，制作一份行政处罚决定书的规定，而必须分别裁决、分别制作行政处罚决定书。

2. 一人只有一种违法行为但需要并处两个以上处罚种类且涉及两个处罚主体的处理方式。

所谓一人只有一种违法行为，同时并处两个以上处罚种类且涉及两个处罚主体的，是指一人的一种违法行为同时需要两个不同处罚主体进行两种不同种类的处罚，如再次饮酒后驾驶机动车的，既要对其进行罚款和吊销机动车驾驶证的处罚，还要对其进行拘留处罚。由于罚款和吊销驾驶证的处罚可由公安机关交通管理部门作出决定，而拘留则必须由县级公安机关作出决定。所以，对于再次饮酒后驾驶机动车的需要并处两个以上处罚种类并涉及两个处罚主体。

对于一人只有一种违法行为，同时并处两个以上处罚种类且涉及两个处罚主体的处理方式，应当是分别裁决，分别制作公安交通管理行政处罚决定书。之所以这样规定，是由于在处罚过程中，涉及处罚主体不一致，下级公安机关不能越权行使上级公安机关的权力，所以只能分别进行裁决，分别作出行政处罚决定书。

相关法条

公安机关办理行政案件程序规定

《公安部关于修改〈公安机关办理行政案件程序规定〉的决定》经 2018

年11月3日公安部部长办公会议通过，自2019年1月1日起施行。

第一百六十一条 一人有两种以上违法行为的，分别决定，合并执行，可以制作一份决定书，分别写明对每种违法行为的处理内容和合并执行的内容。

一个案件有多个违法行为人的，分别决定，可以制作一式多份决定书，写明给予每个人的处理决定，分别送达每一个违法行为人。

第一百六十二条 行政拘留处罚合并执行的，最长不超过二十日。

行政拘留处罚执行完毕前，发现违法行为人有其他违法行为，公安机关依法作出行政拘留决定的，与正在执行的行政拘留合并执行。

公安部法制局规范性文件
关于对交通技术监控记录的违法行为如何进行处罚的请示的批复

公法〔2005〕66号

湖北省公安厅法制处：

你处《关于对交通技术监控记录的违法行为如何进行处罚的请示》收悉。经研究，现批复如下：

《行政处罚法》第二十九条第二款有关“违法行为有连续或者继续状态的，从行为终了之日起计算”的规定，意即对处于连续状态的违法行为的追诉时效应当从连续行为终了之日起计算，但这并不意味着对一段时间内连续发生的数个独立违法行为可以视作“同一个违法行为”从重处罚一次。我们认为，交通技术监控记录的违法行为人在一段时间内多次实施的同种违法行为，但仍属于数个相互独立的违法行为，公安机关受案查处时，不宜作为“同一个违法行为”从重处罚一次，而应当依照道路交通管理法律、法规和规章的规定分别作出裁决处罚。

公安部法制局

2005年3月2日

第五十一条（一般程序处罚决定的期限）

对违法行为事实清楚，需要按照一般程序处以罚款的，应当自违法行为人接受处理之时起二十四小时内作出处罚决定；处以暂扣机动车驾驶证的，应当自违法行为人接受处理之日起三日内作出处罚决定；处以吊销机动车驾驶证的，应当自违法行为人接受处理或者听证程序结束之日起七日内作出处罚决定，交通肇事构成犯罪的，应当在人民法院判决后及时作出处罚决定。

条文释义

本条是按照一般程序作出处罚决定期限的规定。

本条规定了三类不同的处罚决定的时限。

第一类是按照一般程序处理罚款的处罚决定时限。

对违法行为事实清楚，按一般程序处以罚款处罚的，应当自违法行为人接受处理之时起二十四小时内作出处罚决定。有三点需要说明：一是交通安全违法行为事实清楚，因果关系和法律责任明确，就是说，不必用更多的时间调查取证，这是很快作出处罚决定的前提条件。二是按照一般程序处以罚款的处罚，处罚金额的幅度是确定的，而且目前各地为避免执法的随意性，一般对每种违法行为都确定了明确的罚款金额，交警在处罚时一般自由裁量权较小。所以虽然对于一些违法行为处罚金额较高，但由于罚款的金额是相对固定的，在告知当事人后，复核的工作量不会太多，对作出处罚决定的影响不大。三是应当自违法行为人接受处理之时起24小时内作出处罚决定。本条要求公安机关交通管理部门应在24小时内作出处罚决定，应当是以违法行为人接受处理为前提，如果违法行为人不主动来处理，则公安机关交通管理部门询问、取证等一系列工作均无法开展，违法行为人对违法行为享有的各项权利也没有行使，公安机关交通管理部门不得在事实不清的情况下自行作出处罚决定，所以，公安机关交通管理部门应当是在违法行为人接受处理时起二十四小时内作出处罚决定。

对于一般程序处以罚款处罚的，对个人处以二千元以上罚款，对单位处以一万元以上罚款，违法行为人要求举行听证的，应该举行听证；根据相关规定做处罚决定。

第二类是对于处以暂扣机动车驾驶证处罚决定时限。

处以暂扣机动车驾驶证的，应当自违法行为人接受处理之时起三日内作出处罚决定；处以暂扣机动车驾驶证的处罚期限的规定。由于暂扣驾驶证的交通安全违法行为相对较为严重或者比较复杂，公安机关交通管理部门查清事实需要一定的时间。同时，在调查过程中，当事人陈述、申辩复核的时间也要相对多一些。所以考虑到这些因素，对于暂扣驾驶证的处罚期限应当自违法行为人接受处理之时起三日内作出。当然，三日内作出处罚决定也是以违法行为人主动到公安机关交通管理部门接受处理为前提。

第三类对于处以吊销机动车驾驶证处罚的决定期限，分为两种情形：

一是当事人的行为没有构成交通肇事犯罪的，处以吊销机动车驾驶证的，应当自违法行为人接受处理或者听证程序结束之日起七日内作出处罚决定。吊销机动车驾驶人的驾驶证是对公民驾驶车辆权利的剥夺，是对公民驾驶资格最严厉的一种处罚，因此，公安机关交通管理部门在对违法行为人作出吊销机动车驾驶证处罚时，须经过严格的程序，除需按照一般程序对违法行为进行调查、取证、听取违法行为人的陈述、申辩、复核外，还要经过严格的内部审批程序。所以，对公安机关作出吊销机动车驾驶证的处罚期限为七天，时间相对较长，以保障公安机关有足够的时间完成各种程序。

对于吊销机动车驾驶证的处罚，根据《行政处罚法》和《公安机关办理行政案件程序规定》，违法行为人有权要求举行听证；违法行为人未要求举行听证而自觉接受处罚的；公安机关在七日内做出处罚决定；当违法行为人要求举行听证；公安机关交通管理部门应该举行听证，根据听证的情况；听证程序结束之日起七日内作出决定，吊销或者不吊销机动车驾驶证。

二是当事人的行为构成交通肇事犯罪的，根据《道路交通安全法》第一百零一条的规定违反道路交通安全法律、法规的规定，发生重大交通事故，构成犯罪的，依法追究刑事责任，并由公安机关交通管理部门吊销机动车驾驶证。造成交通事故后逃逸的，由公安机关交通管理部门吊销机动车驾驶证，且终生不得重新取得机动车驾驶证。根据我国刑事诉讼法的规定，未经人民法院依法判决，对任何人都不得确定有罪。交通肇事在公安机关交通管理部门处理阶段只能是涉嫌构成犯罪，吊销驾驶证的处罚作出必须在人民法院判决后，确切的说应该是人民法院作出生效判决后，即被告人的行为经人民法院依法判决确认构成交通肇事犯罪。对于造成交通事故后逃逸构成犯罪的，由公安机关交通管理部门吊销机动车驾驶证，且终生不得重新取得机动车驾驶证。

当事人的行为构成交通肇事犯罪的，人民法院依法追究刑事责任或者免予刑事处罚的，公安机关交通管理部门应当吊销其机动车驾驶证。而驾驶人发生重大交通事故尚不构成犯罪或者人民检察院不起诉的，公安机关交通管理部门不应当吊销其机动车驾驶证。

本条规定的处罚期限是公安机关作出处罚决定的最长期限，如果超过该期限，则公安机关交通管理部门就已在程序上违法。同时，为提高公安机关交通管理部门的执法效率，公安机关交通管理部门应当在查清违法事实的基础上，尽快作出处罚决定。

相关法条

公安部法制局规范性文件
关于对人民检察院作出不起诉决定的交通肇事责任人的机动车驾驶证如何处理问题的电话答复

贵州省公安厅法制局：

你局《关于对检察院认定肇事人“有罪不诉”驾驶人的机动车驾驶证该如何进行行政处罚的请示》（黔公法请〔2007〕01 号）收悉，经研究，现答复如下：

根据《道路交通安全法》第一百零一条的规定，对驾驶人因发生重大交通事故被人民法院依法追究刑事责任或者免予刑事处罚的，公安机关交通管理部门应当吊销其机动车驾驶证。对于驾驶人发生重大交通事故尚不构成犯罪或者人民检察院不起诉的，公安机关交通管理部门不能依照《道路交通安全法》第一百零一条的规定吊销驾驶人的机动车驾驶证。但是，如果驾驶人发生重大交通事故时，同时具有其他应当吊销机动车驾驶证情形的，公安机关交通管理部门可以依法直接吊销其机动车驾驶证。

公安部法制局

2007 年 11 月 12 日

公安部法制局电话回复
关于对交通肇事罪共犯是否吊销机动车驾驶证并终生禁驾的电话回复

河南省公安厅法制处：

你处《关于对因指使交通肇事驾驶人逃逸被以交通肇事罪共犯追究刑事责任的人员是否应当吊销机动车驾驶证并终身禁驾的请示》收悉。经商，全国人大法工委刑法室答复如下：

《道路交通安全法》第一百零一条规定，第一款“违反道路交通安全法律、法规的规定，发生重大交通事故，构成犯罪的，依法追究刑事责任，并由公安机关交通管理部门吊销机动车驾驶证”，第二款“造成交通事故后逃逸的，由公安机关交通管理部门吊销机动车驾驶证，且终生不得重新取得机动车驾驶证”。根据上述规定，吊销机动车驾驶证，且终生禁驾，应当是违反道路交通法律、法规，交通肇事逃逸的行为人。对于指使肇事人逃逸的，可依法追究责任，但本人不具有交通肇事行为，不宜给予“吊销机动车驾驶证”或者“终生禁驾”的处罚。

附：河南省公安厅《关于对因指使交通肇事驾驶人逃逸被以交通肇事罪共犯追究刑事责任的人员是否应当吊销机动车驾驶证并终身禁驾的请示》

公安部法制局

2012 年 4 月 18 日

关于对因指使交通肇事驾驶人逃逸被以交通肇事罪共犯追究刑事责任的人员是否应当吊销机动车驾驶证并终身禁驾的请示

公安部法制局：

2010 年 11 月 18 日，张坤杰驾驶冀 FA1678 号货车在京港澳高速公路发生交通事故，造成一人死亡、一人受伤，事故发生后，同车人王志田指使张坤杰驾车逃逸，后两人先后归案。2011 年 12 月 10 日，河南省安阳县人民法院作出判决，认定：被告人王志田、张坤杰违反交通运输管理法规，造成一人死亡、一人受伤的重大交通事故，二人负该事故主要责任，且肇事后，被告人王志田指使被告人张坤杰驾车逃逸，其二人行为均构成交通肇事罪……并分别以犯交通肇事罪为由，判处以上两人有期徒刑。

《道路交通安全法》第一百零一条规定："违反道路交通安全法律、法规的规定，发生重大交通事故，构成犯罪的，依法追究刑事责任，并由公安机关交通管理部门吊销机动车驾驶证。

造成交通事故后逃逸的，由公安机关交通管理部门吊销机动车驾驶证，且终生不得重新取得机动车驾驶证。"

本案由河南省公安厅高速交警总队办理，在案件办理过程中，对是否应当吊销因指使交通肇事驾驶人逃逸，被以交通肇事罪共犯追究刑事责任的王志田的机动车驾驶证，存在三种不同意见：

第一种意见认为，王志田本身并无交通安全违法行为，仅因指使他人逃逸，根据《最高人民法院关于审理交通事刑事案件具体应用法律若干问题的解释》第五条第二款之规定，被以交通肇事罪共犯追究刑事责任，不符合《道路交通安全法》第一百零一条的规定，不应吊销其机动车驾驶证。

第二种意见认为，王志田在发生道路交通事故后指使张坤杰逃逸，已经违反了《道路交通安全法》第七十条等法律规定，且被判处交通肇事罪，符合《道路交通安全法》第一百零一条的规定规定的情形，应当吊销其机动车驾驶证，但不应终身禁驾。

第三种意见认为，王志田在发生道路交通事故后指使张坤杰逃逸，已经违反了《道路交通安全法》第七十条等法律规定，且被判处交通肇事罪，符合《道路交通安全法》第一百零一条的规定规定的情形，应当吊销其机动车驾驶证，并终身禁驾。

我们同意第三种意见，当否，请批示。

河南省公安厅法制处

2012年3月5日

对《中华人民共和国道路交通安全法》有关条款适用问题的意见

国法秘政函［2012］244号

河南省人民政府法制办公室：

你们关于《中华人民共和国道路交通安全法》有关条款适用问题的请示收悉。对请示中涉及的如何依照《中华人民共和国道路交通安全法》第九十一条第二款、第一百零一条第一款吊销机动车驾驶证的问题，我们进行了研究，并征求了全国人大常委会法制工作委员会和公安部的意见，现答复如下：

一、《中华人民共和国道路交通安全法》规定的吊销机动车驾驶证是一种剥夺持证人驾驶任何机动车上道路行驶的资格的处罚，不是只剥夺某一准驾车型资格的处罚。

二、持有驾驶证驾驶与准驾车型不符的机动车发生重大交通事故构成犯罪的，应当吊销其持有的机动车驾驶证。

国务院法制办公室秘书行政司

二〇一二年五月九日

第五十二条（交通技术监控设备记录的违法行为适用程序）

对交通技术监控设备记录的违法行为，当事人应当及时到公安机关交通管理部门接受处理，处以警告或者二百元以下罚款的，可以适用简易程序；处以二百元（不含）以上罚款、吊销机动车驾驶证的，应当适用一般程序。

条文释义

本条是对交通技术监控设备记录的违法行为程序适用的规定。

交通技术监控设备迅速发展，从执法取证设备形式看，从过去固定式前端摄像机扩展到如视频记录取证设备、无人驾驶航空器、大数据视频分析系统、随手拍等多种形式；从违法行为管理范围看，从机动车不按车道行驶、不按交通信号灯规定通行、不按导向箭头指示等典型交通违法行为扩展到机动车占用应急车道行驶、机动车通过人行横道时未停车让行、故意遮挡机动车号牌等多种违法行为；从识别特征方面看，从机动车号牌扩展到车辆品牌标志、车身颜色、车型识别以及驾驶员人脸识别等。《道路交通安全违法行为处理程序规定》确认了交通技术监控设备记录的违法行为的证据效力。采用交通技术监控设备记录违法行为作为非现场执法方式，对于提高公安机关交通管理部门的工作效率，减少道路交通安全违法行为的发生具有重要意义。据统计，全国采用交通技术监控设备查处的机动车交通安全违法数量占总量的70%左右。

交通技术监控设备记录的违法行为主要是处以警告、罚款、吊销机动车驾驶证的处罚；根据当事人的具体违法行为的性质、情况，确定适用简易程序或一般程序。

1. 适用简易程序的情形。

对于根据交通技术监控记录，对违法行为的机动车所有人、管理人或者驾驶人处二百元以下罚款的，依法可以适用简易程序。在当事人到公安机关交通管理部门接受处理时，公安机关交通管理部门可按照简易程序作出行政处罚决定，开具公安交通管理简易程序处罚决定书。

一般来说，交通技术监控设备记录的违法行为主要有：机动车违反交通信号灯指示、违反规定进入专用车道、不按规定超车等交通安全违法行为。交通技术监控记录资料记录的违法行为绝大部分是违反通行规定，处罚在二百元以下，可以适用简易程序。但有一种违法行为例外，就是通过自动测速仪拍摄的超速违法行为，而且超过规定最高速度的50%以上。对于这种违法行为，必须适用一般程序进行处罚，而不能适用简易程序。

对交通技术监控记录的违法行为适用简易程序作出处罚决定，应当按照规定的程序进行。首先处理违法行为的交通警察认真履行告知程序，口头告知违法行为人违法行为的基本事实、拟作出的行政处罚、依据及其依法享有的权利；然后听取违法行为人的陈述和申辩，违法行为人提出的事实、理由或者证据成立的，应当采纳；再后制作简易程序处罚决定书；处罚决定书应当由被处罚人签名、交通警察签名或者盖章，并加盖公安机关交通管理部门印章；被处罚人拒绝签名的，交通警察应当在处罚决定书上注明；最后将处罚决定书当场交付被处罚人；被处罚人拒收的，由交通警察在处罚决定书上注明，即为送达。交通警察应当在二日内将简易程序处罚决定书报所属公安机关交通管理部门备案。

2. 适用一般程序的情形。

对于根据道路交通安全法律、法规规定应对违法行为人作出二百元（不含）

以上罚款，暂扣或者吊销机动车驾驶证、对单位处以罚款的，应当按照行政处罚的一般程序对违法行为进行调查、取证，并作出处罚决定。具体实施可以参考本规定第四十八条的条文释义。

对于交通技术监控设备记录的违法行为可以并处吊销机动车驾驶证的行为是机动车行驶超过规定时速50%的。

使用交通技术监控设施记录违法行为查处应当注意以下问题：

1. 公安机关交通管理部门根据交通技术监控设备记录的违法行为对当事人进行处罚的，证据必须充分。如果使用交通技术设备记录的违法行为的图像资料无法客观地反映出车辆的违法状态的，公安机关交通管理部门就不能以此图像作为当事人违法的证据，而对当事人进行处罚。否则当事人申请行政复议或行政诉讼后，可能导致撤销该起行政处罚。所以，公安机关交通管理部门要认真核查电子监控设备记录的违法行为的图像资料，将其中无法认定违法事实的图片筛选出来，不作为违法记录录入该车辆违法信息中，录入的应当清除。

2. 利用交通监控设备记录的违法行为资料进行处罚，不仅仅限于对机动车的违法行为，也适用非机动车驾驶人、行人和乘车人。技术监控取证设备根据《公共安全人脸识别应用图像技术要求》（GB/T35678）等增加人脸抓拍及人脸识别，为行人违法提供证据；通过违法过程记录对非机动车闯红灯、逆行等典型交通违法行为提供证据。

3. 在利用交通技术监控设备记录的违法行为资料对机动车所有人、管理人进行了处罚后，如果交通安全违法行为是由机动车驾驶人违反道路交通管理法律、法规或者具有过错造成的，而机动车所有人或者管理人没有过错的，被处罚的机动车所有人、管理人可以依法就自己因处罚而遭受的损失向造成违法行为的机动车驾驶人要求赔偿。如果能提供证据证明驾驶人的，可以将违法行为转移到驾驶人名下。

4. 公安机关交通管理部门在根据交通技术监控设备记录的违法行为进行处罚时，如果能够确定驾驶人的，应当对驾驶人进行处罚，而无须对机动车的管理人或所有人处罚。由于采取交通技术监控设备是针对车辆的违法情况，这些设备只能对车辆的违法情况进行记录，而无法准确的确定违法行为发生时机动车的驾驶人。所以，对于由交通技术监控设备记录的违法行为，如不能确定驾驶人的，只能由管理者或是所有人来承担相应的违法责任。但如果通过记录资料，能够确定违法行为发生时的机动车驾驶人，则应当对该驾驶人进行处罚，而无须处罚机动车所有人或者管理人。

相关法条

《道路交通安全法》

第一百一十四条 公安机关交通管理部门根据交通技术监控记录资料，可以对违法的机动车所有人或者管理人依法予以处罚。

第五十三条（交通技术监控设备记录的违法行为接受处理的期限）

违法行为人或者机动车所有人、管理人收到道路交通安全违法行为通知后，应当及时到公安机关交通管理部门接受处理。机动车所有人、管理人将机动车交由他人驾驶的，应当通知机动车驾驶人按照本规定第二十条规定期限接受处理。

违法行为人或者机动车所有人、管理人无法在三十日内接受处理的，可以申请延期处理。延长的期限最长不得超过三个月。

条文释义

本条是对交通技术监控设备记录的违法行为及时接受处理及申请延期处理的规定。

本条共分两款，第一款规定了交通技术监控设备记录的违法行为人及时接受处理的强制性规定；

对于交通技术监控设备记录的违法行为一般都记录在机动车名下；一般认定为机动车所有人或者管理人驾驶机动车；根据本程序规定第二十一条规定，经核查能够确定实际驾驶人的，公安机关交通管理部门可以在道路交通违法信息管理系统中将其记录为实际驾驶人的违法行为信息，并根据本程序规定第二条通知驾驶人限期接受处理。对于机动车所有人、管理人将机动车交由他人驾驶的，由其认定驾驶人，并通知驾驶人在规定的期限接收处理。

对于接受处理的方式，可以到任一公安机关交通管理部门接受处理，符合在线处理情形的，也可以通过交通安全综合服务平台进行处理。

第二款规定申请延期处理的相关规定。

申请延期处理理由，公安机关交通管理部门不做审查，但应该合情合理；申请的期限应该在接受处理的限期内，也就是收到通知后30天内申请；过期不接受延期申请。延长的期限不超过3个月。对于申请延期的次数，本程序规定没有限制，但总延长期限不超过3个月。

第五十四条（交通技术监控记录的违法行为直接处罚）

机动车有五起以上未处理的违法行为记录，违法行为人或者机动车所有人、管理人未在三十日内接受处理且未申请延期处理的，违法行为发生地公安机关交通管理部门应当按照备案信息中的联系方式，通过移动互联网应用程序、手机短信或者邮寄等方式将拟作出的行政处罚决定的事实、理由、依据以及依法享有的权利，告知违法行为人或者机动车所有人、管理人。违法行为人或者机动车所有人、管理人未在告知后三十日内接受处理的，可以采取公告方式告知拟作出的行政处罚决定的事实、理由、依据、依法享有的权利以及公告期届满后将依法作出行政处罚决定。公告期为七日。

违法行为人或者机动车所有人、管理人提出申辩或者接受处理的，应当按照本规定第四十四条或者第四十八条办理；违法行为人或者机动车所有人、管理人未提出申辩的，公安机关交通管理部门可以依法作出行政处罚决定，并制作行政处罚决定书。

条文释义

本条规定了交通技术监控记录的违法行为直接处罚制度。

本条共分两款，第一款规定了直接处罚的办理程序。对直接处罚的适用和具体流程、步骤、环节进行了规范。

1. 直接处罚程序适用的情形。

对于机动车有五起以上未处理交通违法记录，违法行为人或机动车所有人、管理人未在三十日内接受处理且未申请延期处理的，可以启动直接处罚程序。“机动车有五起以上未处理交通违法记录”指的是被交通技术监控设备记录的交通违法行为已经有五条（含）以上并且均超过限期未处理。对于交通技术设备记录的违法行为，本程序规定第二十条为违法行为发生地公安机关交通管理部门应当在违法行为信息录入道路交通违法信息管理系统五日内通知违法行为人或机动车所有人、管理人的强制性规定。

2. 违法行为处罚告知的送达。

违法行为发生地公安机关交通管理部门应当按照机动车或者驾驶人备案信息中的联系方式，通过移动互联网应用程序、手机短信或者邮寄等方式将拟作出的行政处罚决定的事实、理由、依据以及依法享有的权利，告知违法行为人或机动车所有人、管理人。

3. 违法行为处罚决定事前公告告知。

违法行为人或机动车所有人、管理人未在通知后三十日内接受处理的，可以采取公告方式告知处罚相关事宜；明确告知公告期届满后将依法作出行政处罚决定。公告期为七日。

第二款规定了两种情形下处罚裁决的适用程序。

在处罚告知或者处罚决定事前告知送达后，对违法行为人或机动车所有人、管理人或者驾驶人可能有两种不同的处理方式：一是违法行为人或机动车所有人、管理人提出申辩或者接受处理，这种情形下，提出申辩应该向违法行为发生地公安机关交通管理部门提出，由违法行为发生地公安机关交通管理部门进行处理，并根据拟作出的处罚，依据本规定第四十二条和第四十六条规定适用简易程序或者一般程序对违法行为进行处理。二是违法行为人或机动车所有人、管理人未提出申辩的，违法行为发生地公安机关交通管理部门可以在公告期满后，直接做出处罚决定，制作《公安交通管理行政处罚决定书》。

第五十五条（行政处罚决定书送达）

行政处罚决定书可以邮寄或者电子送达。邮寄或者电子送达不成功的，公安机关交通管理部门可以公告送达，公告期为六十日。

条文释义

本条是对行政处罚决定书送达补充方式的规定。

送达行政处罚决定书是产生法律后果的重要前提，对于行政处罚决定书进行的罚款处罚，被处罚人在收到决定书后，应该在规定的时间内到指定的银行缴纳罚款，逾期不缴纳罚款的，公安机关交通管理部门可以依据本程序规定第六十条处理。送达日期决定被处罚人提起行政复议或者行政诉讼的期限。

对于适用简易程序作出当场处罚决定的，应当将决定书当场交付被处罚人，并由被处罚人在备案的决定书上签名或者捺指印，被处罚人拒绝的，由办案人员在备案的决定书上注明；对于适用一般程序作出的行政处罚决定，应当在宣告后，将处罚决定书当场交付被处罚人，即为送达，被处罚人不在现场的，公安机关应当在作出决定的7日内将决定书送达被处罚人。

本条进一步完善了行政处罚决定书送达的方式，增加了电子送达和公告送达。适用电子送达的，需要注意三个问题：一是送达行政处罚决定书，首先应该选择直接送达的方式，能够直接让受送达人签收，电子送达作为补充；二是根据相关法律或者司法解释，电子送达应该经受送达人同意；公安机关交通管理部门在当事人在线上或者线下办理相关业务时，明示了留存或者注册代表同意接收电子送达的，可以视为当事人同意，如果当事人没有明确表示同意，公安机关交通管理部门在当事人留存或者是注册时又没有提醒或者明示的不能认定为当事人同意。三是电子送达的方式，要确认受送达人收悉，最直接的方式就是让受送达人在收到后进行回复，以确认其收悉。如受送达人未回复的，应该告知其回复确认。

邮递送达是指公安机关交通管理部门以挂号邮寄的方式，将行政处罚决定书送达受送达人的方法，一般是在公安机关距离送达人所在地较远的情况下，使用邮寄送达应该附有附卷的法律文书，挂号信回执上注明的收件日期与附卷上的法律文书上收件日期不一致的，或者是附卷的法律文书没有寄回的，以挂号信回执上注明的收件日期为送达日期。

适用公告送达的条件是采用直接送达、留置送达、委托送达、邮寄送达和电子送达等送达方式均无法送达，公安机关交通管理部门将应该送达的行政处罚决定书及张榜公告登报或者在互联网平台以公示等方式告知社会，达到法定期限视为已经送达。

相关法条

最高人民法院关于适用《中华人民共和国民事诉讼法》的解释

（2014 年 12 月 18 日由最高人民法院审判委员会第 1636 次会议通过，现予公布，自 2015 年 2 月 4 日起施行。）

第一百三十五条第一款 电子送达可以采用传真、电子邮件、移动通信等即时收悉的特定系统作为送达媒介。

第一百三十六条 受送达人同意采用电子方式送达的，应当在送达地址确认书中予以确认。

公安机关办理行政案件程序规定

《公安部关于修改〈公安机关办理行政案件程序规定〉的决定》经 2018 年 11 月 3 日公安部部长办公会议通过，自 2019 年 1 月 1 日起施行。

第三十六条 送达法律文书，应当遵守下列规定：

（一）依照简易程序作出当场处罚决定的，应当将决定书当场交付被处罚人，并由被处罚人在备案的决定书上签名或者捺指印；被处罚人拒绝的，由办案人民警察在备案的决定书上注明；

（二）除本款第一项规定外，作出行政处罚决定和其他行政处理决定，应当在宣告后将决定书当场交付被处理人，并由被处理人在附卷的决定书上签名或者捺指印，即为送达；被处理人拒绝的，由办案人民警察在附卷的决定书上注明；被处理人不在场的，公安机关应当在作出决定的七日内将决定书送达被处理人，治安管理处罚决定应当在二日内送达。

送达法律文书应当首先采取直接送达方式，交给受送达人本人；受送达人不在的，可以交付其成年家属、所在单位的负责人员或者其居住地居（村）民委员会代收。受送达人本人或者代收人拒绝接收或者拒绝签名和捺指印的，送达人可以邀请其邻居或者其他见证人到场，说明情况，也可以对拒收情况进行录音录像，把文书留在受送达人处，在附卷的法律文书上注明拒绝的事由、送达日期，由送达人、见证人签名或者捺指印，即视为送达。

无法直接送达的，委托其他公安机关代为送达，或者邮寄送达。经受送达人同意，可以采用传真、互联网通讯工具等能够确认其收悉的方式送达。

经采取上述送达方式仍无法送达的，可以公告送达。公告的范围和方式应当便于公民知晓，公告期限不得少于六十日。

第五十六条（电子与公告送达）

电子送达可以采用移动互联网应用程序、电子邮件、移动通信等能够确认受送达人收悉的特定系统作为送达媒介。送达日期为公安机关交通管理部门对应系统显示发送成功的日期。受送达人证明到达其特定系统的日期与公安机关交通管理部门对应系统显示发送成功的日期不一致的，以受送达人证明到达其特定系统的日期为准。

公告应当通过互联网交通安全综合服务管理平台、移动互联网应用程序等方式进行。公告期满，即为送达。

公告内容应当避免泄漏个人隐私。

条文释义

本条是电子送达和公告送达方式的规定。

本条共分三款，第一款明确了电子送达的媒介和送达日期确定方法。电子送达的媒介主要有三类：一是移动互联网应用程序，常见的包括微信、QQ 等在线工具；二是电子邮件；三是移动通信。

“确认受送达人收悉”的方式有两种类型：

一是受送达人配合型。

1. 以专用平台为核心，交通安全综合服务平台为主体，受送达人登录查看相关信息。

2. 以电子邮箱为核心。发送到当事人注册时填写的电子邮箱地址，设置当事人登录专用邮箱点击邮件查看行政处罚决定书时，系统自动回复或当事人回复确认收悉。

3. 以手机通信为核心。如经受送达人同意后以电话或短信送达行政处罚决定书，并对该过程进行录音或截屏。

4. 以微信小程序为核心。可通过微信小程序进行人脸识别和实名认证，并一键签收电子文书。

二是受送达人消极应对型。

对于受送达人不积极配合的情况。可以采取以下两种方式：

其一是以大数据平台为核心，按照机动车或者驾驶人备案信息中的有效联系方式，以电话确认身份并调取电子文书通过微信、邮箱、短（彩）信等发送给当事人，系统自动反馈已读情况并截图保存。

其二是以录音电话为核心，集送达、录音、存储、归档为一体。通过语音电话联系当事人，电话录音明确记录了行政处罚决定书的具体内容。

送达日期以公安机关交通管理部门对应系统显示发送成功的日期为准；但是受送达人证明到达其特定系统的日期与显示发送成功的日期不一致的，以受送达人证明到达其特定系统的日期为准。

第二款和第三款明确了公告送达的方式和要求。

公告送达可以通过公安部交通安全综合服务管理平台或者其他第三方移动互联网应用程序进行；不一定通过传统的报纸媒体，提高效率、降低成本。期满即为送达；应当采用隐藏部分个人信息或者涉及个人秘密的方式保护受送达人的隐私。

相关法条

移动互联网应用程序信息服务管理规定

（2016年6月28日，《移动互联网应用程序信息服务管理规定》由国家互联网信息办公室发布，自2016年8月1日起实施）

第二条第二款 本规定所称移动互联网应用程序，是指通过预装、下载等方式获取并运行在移动智能终端上、向用户提供信息服务的应用软件。

最高人民法院关于适用《中华人民共和国民事诉讼法》的解释

（2014年12月18日由最高人民法院审判委员会第1636次会议通过，现予公布，自2015年2月4日起施行。）

第一百三十五条第二款 民事诉讼法第八十七条第二款规定的到达受送达人特定系统的日期，为人民法院对应系统显示发送成功的日期，但受送达人证明到达其特定系统的日期与人民法院对应系统显示发送成功的日期不一致的，以受送达人证明到达其特定系统的日期为准。

第五十七条（违法行为逾期未处理告知）

交通警察在道路执勤执法时，发现违法行为人或者机动车所有人、管理人有交通技术监控设备记录的违法行为逾期未处理的，应当以口头或者书面方式告知违法行为人或者机动车所有人、管理人。

条文释义

本条规定交通警察发现逾期未处理的交通技术监控设备记录的违法行为告知的法定职责。

根据本程序规定对于交通技术监控设备记录的违法行为，违法行为人或者机动车所有人、管理人在收到道路交通安全违法行为通知后，应当在三十日内到公安机关交通管理部门接受处理。违法行为人或者机动车所有人、管理人无法在三十日内接受处理的，可以申请延期处理。延长的期限最长不得超过三个月。

交警在执勤执法过程中，通过移动终端查询发现机动车有交通监控记录的违法行为预期未处理，并且未申请延期处理的，应该通知机动车的所有人、管理人或者驾驶人。执行本条规定应该注意两个方面的事宜：一是本条规定的“应该”意味着必须，属于强制性规定，是执勤执法的交通警察必须履行的职责；二是通知的方式可以是书面通知或者是口头通知。

第五十八条（自助处理违法行为）

违法行为人可以通过公安机关交通管理部门自助处理平台自助处理违法行为。

条文释义

本条是违法行为人自助处理交通违法行为的授权性规定。

违法行为人通过公安机关交通管理部门自助处理平台自助处理交通违法行为应注意以下问题：

1. 注册与备案。

违法行为人可以通过公安部交通安全综合服务管理平台（www.122.gov.cn）以及“交管12123”手机APP自助处理交通违法行为。驾驶人注册成为平台用户后，本人名下机动车将由平台直接关联到驾驶人名下，不需要备案。对于非本人名下机动车，可以通过“交管12123”手机APP和公安交管部门业务窗口备案。“交管12123”手机APP只允许备案非本人的个人名下小型汽车，需要备案其他类型非本人机动车或者非个人名下机动车的，驾驶人需要到公安交管部门业务窗口备案。

驾驶人可以同时备案任意3辆非本人小型汽车。一辆小型汽车最多被机动车所有人以外的3名驾驶人同时备案。驾驶人可以随时解除备案并重新备案其他非本人小型汽车，只要不超过3辆就可以；机动车所有人也可以随时查询或解除其他用户备案关系。可以备案与本人驾驶证准驾车型不符的机动车；备案成功后，驾驶人可以通过平台查询该车的交通违法，但不能通过平台自助处理。

对于未被备案机动车的所有人注册为平台用户的，驾驶人可以通过“交管12123”手机APP使用“短信验证备案”方式进行备案。

2. 可以自助处理的交通违法行为的情形。

通过平台处理本人机动车交通违法，需同时满足以下情形：由交通技术监控设备记录的；单条罚款金额不超过200元的；待处理交通违法的记分分值与驾驶人当前累积记分分值之和未达到12分。

此外，对交通警察现场作出的简易程序处罚，驾驶人也可以通过平台缴纳罚款。驾驶人备案非本人机动车后，在满足以上所列举情形的条件下，该车发生的无记分交通违法，或者在备案后发生的有记分交通违法，均可通过服务平台自助处理。

3. 驾驶人可以随时解除机动车备案关系。

驾驶人可通过“交管12123”手机APP或者到公安交管部门业务窗口解除已备案非本人机动车的备案关系。登录“交管12123”手机APP后，按照以下步骤操作：点击首页左上角【机动车】→点击【全部机动车】→选择待解除备案的机动车→点击【解除备案此车辆】。同一机动车解除备案后再重新备案的，备案时间将更新为最近一次备案时间。

4. 通过平台备案非本人机动车时提供虚假资料的后果。

对于提交虚假资料的驾驶人，将不允许再通过“交管 12123”手机 APP 备案非本人机动车。驾驶人必须到公安交管部门业务窗口备案非本人机动车。

5. 在业务窗口备案非本人机动车需携带的材料。

驾驶人需携带本人身份证明原件、待备案非本人机动车行驶证、机动车所有人身份证明原件等材料。机动车所有人无须前往公安交管部门业务窗口，可将材料交给申请人，由申请人到公安交管部门业务窗口办理。

6. 驾驶单位车辆、出租车辆、租赁车辆等发生的交通违法行为的处理。

通过平台只能处理个人名下小型汽车的交通违法行为。驾驶单位车辆、出租车辆、租赁车辆等发生的交通违法行为，目前只能到公安交管部门交通违法处理窗口处理。驾驶人可以在业务窗口对以上类型车辆备案，备案后可以在平台查询违法情况。

第二节　行政处罚的执行

第五十九条（当场收缴罚款）

对行人、乘车人、非机动车驾驶人处以罚款，交通警察当场收缴的，交通警察应当在简易程序处罚决定书上注明，由被处罚人签名确认。被处罚人拒绝签名的，交通警察应当在处罚决定书上注明。

交通警察依法当场收缴罚款的，应当开具省、自治区、直辖市财政部门统一制发的罚款收据；不开具省、自治区、直辖市财政部门统一制发的罚款收据的，当事人有权拒绝缴纳罚款。

条文释义

本条是关于对行人、乘车人、非机动车驾驶人罚款当场收缴的规定。

本条共分两款，第一款规定了对行人、乘车人和非机动车驾驶人罚款当场收缴的执行程序。

行人、乘车人、非机动车驾驶人违反道路交通安全法律、法规关于道路通行规定的，处警告或者五元以上五十元以下罚款；非机动车驾驶人拒绝接受罚款处罚的，可以扣留其非机动车。对行人、乘车人和非机动车驾驶人的罚款，当事人无异议的，可以当场予以收缴罚款。

由于根据《道路交通安全法》的规定，对行人、乘车人和非机动车驾驶人的罚款幅度为五元以上五十元以下，超过《行政处罚法》规定的可以当场收缴罚款的二十元标准，但是由于行人、乘车人和非机动车驾驶人不当场收缴罚款，事后可能会难以执行，而且又以当事人同意为当场收缴的前提，当场收缴可以给当事人提供缴纳罚款的方便。应当明确指出，当场收缴罚款只适用于有道路交通安全违法行为的行人、乘车人、非机动车驾驶人，其他的机动车驾驶人、法人或其他组织不适用当场缴纳罚款的规定。

在对行人、乘车人、非机动车驾驶人处以罚款处罚的，应当按照下列规定执行：

对于行人、乘车人、非机动车驾驶人的违法行为给予罚款处罚并当场收缴的，应当按照本规定关于简易程序的规定进行处理。对于行人、乘车人、非机动车驾驶人罚款，交通警察予以当场收缴的，交通警察还应当将当场收缴罚款的情况在简易程序处罚决定书上注明后，将简易处罚决定书交由被处罚人签名确认。被处罚人拒绝签名的，交通警察应当在处罚决定书上注明。

交通警察在当场收缴违法当事人的罚款后，应当及时将罚款交到所属单位。

同时，对行人、乘车人和非机动车驾驶人罚款，当事人不同意当场缴纳或者没有携带现金等情况，也允许罚款交银行。应该通过登记身份证信息开具处罚单，被处罚人到银行缴纳罚款；同时，建立信用体系与信用联系，如果被处罚人不能按时到银行缴纳罚款，其个人信用将受到影响，以后到银行办理其他业务也将受到限制。

第二款是关于交通警察开具罚款收据的规定。

对于当场缴纳罚款的，交通警察应当开具省、自治区、直辖市财政部门统一印发的罚款收据；不出具省、自治区、直辖市财政部门统一制发的罚款收据的，当事人有权拒绝缴纳罚款。根据《罚款决定与罚款收缴分离实施办法》的规定，罚款收据的格式和印制，由财政部门规定。目前，罚款的收据均由省、自治区、直辖市财政部门统一制发，其他的部门没有制发资格。罚款收据一方面可以对罚款执行人按照规定将罚款上缴构成有效的制约，以防止罚款被截留、私分或者变相私分。同时，罚款收据也是违法行为人已经履行了交纳罚款义务的重要凭证。所以在执法机关没有按要求提供罚款收据的，当事人有权拒绝缴纳罚款。

为方便交通警察执法，一些地区公安机关交通管理部门对行人、乘车人、非机动车驾驶人使用《公安交通管理简易程序处罚决定书》是与财政部门统一制发的罚款收据合二为一的，即公安交通简易程序处罚决定书兼做罚款收据。公安机关交通管理部门在对行人、乘车人、非机动车驾驶人的违法行为进行处罚后，只需开具简易程序处罚决定书即可，无须再单独开具罚款收据。此种处罚决定书仅适用于对行人、乘车人、非机动车驾驶人的违法行为，对于机动车驾驶人的违法行为不得使用此种处罚决定书。

相关法条

《治安管理处罚法》

第一百零四条 受到罚款处罚的人应当自收到处罚决定书之日起十五日内，到指定的银行收缴罚款。但是，有下列情形之一的，人民警察可以当场收缴罚款：

（一）被处罚五十元以下罚款，被处罚人对罚款无异议的；

（二）在边远、水上、交通不便地区，公安机关及其人民警察依照本法的规定作出罚款决定后，被处罚人向指定的银行缴纳罚款确有困难，经被处罚人提出的；

（三）被处罚人在当地没有固定住所，不当场收缴事后难以执行的。

第六十条（逾期未履行行政处罚的强制执行）

当事人逾期不履行行政处罚决定的，作出行政处罚决定的公安机关交通管理部门可以采取下列措施：

（一）到期不缴纳罚款的，每日按罚款数额的百分之三加处罚款，加处罚款总额不得超出罚款数额；

（二）申请人民法院强制执行。

条文释义

本条是对当事人逾期不履行行政处罚决定的执行措施的规定。

交通安全违法行为当事人有义务履行公安机关交通管理部门的行政处罚，对于当事人逾期不履行行政处罚决定的，公安机关可以采取强制措施或申请法院执行。被处罚人应当在行政处罚决定的期限内履行行政处罚决定。行政处罚，是行政机关在代表国家进行行政管理活动中作出的，是一种具体行政行为，是国家意志的体现。而国家意志是具有强制性的，正是这种强制性保证了行政处罚的权威性和有效性。行政处罚决定作出后，必须得到执行，否则，将会损害国家利益和社会公共利益，影响行政执法的威严和行政机关的威信。

公安机关对行政违法案件调查终结后，对事实清楚、证据确实充分，依法应当作出行政处罚决定的，公安机关应当依法作出行政处罚决定。行政处罚决定一旦作出即生效，对行政处罚法律关系主体以及相关人员发生法律效力，包括约束力、确定力和执行力。所谓约束力，是指行政处罚决定作出后，其内容对行政机关和行政管理相对人以及其他相关者都有法律上的约束效力，有关人员和组织必须遵守、服从。对公安机关来说，行政处罚决定作出后，无论是实施行政处罚的公安机关，还是其上级公安机关或者其他行政机关，在该处罚决定未被合法变更或者撤销之前，都要受其约束。对被处罚人而言，行政处罚决定是公安机关代表国家作出的具体行政行为，被处罚人必须全面、实际地履行行政处罚决定所设定的义务。所谓确定力，是指行政处罚决定依法作出后，非经法定程序不得随意变更或者撤销，也就是说，行政处罚决定一旦有效成立，不论是否合法，事实上都是有效的，只要确定力未被依法取消，应当推定为合法。对公安机关来说，非依法定理由和程序，不得随意改变其决定的内容，也不得再就同一事实、同一法律依据再作出另一个行政处罚决定；对被处罚人来说，不得否认公安机关作出行政处罚决定的内容或随意改变行政处罚决定的内容，非依法也不得请求改变行政处罚决定；对公安机关和被处罚人以外的国家机关、社会组织和公民来说，非依法也不得否认或拒绝行政处罚决定确认的事实和法律关系。所谓执行力，是指公安行政处罚决定生效后，公安机关就有自身的执行力，除了需要申请人民法院强制执行以外，其执行不需要第三者的批准。也就是说，如果被处罚人不自觉履行行政处罚决定，公安机关可以依法采取一定的手段和措施强制当事人履行。行政处罚的行政强制执行，是指行政主体对依法拒绝履行行政处罚决定义务的当事人，依法自行或者向人民法院申请采取强制措施，强制其履行行政处罚义务的行为。行政强制执行以当事人不履行行政处罚决定的义务为前提，其目的是促成处罚义务的履行。

依照《道路交通安全法》规定，对于当事人违反道路交通安全法律、法规行为可以裁决的处罚种类为警告、罚款、暂扣机动车驾驶证、吊销机动车驾驶证和行政拘留；对于警告、暂扣或者吊销当事人的机动车驾驶证和行政拘留公安机关具有执行的权力；公安机关交通管理部门对于上述处罚可以按照下列要求执行：对于警告处罚的执行的；口头警告，由交通警察当场作出，并对当事人进行了教育和训诫为执行完毕；书面警告的，制作法律文书，并送达当事人。对于暂扣或吊销机动车驾驶证处罚的执行可以依照《道路交通安全法》第一百一十三条的规定执行。对于行政拘留的执行按照《治安管理处罚法》的规定执行。

因此，公安机关交通管理部门对于逾期不履行的行政处罚主要为罚款，可以采取下列措施：

1. 加处罚款。

当事人交通安全违法行为的行政处罚种类为警告、罚款、暂扣机动车驾驶证、吊销机动车驾驶证和行政拘留，行政处罚决定书中应当明确履行期限的主要有罚款。其他处罚决定一经作出，决定机关应当立即执行，行政处罚决定书中无须明确履行期限。

加处罚款就是执行罚，亦称“强制金”，是行政强制执行机构对拒不履行不作为义务或者不可代替作为义务的义务主体，科以新的金钱给付义务，以迫使其履行的强制执行措施。执行罚的目的是通过罚缴一定数额的金钱，促使义务主体履行其应当履行却尚未履行的义务。对加处的罚款，公安机关交通管理部门可以在执行的决定中确定，也可以单独作出裁定，责令当事人支付，对于罚款和加处的罚款当事人仍然不支付的，超过三个月不缴纳罚款的，撤销驾驶证，被撤销驾驶证的，一年内不准重新领取机动车驾驶证。当事人仍然拒绝缴纳罚款的，当事人在加罚后，仍然不缴纳罚款，公安机关交通管理部门不能对当事人改处拘留处罚，而只能依法申请人民法院予以强制执行。加处罚款的执行应注意以下几点：

(1) 为了保证罚款的正常收缴，公安机关交通管理部门应当在行政处罚决定书上载明加处罚款的内容，即应当注明“到期不缴纳罚款的，每日按罚款数额的百分之三加处罚款”。因为，依据《国务院法制局办公室关于贯彻执行〈罚款决定与罚款收缴分离实施办法〉有关问题的意见》，当事人逾期缴纳罚款，行政处罚决定书明确需要加处罚款的，代收机构应当按照行政处罚决定书加收罚款；行政处罚决定书没有明确需要加处罚款的，代收机构不得自行加收罚款。

(2) 在执行中，代收机构只负责代收事宜，当事人对加收罚款有异议的，应当通过行政复议解决，不应当与代收机构交涉；申请复议不影响行政处罚决定的执行，当事人应当先缴纳罚款和所加收的罚款。加处的罚款从属于先前已处的罚款，当事人只对加收罚款有异议的，应当依法向作出行政处罚决定的行政机关申请复议；当事人对先前已处的罚款和加收的罚款都有异议的，按照“加罚从属本罚”的原则，依法一并向作出行政处罚决定的行政机关的上一级行政机关申请复议。

(3) 执行罚的数额从义务主体应履行义务之日起，按日计算，反复适用，但加处罚款总额不得超出罚款数额。也就是说，加处的3%的罚款从行政处罚决定书上标明的当事人应当缴纳罚款的最后期限的第二天起算，一直到义务主体履行了缴纳罚款义务为止。例如，假定罚款的数额为200元，当事人在接到行政处罚决定书的15日内没有缴纳罚款，那么从第16日起，每日罚款的数额增加6元，即第16日应缴罚款额为206元、第17日为212元……直到当事人缴纳罚款或加处罚款总额等于罚款数额为止。

(4) 加处罚款的意思表明。加处罚款，是对被处罚人不在法定期限内履行行政处罚决定的执行罚。1997 年 11 月 17 日国务院发布的《罚款决定与罚款收缴分离实施办法》(国务院令第 235 号) 第九条明确规定:“当事人逾期缴纳罚款，行政处罚决定书明确需要加处罚款的，代收机构应当按照行政处罚决定书加收罚款。当事人对加收罚款有异议的，应当先缴纳罚款和加收的罚款，再依法向作出行政处罚决定的行政机关申请复议。”同时，1997 年 11 月国务院法制局办公室《国务院法制局办公室关于贯彻执行〈罚款决定与罚款收缴分离实施办法〉有关问题的意见》第四条对此作了进一步明确规定，即“当事人逾期缴纳罚款，行政处罚决定书明确需要加处罚款的，代收机构应当按照行政处罚决定书加收罚款；行政处罚决定书没有明确需要加处罚款的，代收机构不得自行加收罚款”。根据上述规定，如果公安机关在行政处罚决定书上未载明加处罚款的内容，公安机关可以在被处罚人缴纳罚款后书面通知被处罚人加处罚款的数额和依据。如果行政处罚决定书中已载明加处罚款的内容，则公安机关无须作出加处罚款的书面通知，由代收机构按照行政处罚决定书加收罚款即可。当然，如果行政处罚决定书未载明逾期缴纳罚款需要加处罚款内容的，公安机关在作出行政处罚决定、向被处罚人宣布处罚决定时，可以一并告知被处罚人逾期不履行行政处罚决定的法律后果，并由宣告的人民警察和被处罚人在行政处罚决定书上签名确认，也可视为“行政处罚决定书明确需要加处罚款”的情形。

(5) 加处罚款不适用罚缴分离的原则。加处罚款，其性质是执行罚，亦称“强制金”，是指被处罚人不履行行政处罚决定时，行政机关可以采取科以新的财产给付义务的办法，促使其履行行政处罚决定的措施。这里的加处罚款已成为一种强制执行措施，不是行政处罚，因此，不适用罚款收缴的执行程序，亦即不适用罚缴分离的原则，也就不在当事人自行到银行缴纳罚款的范围内。当然，为了确保行政处罚决定的执行，公安机关也可以委托银行在被处罚人缴纳罚款时，代为计算被处罚人应当缴纳的加处罚款数额，并代收。加处罚款是一种执行罚，是一种具体行政行为。因此，当事人对公安机关加处罚款不服的，可以依法申请行政复议或者提起行政诉讼。

2. 申请法院强制执行。

法律没有规定由公安机关强制执行的，可以申请人民法院强制执行。公安机关交通管理部门作出行政处罚决定后，被处罚人在规定期限内既不履行行政处罚决定，又不申请行政复议或者提起行政诉讼，法律又未规定其他强制执行措施或者执行方式的，公安机关交通管理部门可以申请人民法院强制执行。

对道路交通安全违法行为作出的行政罚款，当事人逾期仍然没有向指定的银行缴纳罚款的，银行应当及时通知作出行政处罚的公安机关交通管理部门，由作出处罚决定的公安机关交通管理部门根据不同情况进行处理：（1）当事人已经申请行政复议或者提起行政诉讼的，通知银行收回行政处罚决定书副本，同时在收缴罚款的银行办理收缴通知注销事项。（2）当事人逾期缴纳罚款的，可以适用加处罚款。（3）当事人既未申请行政复议也没有提起行政诉讼，又不按行政处罚决定书交纳罚款的，公安机关交通管理部门依法申请法院强制执行。

3. 公安机关交通管理部门申请人民法院强制执行的期限。

当事人逾期多长时间不缴纳罚款，公安机关交通管理部门就可以申请人民法院予以强制执行，这里没有明确规定。依据《最高人民法院关于执行〈中华人民共和国行政诉讼法〉若干问题的解释》（法释〔2000〕8号）第八十八条规定："行政机关申请人民法院强制执行其具体行政行为，应当自被执行人的法定起诉期限届满之日起180日内提出。逾期申请的，除有正当理由外，人民法院不予受理。"因此，公安机关交通管理部门申请人民法院强制执行的期限自被执行人的法定起诉期限届满之日起180日内。

4. 公安机关交通管理部门申请人民法院强制执行的方法。

公安机关交通管理部门申请人民法院强制执行，必须提出强制执行的申请。公安机关交通管理部门的申请是人民法院强制执行的前提，公安机关交通管理部门申请强制执行时，必须向人民法院提交申请执行书、据以执行的行政处罚决定以及其他必须提交的材料。在申请执行书中，应当说明要求强制执行的法律依据和事实根据、执行对象和执行标的等。

申请人民法院强制执行时，公安机关交通管理部门应当向被执行人所在地的基层人民法院提交申请执行书和作出的行政处罚决定书以及相关的证据材料，由受理的人民法院执行庭负责审查和执行。人民法院执行庭经过审查认为符合执行条件的，应当予以立案，进行执行。对于立案执行的案件，人民法院应当在接到申请执行书后10日内，通知被执行人在规定的期限内履行罚款处罚，逾期依然不履行的，强制执行。其措施为：一是裁定冻结、划拨被执行人的存款或者扣留、变卖被执行人的劳动收入；二是裁定查封、扣押、冻结、拍卖、变卖被执行人的财产。由于强制执行产生的费用，由被执行人负担，人民法院在执行结束后，应当将情况书面通知申请人。

相关法条

罚款决定与罚款收缴分离实施办法

（1997年11月17日中华人民共和国国务院令第235号发布　自1998年1月1日起施行）

第一条　为了实施罚款决定与罚款收缴分离，加强对罚款收缴活动的监督，保证罚款及时上缴国库，根据《中华人民共和国行政处罚法》（以下简称行政处罚法）的规定，制定本办法。

第二条　罚款的收取、缴纳及相关活动，适用本办法。

第三条　作出罚款决定的行政机关应当与收缴罚款的机构分离；但是，依照行政处罚法的规定可以当场收缴罚款的除外。

第四条　罚款必须全部上缴国库，任何行政机关、组织或者个人不得以任何形式截留、私分或者变相私分。

行政机关执法所需经费的拨付，按照国家有关规定执行。

第五条　经中国人民银行批准有代理收付款项业务的商业银行、信用合作社（以下简称代收机构），可以开办代收罚款的业务。

具体代收机构由县级以上地方人民政府组织本级财政部门、中国人民银行当地分支机构和依法具有行政处罚权的行政机关共同研究，统一确定。海关、外汇管理等实行垂直领导的依法具有行政处罚权的行政机关作出罚款决定的，具体代收机构由财政部、中国人民银行会同国务院有关部门确定。依法具有行政处罚权的国务院有关部门作出罚款决定的，具体代收机构由财政部、中国人民银行确定。

代收机构应当具备足够的代收网点，以方便当事人缴纳罚款。

第六条　行政机关应当依照本办法和国家有关规定，同代收机构签订代收罚款协议。

代收罚款协议应当包括下列事项：

（一）行政机关、代收机构名称；

（二）具体代收网点；

（三）代收机构上缴罚款的预算科目、预算级次；

（四）代收机构告知行政机关代收罚款情况的方式、期限；

（五）需要明确的其他事项。

自代收罚款协议签订之日起15日内，行政机关应当将代收罚款协议报上一级行政机关和同级财政部门备案；代收机构应当将代收罚款协议报中国人民银行或者其当地分支机构备案。

第七条 行政机关作出罚款决定的行政处罚决定书应当载明代收机构的名称、地址和当事人应当缴纳罚款的数额、期限等，并明确对当事人逾期缴纳罚款是否加处罚款。

当事人应当按照行政处罚决定书确定的罚款数额、期限，到指定的代收机构缴纳罚款。

第八条 代收机构代收罚款，应当向当事人出具罚款收据。

罚款收据的格式和印制，由财政部规定。

第九条 当事人逾期缴纳罚款，行政处罚决定书明确需要加处罚款的，代收机构应当按照行政处罚决定书加收罚款。

当事人对加收罚款有异议的，应当先缴纳罚款和加收的罚款，再依法向作出行政处罚决定的行政机关申请复议。

第十条 代收机构应当按照代收罚款协议规定的方式、期限，将当事人的姓名或者名称、缴纳罚款的数额、时间等情况书面告知作出行政处罚决定的行政机关。

第十一条 代收机构应当按照行政处罚法和国家有关规定，将代收的罚款直接上缴国库。

第十二条 国库应当按照《中华人民共和国国家金库条例》的规定，定期同财政部门和行政机关对帐，以保证收受的罚款和上缴国库的罚款数额一致。

第十三条 代收机构应当在代收网点、营业时间、服务设施、缴款手续等方面为当事人缴纳罚款提供方便。

第十四条 财政部门应当向代收机构支付手续费，具体标准由财政部制定。

第十五条 法律、法规授权的具有管理公共事务职能的组织和依法受委托的组织依法作出的罚款决定与罚款收缴，适用本办法。

第十六条 本办法由财政部会同中国人民银行组织实施。

第十七条 本办法自1998年1月1日起施行。

违反行政事业性收费和罚没收入收支两条线管理规定行政处分暂行规定

（2000年2月1日国务院第26次常务会议通过 2000年2月12日中华人民共和国国务院令第281号发布自发布之日起施行）

第一条 为了严肃财经纪律，加强廉政建设，落实行政事业性收费和罚没收入“收支两条线”管理，促进依法行政，根据法律、行政法规和国家有关规定，制定本规定。

第二条　国家公务员和法律、行政法规授权行使行政事业性收费或者罚没职能的事业单位的工作人员有违反“收支两条线”管理规定行为的，依照本规定给予行政处分。

第三条　本规定所称“行政事业性收费”，是指下列属于财政性资金的收入：

（一）依据法律、行政法规、国务院有关规定、国务院财政部门与计划部门共同发布的规章或者规定以及省、自治区、直辖市的地方性法规、政府规章或者规定和省、自治区、直辖市人民政府财政部门与计划（物价）部门共同发布的规定所收取的各项收费；

（二）法律、行政法规和国务院规定的以及国务院财政部门按照国家有关规定批准的政府性基金、附加。

事业单位因提供服务收取的经营服务性收费不属于行政事业性收费。

第四条　本规定所称“罚没收入”，是指法律、行政法规授权的执行处罚的部门依法实施处罚取得的罚没款和没收物品的折价收入。

第五条　违反规定，擅自设立行政事业性收费项目或者设置罚没处罚的，对直接负责的主管人员和其他直接责任人员给予降级或者撤职处分。

第六条　违反规定，擅自变更行政事业性收费或者罚没范围、标准的，对直接负责的主管人员和其他直接责任人员给予记大过处分；情节严重的，给予降级或者撤职处分。

第七条　对行政事业性收费项目审批机关已经明令取消或者降低标准的收费项目，仍按原定项目或者标准收费的，对直接负责的主管人员和其他直接责任人员给予记大过处分；情节严重的，给予降级或者撤职处分。

第八条　下达或者变相下达罚没指标的，对直接负责的主管人员和其他直接责任人员给予降级或者撤职处分。

第九条　违反《收费许可证》规定实施行政事业性收费的，对直接负责的主管人员和其他直接责任人员给予警告处分；情节严重的，给予记过或者记大过处分。

第十条　违反财政票据管理规定实施行政事业性收费、罚没的，对直接负责的主管人员和其他直接责任人员给予降级或者撤职处分；以实施行政事业性收费、罚没的名义收取钱物，不出具任何票据的，给予开除处分。

第十一条　违反罚款决定与罚款收缴分离的规定收缴罚款的，对直接负责的主管人员和其他直接责任人员给予记大过或者降级处分。

第十二条　不履行行政事业性收费、罚没职责，应收不收、应罚不罚，经批评教育仍不改正的，对直接负责的主管人员和其他直接责任人员给予警告处分；情节严重的，给予记过或者记大过处分。

第十三条 不按照规定将行政事业性收费纳入单位财务统一核算、管理的，对直接负责的主管人员和其他直接责任人员给予记过处分；情节严重的，给予记大过或者降级处分。

第十四条 不按照规定将行政事业性收费缴入国库或者预算外资金财政专户的，对直接负责的主管人员和其他直接责任人员给予记大过处分；情节严重的，给予降级或者撤职处分。

不按照规定将罚没收入上缴国库的，依照前款规定给予处分。

第十五条 违反规定，擅自开设银行帐户的，对直接负责的主管人员和其他直接责任人员给予降级处分；情节严重的，给予撤职或者开除处分。

第十六条 截留、挪用、坐收坐支行政事业性收费、罚没收入的，对直接负责的主管人员和其他直接责任人员给予降级处分；情节严重的，给予撤职或者开除处分。

第十七条 违反规定，将行政事业性收费、罚没收入用于提高福利补贴标准或者扩大福利补贴范围、滥发奖金实物、挥霍浪费或者有其他超标准支出行为的，对直接负责的主管人员和其他直接责任人员给予记大过处分；情节严重的，给予降级或者撤职处分。

第十八条 不按照规定编制预算外资金收支计划、单位财务收支计划和收支决算的，对直接负责的主管人员和其他直接责任人员给予记过处分；情节严重的，给予记大过或者降级处分。

第十九条 不按照预算和批准的收支计划核拨财政资金，贻误核拨对象正常工作的，对直接负责的主管人员和其他直接责任人员给予记过处分；情节严重的，给予记大过或者降级处分。

第二十条 对坚持原则抵制违法违纪的行政事业性收费、罚没行为的单位或者个人打击报复的，给予降级处分；情节严重的，给予撤职或者开除处分。

第二十一条 实施行政处分的权限以及不服行政处分的申诉，按照国家有关规定办理。

第二十二条 违反本规定，构成犯罪的，依法追究刑事责任。

第二十三条 本规定自发布之日起施行。

第六十一条（暂扣、吊销驾驶证转递）

公安机关交通管理部门对非本辖区机动车驾驶人给予暂扣、吊销机动车驾驶证处罚的，应当在作出处罚决定之日起十五日内，将机动车驾驶证转至核发地公安机关交通管理部门。

违法行为人申请不将暂扣的机动车驾驶证转至核发地公安机关交通管理部门的，应当准许，并在行政处罚决定书上注明。

条文释义

本条是关于对非本辖区的机动车驾驶人处以暂扣机动车驾驶证处罚时，对机动车驾驶证进行转递的规定。

本条的规定主要是从方便群众的角度出发，使被暂扣机动车驾驶证的驾驶人能够选择方便的取证地点。

公安机关交通管理部门在对机动车驾驶人处吊销机动车驾驶证处罚后，将机动车驾驶证转至核发地车辆管理所，并同时出具公安交通管理转递通知书。由于机动车驾驶证被吊销后，行为人就不再拥有驾驶资格，同时再次申请驾驶证也要经过一定的期限。为使核发地车辆管理所及时掌握这一情况，并对机动车驾驶人档案管理系统中被吊销驾驶证的驾驶人档案进行相应的修改、标注，公安机关交通管理部门应当在作出处罚决定后十五日内，将机动车驾驶证转至核发地车辆管理所，同时还应当制作公安交通管理转递通知书，对转递驾驶证的行为进行确认。

公安机关交通管理部门在对非本辖区的机动车驾驶人给予暂扣驾驶证处罚的，应当按照下列规定对驾驶证进行转递：

在作出处罚决定后的十五日内，将公安交通管理转递通知书和机动车驾驶证转至核发地车辆管理所。之所以这样规定，是因为对于非本辖区的车辆驾驶人，可能仅是驾驶车辆过境，而不在本地区生活居住，将被暂扣的驾驶证转至驾驶人居住地区的车辆管理所，方便驾驶人在驾驶证暂扣期限结束后及时取回驾驶证。本条的规定是交通安全法便民原则的重要体现。但是违法行为人要求不将机动车驾驶证转至核发地车辆管理所的，应当准许，并在行政处罚决定书上注明。由于使用非本辖区驾驶证的人员并非都一定在驾驶证核发地居住，可能是在本地常住或是在驾驶证核发地以外的地区居住，所以如果当事人要求不对驾驶证进行转递的，应当允许，但应当在机动车驾驶证中注明。如果当事人要求将机动车驾驶证转至驾驶证核发地以外的车辆管理所的，按照本规定的要求，公安机关交通管理部门只能将驾驶证转至驾驶证核发地的车辆管理所，而不能转至驾驶人居住地的车辆管理所，所以，对于当事人提出转至其他车管理所的，公安机关应当依法予以拒绝。

公安机关交通管理部门在将暂扣的驾驶证进行转递时，还应当制作公安交通管理转递通知书，并与驾驶证一并转至驾驶证核发地车辆管理所。公安交通管理转递通知书是对驾驶证转递的确认与凭证。关于公安交通管理转递通知书的式样，公安部已经设计了式样。

第六十二条（行政拘留违法行为人委托代缴罚款）

对违法行为人决定行政拘留并处罚款的，公安机关交通管理部门应当告知违法行为人可以委托他人代缴罚款。

条文释义

本条是对违法行为人被拘留时委托他人代缴罚款的规定。

对于违法行为人行政拘留并处罚款的，由于违法行为人被限制了人身自由，无法及时缴纳罚款，可能导致加处罚款损害了违法行为人的利益；因此本条要求公安机关交通管理部门通知违法行为人可以委托他人代缴罚款。对于委托人员法律没有限制，违法行为人可以自由选择合适的人。

本条是规定公安机关交通管理部门的法定义务，如果不履行告知义务，会带来不利的法律后果。

相关法条

公安部规范性文件
关于印发《关于行政拘留执行有关问题的意见》的通知

公监管〔2014〕78号

各省、自治区、直辖市公安厅、局，新疆生产建设兵团公安局：

为进一步深化公安执法规范化建设，确保《治安管理处罚法》、《拘留所条例》等有关法律法规的顺利实施，公安部研究制定了《关于行政拘留执行有关问题的意见》，现印发给你们，请认真贯彻执行。

各地执行中遇到的问题，请及时报部。

公安部（印）

2014年2月18日

关于行政拘留执行有关问题的意见

为准确适用《治安管理处罚法》、《拘留所条例》等有关法律法规，现就行政拘留执行中的有关问题提出如下意见：

一、关于被拘留人的收拘凭证。行政拘留处罚决定作出后，拘留决定机关应当在当日将被拘留人送达拘留所执行，不得拖延。拘留所凭行政处罚决定书收拘被行政拘留人。异地收拘的，拘留所凭行政处罚决定书和异地执行拘留审批表收拘被拘留人。

二、关于拘留期限的计算。拘留决定机关在送达执行时，应当在行政处罚决定书上载明拘留的期限和具体的起止时间。执行拘留的时间以日为单位计算，从拘留所收拘当日到第2日为1日。例如，2013年8月1日作出拘留5天的处罚决定，行政处罚决定书上应当注明“拘留5日，自2013年8月1日至2013年8月6日止”。因特殊情况，拘留决定机关无法按照行政处罚决定书上载明的时间将被拘留人送达拘留所执行的，拘留决定机关应当在行政处罚决定书上重新载明拘留起止时间，并加盖拘留决定机关印章。

三、关于被拘留人转其他处理。被拘留人在拘留期间或拘留期满后被办案单位又作其他处理的，依照下列情形处理：

1. 被拘留人因违法被执行行政拘留后，又被查明涉嫌刑事犯罪的，应当在行政拘留执行完毕后再采取刑事强制措施。移交时，办案单位向被拘留人宣布采取刑事强制措施的决定并执行。

2. 依照《拘留所条例》第十九条、《拘留所条例实施办法》第十九条之规定，经拘留所建议，拘留决定机关同意停止执行行政拘留的，行政拘留决定终止执行。被拘留人停止执行的情形消除后，不再执行原行政拘留决定。

3. 对同时被决定行政拘留和社区戒毒或者强制隔离戒毒的人员，应当先执行行政拘留。被拘留人在执行行政拘留期间，又被决定社区戒毒或者强制隔离戒毒的，应当在行政拘留执行完毕后再移交。

被拘留人在执行行政拘留前被决定强制隔离戒毒，拘留所不具备戒毒治疗条件的，拘留所和强制隔离戒毒所所属公安机关建立代执行工作机制后，拘留决定机关可以直接将被拘留人送公安机关管理的强制隔离戒毒所代为执行行政拘留；被拘留人在执行行政拘留后被决定强制隔离戒毒，拘留所不具备戒毒治疗条件的，可以由拘留所开具代为执行行政拘留通知书，交由公安机关管理的强制隔离戒毒所代为执行行政拘留。行政拘留期满后，由拘留所发给被拘留人解除拘留证明书。

吸食、注射毒品成瘾人员在执行社区戒毒期间因违法行为被公安机关作出行政拘留处罚的，应当先执行行政拘留后再继续执行社区戒毒；吸食、注射毒品成瘾人员在强制隔离戒毒期间被公安机关作出行政拘留处罚的，由强制隔离戒毒所代为执行行政拘留。

4. 被拘留人因卖淫嫖娼行为被行政拘留后，又被决定收容教育的，应当先执行行政拘留，拘留期满后，拘留所向办案单位移交被拘留人。行政拘留期限不折抵收容教育期限。

第六章　执法监督

本章概览

要做到依法行政、文明执法，从公安机关内部抓起，建立严密的内部监督机制，正本清源、防微杜渐至关重要；本章主要是从公安机关交通管理部门内部强化执法监督的规定，共四条，规定了两个方面的具体制度和措施；一是公安机关交通管理部门所属一线执法服务窗口单位建立值日警官和法制员制度；二是建立本单位及其所属民警的执法档案，实施执法质量考评、执法责任制和执法过错追究。另外从执法规范进行了规定，同时禁止下达或者变相下达罚款指标，禁止以处罚数量作为考核民警执法效果的依据，为交警公平、公正执法创造条件。第六十三条规定交警执勤执法的规范；第六十四条为建立值日警官和法制员制度的规定；第六十五条为强化执法监督的规定，第六十六条规定禁止下达罚款指标，以处罚数量作为考核民警的依据。

第六十三条（执勤执法规范要求）

交通警察执勤执法时，应当按照规定着装，佩戴人民警察标志，随身携带人民警察证件，保持警容严整，举止端庄，指挥规范。

交通警察查处违法行为时应当使用规范、文明的执法用语。

条文释义

本条是关于交通警察执行职务时应当按规定着装，保持警容严整的规定。

本条共分两款，分别规定警容风纪规范和执勤用语规范。

1. 第一款对交通警察执勤执法时着装、警容进行规范。

警容风纪是指法律、法规和规章关于人民警察在着装、仪容、举止、礼节等方面的规定。交通警察除执行本条的有关规定外，还应当执行行政法规和规章有关人民警察警容风纪的规定。根据本条的规定以及公安部发布的人民警察警容风纪管理和纠察办法等规定，交通警察在执行职务时应当在警容风纪方面遵守以下规定：

(1) 着装要求。

交通警察执勤执法时，应当按照规定着装，佩戴人民警察标志，持有人民警察证件。这里的规定是指《公安机关人民警察着装管理规定》（公安部令第92号）以及《公安机关人民警察内务条令》的规定。

交通警察执行职务时着装，是指公安机关在编在职的交通警察按照规定，穿着全国公安机关统一的制式服装。具体要求，应当配套穿着警服，不同制式警服不得混穿；应当规范缀钉、佩戴警衔标志、警号、胸徽、帽徽、领花、臂章等，不得佩戴其他与人民警察身份或者执行公务无关的标志。

(2) 保持警容严整。

保持警容严整，是指交通警察在执行职务时应当按照《公安机关人民警察内务条令》的规定保持仪容：交通警察应当保持头发整洁，非特殊任务需要，不得染彩发，男性交通警察不得留长发、大鬓角、卷发（自然卷除外）、剃光头或者蓄胡须；女性交通警察发辫不得过肩，不得文身，不得染指甲、留长指甲，不得化浓妆。

(3) 举止端庄。

举止端庄，是指交通警察执行职务时应当按照《公安机关人民警察内务条令》的规定，举止端庄，谈吐文明，精神振作，姿态良好。着警服或者执行公务时，不边走边吃东西、扇扇子；不在公共场所或者其他禁止吸烟的场所吸烟；不背手、袖手、插兜、搭肩、挽臂、揽腰；不嬉笑打闹、高声喧哗；不席地坐卧；不酗酒、赌博和打架斗殴；不参加宗教、迷信活动；两名以上交通警察着装徒步巡逻执勤或者外出时，应当两人成行、三人成列，威严有序；外出时，必须遵守公共秩序和交通规则，遵守社会公德，自觉维护人民警察的声誉。

(4) 指挥规范。

根据本款的规定，交通警察执行职务时，还应当指挥规范。交通指挥，是交通警察的主要职务行为。交通指挥是否规范，不仅关系到交通安全，而且也关系到交通警察的形象。指挥规范，是指交通警察在执行职务指挥道路交通时应当使用规范用语，按照公安部关于交通警察手势信号规定的要求，用规范的手势信号指挥交通。因此，交通警察在指挥交通时，交通指挥手势动作要规范、有力，体现饱满的精神面貌。对于交通警察的规范指挥，公安部都有明确规定，交通警察应当严格执行，规范指挥，以确保交通安全、有序。

(5) 随身携带人民警察证件。

交通警察执行职务时，还应当持有人民警察证件。人民警察证件是证明执行职务的交通警察确实具有人民警察的身份证件。依法行政必须确保依法定职权行政。同时，考虑到我国目前还存在假冒警察行骗的现象。因此，本法规定交通警察执行职务时应当持有人民警察证件，是完全必要的。根据有关规定，遇有需要证明人民警察身份的情况，人民警察应当主动向有关当事人出示证件，或者如果有关当事人要求交通警察出示人民警察证件时，交通警察也应当立即出示证件。

2. 第二款规定使用规范、文明的执法用语。

检查涉嫌有违法行为的机动车驾驶人的机动车驾驶证、行驶证时，交通警察应当使用的规范用语是：你好！请出示驾驶证、行驶证。

纠正违法行为人（含机动车驾驶人、非机动车驾驶人、行人、乘车人，下同）的违法行为，对其进行警告、教育时，交通警察应当使用的规范用语是：你的（列举具体违法行为）违反了道路交通安全法律法规，请遵守交通法规。谢谢合作。

对行人、非机动车驾驶人的违法行为给予当场罚款时，交通警察应当使用的规范用语是：你的（列举具体违法行为）违反了道路交通安全法律法规，依据《道路交通安全法》第××条和《道路交通安全法实施条例》第××条（或××地方法规）的规定，对你当场处以××元的罚款。

非机动车驾驶人拒绝缴纳罚款时，交通警察应当使用的规范用语是：根据《道路交通安全法》第八十九条的规定，你拒绝接受罚款处罚，可以扣留你的非机动车。

对机动车驾驶人给予当场罚款或者采取行政强制措施时，交通警察应当使用的规范用语是：你的（列举具体违法行为）违反了道路交通安全法律法规，依据《道路交通安全法》第××条和《道路交通安全法实施条例》第××条（或××地方法规）的规定，对你处以××元的罚款，记××分（或者扣留你的驾驶证/机动车）。

实施行政处罚或者行政强制措施前，告知违法行为人应享有的权利时，交通警察应当使用的规范用语是：你有权陈述和申辩。

要求违法行为人在行政处罚决定书（或行政强制措施凭证）上签字时，交通警察应当使用的规范用语是：请你认真阅读法律文书的这些内容，并在签名处签名。

对违法行为人依法处理后，交通警察应当使用的规范用语是：请收好法律文书（和证件）。

对经检查未发现违法行为时，交通警察应当使用的规范用语是：谢谢合作。

对于按规定应当向银行缴纳罚款的，机动车驾驶人提出当场缴纳罚款时，交通警察应当使用的规范用语是：依据法律规定，我们不能当场收缴罚款。请到×

×银行缴纳罚款。

对于机动车驾驶人拒绝签收处罚决定书或者行政强制措施凭证时，交通警察应当使用的规范用语是：依据法律规定，你拒绝签字或者拒收，法律文书同样生效并即为送达。

实施交通管制、执行交通警卫任务、维护交通事故现场交通秩序，交通警察应当使用的规范用语是：前方正在实行交通管制（有交通警卫任务或者发生了交通事故），请你绕行××道路（或者耐心等候）。

要求当事人将机动车停至路边接受处理时，交通警察应当使用的规范用语是：请将机动车停在（指出停车位置）接受处理。

第六十四条（值日警官和法制员制度）

公安机关交通管理部门所属的交警队、车管所及重点业务岗位应当建立值日警官和法制员制度，防止和纠正执法中的错误和不当行为。

条文释义

本条是对公安机关交通管理部门所属重点业务部门建立值日警官和法制员制度的规定。

公安机关交通管理部门所属的交警队、车管所及重点业务岗位建立值日警官和法制员制度，切实提高公安机关交通管理部门整体执法质量和水平，对于贯彻公安部《关于进一步提高公安队伍法律素质的指导意见》具有重要意义。建立值日警官和法制员制度，是执法监督工作前移的重要形式，是保障公安机关交通管理部门整体执法质量的重要手段，是从根本上加强公安机关交通管理部门执法工作的重要措施，对于强化广大交通民警的执法质量意识，进一步推进公安执法基础建设，全面提高各级公安机关交通管理部门执法质量和执法水平，促进严格、公正、文明执法，具有十分重要的现实意义。应当选择思想作风好，具有事业心和责任感，能够秉公执法、为警清廉，在民警中有一定的威信，熟悉基本的法律、法规和业务工作，具有较强的执法办案能力的民警担任值日警官或法制员，明确管理和奖惩制度。

根据本程序规定第四十三条第二款规定对违法行为人处以二百元（不含）以上罚款的，可以通过简化取证手段和审核审批手续等措施快速办理；由专兼职法制员或者办案部门负责人审核后，报公安机关负责人审批。

第六十五条（执法监督机制）

各级公安机关交通管理部门应当加强执法监督，建立本单位及其所属民警的执法档案，实施执法质量考评、执法责任制和执法过错追究。

执法档案可以是电子档案或者纸质档案。

条文释义

本条是公安机关交通管理部门执法监督机制的规定。

本条规定是为了加强公安机关交通管理部门内部执法监督，落实执法责任，提高执法质量，促进公安机关交通管理部门及其人民警察严格、公正、文明执法而作出的。

本条共分两款，第一款规定了执法监督的具体制度和机制。

一是要加强执法监督，建立单位及所属民警执法档案。公安机关交通管理部门执法监督包括公安机关内部专门监督部门的监督和上级公安机关交通管理部门的业务监督两个方面。

公安机关督察部门是内部专门监督部门，公安机关交通管理部门属于公安机关的一部分，负责维护道路安全管理工作，理应接受公安机关督察机构的监督。道路安全管理工作是涉及人民生命财产安全的重要工作，公安机关督察部门应当对公安机关交通管理部门及其警察执行法律、法规和遵守纪律的情况依法进行监督。规定督察部门的基本任务是保障和监督公安机关及其人民警察依法履行职责、行使职权和遵守纪律。它监督有关道路交通安全管理的法律、法规的执行情况；使用武器、警械以及警用车辆、警用标志的情况；处置公民报警、请求救助和控告申诉的情况；文明执勤、文明执法和遵守警容风纪规定的情况等公安机关交通管理部门及其交通警察执行法律、法规和遵守纪律的情况。

公安机关交通管理部门的上下级关系，也按照上述机构的设置来确定。依照《人民警察法》第四十三条的规定，人民警察的上级机关对下级机关的执法活动进行监督，发现其作出的处理或者决定有错误的，应当予以撤销或者变更。根据公安机关内部层级监督制度，《道路交通安全法》第八十四条第三款规定："上级公安机关交通管理部门应当对下级公安机关交通管理部门的执法活动进行监督。"

上级公安机关交通管理部门对下级公安机关交通管理部门执法的监督，属于公安机关内部执法监督，适用《公安机关内部执法监督工作规定》（公安部令第40号）执法监督的范围：有关执法工作的规范性文件及制度、措施是否合法；

刑事立案、销案，实施侦查措施、刑事强制措施和执行刑罚等刑事执法活动是否合法和适当；有关交通管理法律法规的实施情况；适用和执行行政拘留、罚款、没收非法财物、吊销机动车驾驶证等行政处罚和行政强制措施是否合法和适当；行政复议、行政诉讼、国家赔偿等法律法规的实施情况；国家赋予公安机关承担的其他执法职责的履行情况。

建立单位及所属民警执法档案，对执法质量的记录能有效地督促单位和民警提高执法质量，尽最大限度避免执法过错发生。

二是实施执法质量考评、执法责任制和执法过错追究。这里所指的执法质量考核评议，是指上级公安机关交通管理部门对下级公安机关交通管理部门以及各级公安机关交通管理部门对所属执法部门依照法律、法规、规章和其他规范性文件办理行政许可、进行行政处罚以及处理交通事故等活动进行的考核评议。

"执法责任和执法过错追究制度"，是指应当根据《公安机关内部执法监督工作规定》以及《公安机关追究领导责任暂行规定》、《公安机关人民警察执法过错责任追究规定》中规定的相关制度而有针对性确立的制度。所谓"执法过错"，是指公安机关交通管理部门的交通警察在执行职务过程中，故意或者因为过失造成的认定事实错误、适用法律错误、违反法定程序或者其他执法错误。

第二款规定了执法档案的形式可以采用电子档案和纸质档案两种。

电子档案，是指通过计算机磁盘等设备进行存储，与纸质档案相对应，相互关联的通用电子图像文件集合，通常以案卷为单位。电子档案归档主要用磁带和光盘。在云计算时代，电子档案大部分采用云存储方式，电子档案文件既可以存储在磁盘、光盘等介质中，也可以存储在云端的网络空间。在信息化发展趋势下，电子档案是未来的发展方向。

第六十六条（执法效果评价）

公安机关交通管理部门应当依法建立交通民警执勤执法考核评价标准，不得下达或者变相下达罚款指标，不得以处罚数量作为考核民警执法效果的依据。

条文释义

本条是公安机关交通管理部门依法建立交通民警执勤执法考核评价标准的规定。

本条要求公安机关交通管理部门建立交通民警执勤执法考评标准，禁止以处罚数量作为考核执法效果的依据，禁止下达罚款指标。

交通警察执勤执法考评标准应该以执法的公正、公平、规范、文明作为评价的主要依据。根据公安部《公安机关执法质量考核评议规定》建立考核标准。不得以罚款数额作为考核交通警察的标准。如果公安机关交通管理部门以处罚数量作为考核交通警察执法效果的标准，势必导致交通警察在道路交通执法时，重罚款、轻疏导，不利于维护道路交通的安全与畅通，也不利于交通警察对现场交通的指挥，影响交通警察公正执法。

依据《人民警察法》第三十七条规定，国家保障人民警察经费。人民警察经费按照事权划分原则，分别列入中央和地方财政预算。公安机关交通管理部门对于违反道路交通安全行为给予的罚款处罚，属于《违法行政事业性收费和罚没收入收支两条线管理规定行政处分暂行规定》（国务院令第281号）中规定的“罚没收入”，即是指法律、行政法规授权的执行处罚的部门依法实施处罚取得的罚没款和没收物品的折价收入。罚款少，在一定程度上体现了广大道路交通参与者遵守道路交通安全法律、法规的程度高。广大交通参与者遵守道路交通安全法律、法规的程序越高，罚款额当然会少。如果允许给公安机关交通管理部门下达或者变相下达罚款指标，则会导致公安机关交通管理部门为了罚款而罚款，不利于公安机关交通管理部门的公正执法，也不符合“教育与处罚相结合”的原则。因此，《道路交通安全法》第八十六条规定任何单位不得给公安机关交通管理部门下达或者变相下达罚款指标；公安机关交通管理部门不得以罚款数额作为考核交通警察的标准。明确要求，任何单位不得给公安机关交通管理部门下达或者变相下达罚款指标。

第七章　其他规定

本章概览

本章是对前面没有涉及的重要制度或内容进行规定，内容庞杂；共十条。第六十七条是对当事人申请行政复议或者提起行政诉讼的规定，第六十八条是使用道路交通违法信息管理系统的规定，第六十九条和第七十条是对非本辖区机动车和驾驶人违法信息转递的规定，第七十一条规定建立违法行为与交强险费率联系制度，第七十二条规定建立单位机动车严重违法行为通报制度，第七十三条是对非本辖区机动车驾驶人申请在违法行为发生地参加满分学习、考试的规定，第七十四和七十五条是对撤销机动车登记、收缴机动车驾驶证的情形和程序的规定，第七十六条是违法行为处理案卷内容的规定。

第六十七条（当事人的权利救济）

当事人对公安机关交通管理部门采取的行政强制措施或者作出的行政处罚决定不服的，可以依法申请行政复议或者提起行政诉讼。

条文释义

本条是当事人对公安机关交通管理部门采取的行政强制措施或者作出的行政处罚决定不服的依法申请行政复议或者提起行政诉讼的明确规定。

公安机关交通管理部门采取的行政强制措施或者作出的行政处罚决定是具体的行政行为，直接关系到当事人的人身和财产权利，当事人不服的可以进行必要的救济。对于行政复议和行政诉讼的提起，按照《行政复议法》和《行政诉讼法》办理，在此不再详述。

第六十八条（违法信息管理）

公安机关交通管理部门应当使用道路交通违法信息管理系统对违法行为信息进行管理。对记录和处理的交通违法行为信息应当及时录入道路交通违法信息管理系统。

条文释义

本条是关于使用道路交通违法信息管理系统对违法行为信息进行管理的规定。

公安机关交通管理部门目前已经全部使用道路交通违法信息管理系统对违法行为信息进行管理，为了进一步推动和规范使用道路交通违法信息管理系统，2008 年公安部交管局下发了《关于进一步推进交通管理信息化工作的意见》，提出进一步强化交通管理信息化建设，本规定更是将信息化建设纳入了法制化轨道。

道路交通违法信息是道路交通管理工作客观规律的反映，是从公安交通安全管理工作的实践中提炼出来的供领导科学、民主决策参考的信息和情报，其内容包括：交通违法记录信息、强制措施记录信息、暂扣记录信息、吊销记录信息、撤销许可记录信息、交通技术监控记录信息、违法缴款记录信息、行政复议、诉讼记录信息和上级裁决记录信息、异地执行结果反馈记录信息。道路交通安全违法信息工作简单地说是指对“信息”进行加工，为领导的正确决策提供科学依据，其包括信息的收集、梳理、报送、研判、反馈等工作流程。在信息化快速发展的动态道路交通环境里，特别是在道路交通安全形势日益严峻的情况下，真正实现“信息主导交管工作”，做到精确分析、主动预防，努力提升道路交通安全管理工作的效益，就要对大量孤立的信息进行归纳整理，从中找出带有规律性、苗头性、预警性信息，为交通管理实战服务。为此，公安部交管局还出台了《道路交通违法信息系统使用暂行规定》，规范道路交通违法信息（以下简称违法信息）的采集、处理和转递，保障道路交通违法行为处理工作的顺利进行。

第六十九条（违法行为信息转递）

公安机关交通管理部门对非本辖区机动车有违法行为记录的，应当在违法行为信息录入道路交通违法信息管理系统后，在规定时限内将违法行为信息转至机动车登记地公安机关交通管理部门。

条文释义

本条是关于公安机关交通管理部门对非本辖区机动车违法行为记录信息转递的规定。

根据本《程序规定》第二十条，交通技术监控设备记录的违法行为信息录入道路交通违法信息管理系统后当日，违法行为发生地和机动车登记地公安机关交通管理部门应当向社会提供查询。因此，机动车登记地公安机关交通管理部们有提供违法信息查询的职责；因此公安机关交通管理部门对非本辖区机动车有违法行为记录的，应当在违法行为信息录入道路交通违法信息管理系统后，在当日将违法行为信息转递至机动车登记地公安机关交通管理部门。

本条规定主要为了与本程序规定第二十条相衔接，为机动车登记地公安机关交通管理部门提供违法信息查询创造条件，保证机动车所有人或管理人随时掌握机动车违法情况，及时接受处理。

第七十条（非本辖区驾驶人违法处罚信息转递）

公安机关交通管理部门对非本辖区机动车驾驶人的违法行为给予记分或者暂扣、吊销机动车驾驶证以及扣留机动车驾驶证的，应当在违法行为信息录入道路交通违法信息管理系统后，在规定时限内将违法行为信息转至驾驶证核发地公安机关交通管理部门。

条文释义

本条是关于对给予记分或者暂扣、吊销机动车驾驶证以及扣留机动车驾驶证的信息转递的规定。

1. 机动车驾驶人的记分管理的信息转递。

机动车驾驶人的记分管理是指公安机关交通管理部门在对道路交通安全违法行为人进行处罚的同时，依照《机动车驾驶证申领和使用规定》的要求，根据其违法行为的严重程度，给予其相应的分值，当记分分值累计达到规定分值时，则停止其驾驶机动车的资格，经过对其进行相应的考试，合格后恢复其驾驶资格的管理制度。

《机动车驾驶证申领和使用规定》规定，直辖市公安机关交通管理部门车辆管理所、设区的市或者相当于同级的公安机关交通管理部门车辆管理所负责办理本行政辖区内机动车驾驶证业务。县级公安机关交通管理部门办理机动车驾驶证业务的范围由省级公安机关交通管理部门确定。由此确定了机动车驾驶证的属地管辖原则。对机动车驾驶人记分，最终要将记分结果录入机动车驾驶证的档案之中才能达到记分的效果，机动车驾驶证档案，由办理该证的车辆管理所管理，然而机动车驾驶人是流动的，如果驾驶人在异地违法被记分，违法管辖地公安机关交通管理部门仅在驾驶证上作“记分”的记录，而不将信息转至机动车驾驶证核发地车辆管理所，就失去了记分的意义，故对非辖区机动车驾驶人的违法行为给予记分的，作出决定的公安机关交通管理部门应当将违法行为信息转至机动车驾驶证核发地公安机关交通管理部门；机动车驾驶证核发地公安机关交通管理部门在收到异地的违法行为信息后，应当及时将违法信息记入机动车驾驶人的驾驶证档案之中。

2. 暂扣、吊销机动车驾驶证与扣留机动车驾驶证的信息转递。

暂扣、吊销机动车驾驶证属于行政处罚，及时将该信息转至机动车驾驶证核发地公安机关交通管理部门；便于核发地公安机关交通管理部门对当事人的驾驶证进行管理，防止当事人以驾驶证遗失为由，再在驾驶证核发地申请补办。扣留机动车驾驶证，是指《道路交通安全法》第二十四条和《道路交通安全法实施条例》第二十三条中所称的“扣留机动车驾驶证”，属于行政强制措施，目的是保障对累积记分满12分的机动车驾驶人的依法处理，具体来讲就是对驾驶人进行重新考试，也需要及时将该信息转至机动车驾驶证核发地公安机关交通管理部门。

第七十一条（违法行为与交强险费率联系浮动制度）

公安机关交通管理部门可以与保险监管机构建立违法行为与机动车交通事故责任强制保险费率联系浮动制度。

条文释义

本条是关于建立违法行为与保险费率联系浮动制度的规定。

交通安全违法行为与交通事故的发生存在因果关系，建立保险费率与交通违法行为联系浮动制度具有正当性。建立违法行为与机动车交通事故责任强制保险费率联系浮动制度，对于抑制交通违法行为的发生具有一定的意义。

本条倡导公安机关交通管理部门与保险监管机构建立违法行为与交强险保险费率联系浮动制度。公安机关交通管理部门与保险监管机构建立违法行为与机动车交通事故责任强制保险费率联系浮动制度，可以由公安部会同中国证券保险业监督委员会建立；也可以由省、自治区、直辖市公安机关与地方中国证券保险业监督委员会建立相应的浮动制度。例如，上海市公安局与中国保监会上海监管局在2008年4月1日实施的《上海市交强险与交通违法相联系的费率浮动标准》；

公安部、中国保险监督管理委员会自2010年3月1日实行酒后驾驶违法行为与机动车交通事故责任强制保险（以下简称交强险）费率联系浮动制度。本次修订将进一步拓宽纳入交强险费率浮动范围的交通违法行为。同时与道路交通事故相联系的浮动制度结合构成完善的交强险保险费率浮动机制。

相关法条

关于印发《机动车交通事故责任强制保险费率浮动暂行办法》的通知

保监发〔2007〕52号

各中资财产保险公司，各保监局，中国保险行业协会：

根据《机动车交通事故责任强制保险条例》第八条的规定，我会会同国务院公安部门经广泛征求意见，制定了《机动车交通事故责任强制保险费率浮动暂行办法》（以下简称《暂行办法》）。现印发给你们，请遵照执行，并就有关问题通知如下：

一、2007年7月1日起，在全国范围内统一实行机动车交通事故责任强制保险（以下简称交强险）费率浮动与道路交通事故相联系，暂不在全国范围内统一实行与道路交通安全违法行为相联系。按《机动车交通事故责任强制保险条例》第九条的规定精神，保监会将会同国务院公安部门逐步推进机动车联合信息平台建设。在有条件地区，可以探索通过相互报盘、简易查询、信息平台等多种方式实现公安部门和保险行业数据交换。

二、实行交强险费率浮动机制有利于促使驾驶人提高道路交通安全意识和守法意识，有利于预防和减少道路交通事故的发生。各从事交强险业务的保险公司（以下简称各保险公司）要高度重视《暂行办法》实施工作，切实做好业务系统的修改、调试等各项准备工作，确保按时顺利实现交强险费率浮动机制。

三、各保险公司应督促各分支机构严格执行《暂行办法》的各项规定，严禁通过违规批单退费、虚列营业费用等各种方式变相提高或降低交强险费率。

四、各保监局要加大对辖区内各保险公司的监管力度，对不严格执行交强险条款、费率、不按照《暂行办法》进行交强险费率浮动等违规行为严加查处。

五、中国保险行业协会要根据《暂行办法》规定，及时组织修订并下发《机动车交通事故责任强制保险承保、理赔实务规程要点》，同时，要组织各有关保险公司加快交强险信息共享机制建设。

二〇〇七年六月二十七日

附件：

机动车交通事故责任强制保险费率浮动暂行办法

一、根据国务院《机动车交通事故责任强制保险条例》第八条的有关规定，制定本办法。

二、从2007年7月1日起签发的机动车交通事故责任强制保险（以下简称交强险）保单，按照本办法，实行交强险费率与道路交通事故相联系浮动。

三、交强险费率浮动因素及比率如下：

浮动因素			浮动比率
与道路交通事故相联系的浮动A	A1	上一个年度未发生有责任道路交通事故	-10%
	A2	上两个年度未发生有责任道路交通事故	-20%
	A3	上三个及以上年度未发生有责任道路交通事故	-30%
	A4	上一个年度发生一次有责任不涉及死亡的道路交通事故	0%
	A5	上一个年度发生两次及两次以上有责任道路交通事故	10%
	A6	上一个年度发生有责任道路交通死亡事故	30%

四、交强险最终保险费计算方法是：交强险最终保险费 = 交强险基础保险费 ×（1 + 与道路交通事故相联系的浮动比率A）

五、交强险基础保险费根据中国保监会批复中国保险行业协会《关于中国保险行业协会制定机动交通事故责任强制保险行业协会条款费率的批复》（保监产险〔2006〕638号）执行。

六、交强险费率浮动标准根据被保险机动车所发生的道路交通事故计算。摩托车和拖拉机暂不浮动。

七、与道路交通事故相联系的浮动比率A为A1至A6其中之一，不累加。同时满足多个浮动因素的，按照向上浮动或者向下浮动比率的高者计算。

八、仅发生无责任道路交通事故的，交强险费率仍可享受向下浮动。

九、浮动因素计算区间为上期保单出单日至本期保单出单日之间。

十、与道路交通事故相联系浮动时，应根据上年度交强险已赔付的赔案浮动。上年度发生赔案但还未赔付的，本期交强险费率不浮动，直至赔付后的下一年度交强险费率向上浮动。

十一、几种特殊情况的交强险费率浮动方法

（一）首次投保交强险的机动车费率不浮动。

（二）在保险期限内，被保险机动车所有权转移，应当办理交强险合同变更手续，且交强险费率不浮动。

（三）机动车临时上道路行驶或境外机动车临时入境投保短期交强险的，交强险费率不浮动。其他投保短期交强险的情况下，根据交强险短期基准保险费并按照上述标准浮动。

（四）被保险机动车经公安机关证实丢失后追回的，根据投保人提供的公安机关证明，在丢失期间发生道路交通事故的，交强险费率不向上浮动。

（五）机动车上一期交强险保单满期后未及时续保的，浮动因素计算区间仍为上期保单出单日至本期保单出单日之间。

（六）在全国车险信息平台联网或全国信息交换前，机动车跨省变更投保地时，如投保人能提供相关证明文件的，可享受交强险费率向下浮动。不能提供的，交强险费率不浮动。

十二、交强险保单出单日距离保单起期最长不能超过三个月。

十三、除投保人明确表示不需要的，保险公司应当在完成保险费计算后、出具保险单以前，向投保人出具《机动车交通事故责任强制保险费率浮动告知书》(附件)，经投保人签章确认后，再出具交强险保单、保险标志。投保人有异议的，应告知其有关道路交通事故的查询方式。

十四、已经建立车险联合信息平台的地区，通过车险联合信息平台实现交强险费率浮动。除当地保险监管部门认可的特殊情形以外，《机动车交通事故责任强制保险费率浮动告知书》和交强险保单必须通过车险信息平台出具。

未建立车险信息平台的地区，通过保险公司之间相互报盘、简易理赔共享查询系统或者手工方式等，实现交强险费率浮动。

十五、本办法适用于从2007年7月1日起签发的交强险保单。2007年7月1日前已签发的交强险保单不适用本办法。

关于实行酒后驾驶与机动车交强险费率联系浮动制度的通知

公通字［2010］8号

各省、自治区、直辖市公安厅、局，各中资财产保险公司、各保监局，中国保险行业协会：

为进一步加大对酒后驾驶违法行为的惩处力度，促进机动车驾驶人增强交通安全意识和法制意识，根据《机动车交通事故责任强制保险条例》有关规定，公安部、中国保险监督管理委员会决定，自2010年3月1日起，逐步实行酒后驾驶违法行为与机动车交通事故责任强制保险（以下简称交强险）费率联系浮动制度。现将有关事项通知如下：

一、加强协作，制定实施办法。酒后驾驶严重危害道路交通安全、社会公共安全和人民群众生命财产安全。实行酒后驾驶与机动车交强险费率联系浮动制度是整治酒后驾驶违法行为的重要举措，是建立严管酒后驾驶长效机制的重要制度。各级公安机关、各保监局和各从事交强险业务的保险公司（以下简称各保险公司）要切实提高认识，加强协调配合，充分做好前期各项准备工作，确保该项制度稳步实施。各保监局和省级公安机关要在充分听取社会意见的基础上，研究制定酒后驾驶违法行为与交强险费率联系浮动的具体实施办法，明确职责分工、实施步骤和信息交换程序规定，并建立费率浮动告知制度和异议处理制度。

二、结合实际，确定浮动标准。各保监局和省级公安机关要密切协作配合，在充分测算和论证的基础上，在公安部和保监会确定的交强险费率浮动幅度内，明确饮酒后驾驶、醉酒后驾驶违法行为上浮费率的标准。其中，饮酒后驾驶违法行为一次上浮的交强险费率控制在10%至15%之间，醉酒后驾驶违法行为一次上浮的交强险费率控制在20%至30%之间，累计上浮的费率不得超过60%，确定费率标准情况应当报公安部、保监会备案。各保险公司必须严格执行交强险费率方案、交强险费率浮动办法，不得擅自加收或减收交强险保费。

三、完善平台，健全交换机制。各省级公安机关要定期汇总本省（自治区、直辖市）酒后驾驶违法行为信息，并及时将相关信息转递给当地保监局。已建立车险联合信息平台的地区，要通过该信息平台向保险机构转递酒后驾驶违法行为信息；尚未建立平台的地区，可以通过数据交换、书面通报等方式实现信息转递。各保监局要认真做好协调配合、技术服务等工作，指导督促各保险公司做好业务系统的修改、调试等准备工作，实现各保险公司内部信息的共享，确保联系浮动制度的顺利实施。中国保险行业协会要加快推进信息平台建设步伐，扩大建设平台的地区范围，完善平台功能。

四、加强宣传，做好舆论引导。各省级公安机关和各保监局、保险公司要提前研究策划宣传工作，充分利用电视、电台、报纸、网络等各种新闻媒体，通过召开新闻通气会、电视访谈等多种形式，大力宣传实施该项制度的目的、意义和具体办法，最大限度地争取社会各界的关注和支持，营造良好的舆论环境。

各地贯彻情况，请及时报公安部、保监会。

公安部　保监会

二〇一〇年一月二十日

第七十二条（单位机动车严重违法通报）

机动车所有人为单位的，公安机关交通管理部门可以将严重影响道路交通安全的违法行为通报机动车所有人。

条文释义

本条是单位机动车严重交通安全违法行为通报制度的规定。

机动车所有人单位包括国家机关、企事业单位、集体组织以及军队、武警部队等，机动车驾驶人发生严重影响道路交通安全的违法行为，交通事故隐患提升，为保证机动车所有人及时掌握本单位驾驶人的交通安全状态，加强管理，提升本单位驾驶人交通安全意识，保障交通安全；公安机关交通管理部门有必要将单位机动车发生的严重交通安全违法行为通报给所在单位；共同教育、警诫单位驾驶人谨慎驾驶，预防交通事故。

本条规定与交通事故抄告制度结合，进一步提升单位交通事故预防的紧迫性和现实性，提升单位交通安全责任意识。

相关法条

关于印发《军车交通违法抄告记分处理实施细则》的通知

中华人民共和国公安部

公交管〔2013〕283 号

关于转发中国人民解放军总参军务部、总后军事交通运输部《关于印发〈军车交通违法抄告记分处理实施细则〉的通知》的通知

各省、自治区、直辖市公安厅、局交通管理局、处：

现将中国人民解放军总参军务部、总后军事交通运输部《关于印发〈军车交通违法抄告记分处理实施细则〉的通知》（交公〔2013〕126 号）转发给你们，请各地公安交通管理部门进一步加强与当地军队有关部门的联系和协作，健全军车交通违法抄告工作机制，严格规范军车交通违法信息的采集、录入和转递，积极配合军队有关部门切实加强军车交通安全和通行秩序管理工作。

公安部交通管理局

2013 年 7 月 15 日

第七十三条（满分考试合格信息转递与记分清除）

对非本辖区机动车驾驶人申请在违法行为发生地、处理地参加满分学习、考试的，公安机关交通管理部门应当准许，考试合格后发还扣留的机动车驾驶证，并将考试合格的信息转至驾驶证核发地公安机关交通管理部门。

驾驶证核发地公安机关交通管理部门应当根据转递信息清除机动车驾驶人的累积记分。

条文释义

本条是对非本辖区机动车驾驶人记分满分时学习考试的相关规定。

《道路交通安全法》第二十四条规定："……公安机关交通管理部门对累积记分达到规定分值的机动车驾驶人，扣留机动车驾驶证，对其进行道路交通安全法律、法规教育，重新考试；考试合格的，发还机动车驾驶证……"《道路交通安全法实施条例》第二十三条规定："……对在一个记分周期内记分达到12分的，由公安机关交通管理部门扣留其机动车驾驶证，该机动车驾驶人应当按照规定参加道路交通安全法律、法规的学习并接受考试。考试合格的，记分予以清除，发还机动车驾驶证；考试不合格的，继续参加学习和考试……"

机动车驾驶证的属地管辖原则，由机动车驾驶证核发地车管所组织考试是科学的；但是由于现在人员流动较大，当事人可能长期在外地工作，为了方便群众，提高工作效率，减少成本，方便群众生活，本条第一款规定对非本辖区机动车驾驶人申请在违法行为发生地参加满分学习、考试的，公安机关交通管理部门应当准许；旧的程序规定第四十条规定对非本辖区机动车驾驶人要求在违法行为地考试的，公安机关交通管理部门可以准许；是否准许，应根据实际情况来确定。新的程序规定修改为"应该"，驾驶人只要申请，就应当准许。在扣留机动车驾驶证时，违法信息被转至机动车驾驶证核发地，故在考试合格后，也应当及时将该信息转至核发地车辆管理所。

根据《道路交通安全法实施条例》第二十三条之规定，考试合格后，记分应当予以清除，机动车驾驶人虽未在驾驶证核发地参加满分学习、考试，但在异地参加学习并考试合格具有同等效力，所以机动车驾驶证核发地车辆管理所，在接到转递的信息后，应及时清除机动车驾驶人的累积记分。

显然，如果没有一个完善的有关机动车驾驶人交通安全违法行为及其记分的信息管理系统，本条规定及第六十二条之规定就无法执行；另外，为了方便交通警察查处机动车的假号牌、假驾驶证，以及查处盗抢机动车辆；为了落实对机动车驾驶人的"终生禁驾"的规定，防止其异地重新取得驾驶证；为了方便当事人查询自己交通安全违法行为的记分情况等，都需要现代信息技术的支撑，都需要有一个强大的完善的机动车及机动车驾驶人的信息管理系统和道路交通安全违法信息管理系统来保证，而从目前来看各地公安机关交通管理部门正加强建设完善的信息网络系统，以满足用高科技进行道路交通管理的需要，同时也是满足交通安全执法的基本要求。本规定第六十条已经将道路交通违法信息管理系统使用纳入到法制化的轨道。

第七十四条（不正当手段取得牌证撤销与牌证转递）

以欺骗、贿赂等不正当手段取得机动车登记的，应当收缴机动车登记证书、号牌、行驶证，由机动车登记地公安机关交通管理部门撤销机动车登记。

以欺骗、贿赂等不正当手段取得驾驶许可的，应当收缴机动车驾驶证，由驾驶证核发地公安机关交通管理部门撤销机动车驾驶许可。

非本辖区机动车登记或者机动车驾驶许可需要撤销的，公安机关交通管理部门应当将收缴的机动车登记证书、号牌、行驶证或者机动车驾驶证以及相关证据材料，及时转至机动车登记地或者驾驶证核发地公安机关交通管理部门。

条文释义

本条是关于以不正当手段取得的机动车登记和驾驶许可的处理的规定。

根据《道路交通安全法》第八条之规定，机动车登记制度是指机动车必须经过公安机关交通管理部门登记后才许可上路行驶，没有登记的机动车不得上路行驶。登记有广义和狭义之分，根据《道路交通安全法实施条例》第四条之规定，广义的登记应包括注册登记、变更登记、转移登记、抵押登记和注销登记，狭义的登记仅指注册登记，本条规定所指的机动车登记，应当是狭义的登记，即注册登记。注册登记，又称行驶资格登记，是机动车出厂后正式参与道路交通前的第一次确认机动车“身份”的登记，机动车只有通过注册登记，才能取得参与道路交通活动的合法主体资格，取得自己特定的“身份”。

驾驶资格许可是指公安机关交通管理部门依据相对人的申请，经考试合格后，依法赋予其机动车的驾驶资格的行政行为，属于行政许可。驾驶资格许可，是通过向相对人核发机动车驾驶证来实现的。公安部正式发布《机动车驾驶证业务工作规范》规定，推出机动车驾驶证分级制，将驾照分为A1、A2、A3、B1、B2、C1、C2、C3、C4、D、E、F、M、N、P共15个级别。

1. 欺骗、贿赂等不正当手段的界定。

根据《道路交通安全法》第九条规定，申请机动车登记，应当提交：（一）机动车所有人的身份证明；（二）机动车来历证明；（三）机动车整车出厂合格证明或者进口机动车进口凭证；（四）车辆购置税的完税证明或免税凭证；（五）法律、行政法规规定应当在机动车登记时提交的其他证明、凭证。根据《道路交通安全法》第十九条之规定，取得驾驶许可，必须具备两点：（一）申请人应当符合国务院公安部门规定的驾驶许可条件；（二）考试合格。申请人的具体驾驶许可条件在《机动车驾驶证申领和使用规定》中作了详细规定。

机动车登记和驾驶资格许可，是一项法律性、政策性和技术性较强的专门业务管理工作，其目的是了解国家现有机动车和驾驶人的基本情况，监督机动车所有人、管理人、驾驶人对车辆的维护、保养，保障交通安全；是整个道路交通安全管理工作的基础，是车辆获得上路行使、驾驶人获得上路驾驶资格的第一道关口。同时，机动车登记又是国家与机动车有关的各项管理制度得以贯彻实施的重要保证，如国家推行的机动车第三者责任强制保险制度，还是保障公民、法人和其他组织正常的民事活动，维护交易安全的重要措施。驾驶许可，又是一项预防性的措施，其重要目的是通过法定的许可，培养合格的机动车驾驶人，以减少交通事故，保障人身安全。机动车登记和驾驶许可，是道路交通安全和道路交通管理的两个源头，如果在源头管理上出现问题，将给道路交通安全和管理带来重大隐患，因此，在机动车登记和取得驾驶许可过程中，公安机关交通管理部门应当严格审查，严格把关，防止以不正当手段取得登记和许可。

所谓欺骗是指机动车所有人或机动车驾驶证申请人，明知车辆或自身不符合《道路交通安全法》及其他交通安全法规关于机动车登记或机动车驾驶证申请的相关规定，而故意隐瞒事实真相，提供虚假证明材料，以蒙混过关的行为。

所谓贿赂是指机动车所有人或机动车驾驶证申请人，在车辆或自身不符合《道路交通安全法》及其他交通安全法规关于机动车登记或机动车驾驶证申请的相关规定时，或机动车驾驶证申请人考试不合格时，而以送钱送物、请客吃饭等手段取得机动车登记或机动车驾驶资格的行为。

欺骗、贿赂是不正当手段的典型，凡是以违反《道路交通安全法》及其他交通安全法规的相关规定的手段，取得机动车登记和驾驶许可的，都属于非不正当手段。

2. 收缴与撤销。

所收缴的机动车登记证书、号牌、行驶证，应当包括以不正当手段取得的机动车临时性通行牌证，包括临时行驶车号牌，临时行驶车号牌是未销售的、购买、调拨、赠予等方式获得机动车后；进行科研、定型试验的，因轴荷、总质量、外廓尺寸超出国家标准不予办理注册登记的特型机动车需要临时上路行驶时临时使用的合法牌证。

所收缴的机动车驾驶证，应当包括以不正当手段取得的驾驶技能准考证明和临时驾驶证。驾驶技能准考证明是初次申请机动车驾驶证或者申请增加准驾车型的，科目一考试合格后车辆管理所在三日内核发的证明。临时驾驶证是临时在我国境内驾驶机动车的法定证件。

如果当事人在取得临时行驶车号牌、驾驶技能准考证明和临时驾驶证时，就已经使用了欺骗、贿赂的不正当手段，当然理所应当予以依法收缴。

撤销，是指注销机动车登记和驾驶许可的档案记录。

第七十五条（撤销机动车登记或者机动车驾驶许可程序）

撤销机动车登记或者机动车驾驶许可的，应当按照下列程序实施：

（一）经设区的市公安机关交通管理部门负责人批准，制作撤销决定书送达当事人；

（二）将收缴的机动车登记证书、号牌、行驶证或者机动车驾驶证以及撤销决定书转至机动车登记地或者驾驶证核发地车辆管理所予以注销；

（三）无法收缴的，公告作废。

条文释义

本条是对撤销机动车登记和驾驶许可具体程序的规定。

1. 行政相对人有权就撤销机动车登记和驾驶许可的决定提起行政复议。

《行政复议法》第六条规定："有下列情形之一的，公民、法人或者其他组织可以依照本法申请行政复议：……（三）对行政机关作出的有关许可证、执照、资质证、资格证等证书变更、中止、撤销的决定不服的……"据此，当事人可就撤销机动车登记和撤销机动车驾驶许可的撤销决定提起行政复议。公安机关交通管理部门作出撤销决定后，应当及时送达撤销决定书，并告知行政相对人享有的权利和履行权利的方式、时间等，以确保其保护自身的合法权益。

公安交通管理行政复议，是公安行政复议的一种，它以相对人与公安交通管理部门之间的行政争议为审查对象，来纠正公安机关及其交通管理部门违法或者不当的具体行政行为，属于行政救济的范畴，具体是指公民、法人或其他组织不服公安机关或者交通管理部门的具体行政行为而提出行政复议申请，上一级公安机关依法对原具体行政行为进行审查并作出决定的法律制度。具体来讲，公安交通管理行政复议是行政复议中的一个种类，属于公安行政复议；公安交通管理行政复议的被申请人可以是作出具体行为的交通管理部门（交通警察大队、支队），也可以是裁决行政拘留的公安局（分局）；在此处，作出撤消决定的是经设区的市公安机关交通管理部门，即交通警察支队，则将被申请复议的机关也就是交通警察支队。

行政复议机关，是指履行行政复议职责的行政机关，也就是以自己的名义履行行政复议职责，并承担相应责任的行政机关。依据《公安机关办理行政复议案件程序规定》，履行行政复议职责的是县级以上地方各级人民政府公安机关，新疆生产建设兵团公安机关，公安交通管理机构、公安边防部门、出入境边防检查总站。因此，承担行政复议职责的公安交通管理部门就是行政复议机关，它可以以公安交通管理部门自己的名义审理行政复议案件，并承担相应的法律责任。

2. 关于送达。

送达法律文书应当首先采取直接送达方式，交给受送达人本人；受送达人不在的，可以交付其成年家属、所在单位的负责人员或者其居住地居（村）民委员会代收。受送达人本人或者代收人拒绝接收或者拒绝签名和盖章的，送达人可以邀请其邻居或者其他见证人到场，说明情况，把文书留在受送达人处，在送达回执上注明拒绝的事由、送达日期，由送达人、见证人签名或者捺指印，即视为送达。无法直接送达的，委托其他公安机关代为送达，或者邮寄送达。经采取上述送达方式仍无法送达的，可以公告送达。公告的范围和方式应当便于公民知晓，公告期限不得少于六十日。公安机关交通管理部门应当按规定选择有效的送达方式，及时将决定书送达当事人，只有有效的送达，当事人才可能履行自己的权利，决定书才可能生效。

3. 关于公告。

个别违法行为人因不在本地等因素，致使对机动车登记证书、号牌等无法收缴，应当公告作废，公告就是公开告知于众。本条规定，确定了应当公告，但如何公告的范围和方式未作详细规定。例如，没有规定应当在哪一级刊物进行公告。公告的目的是使无法收缴的牌证等归于作废，同时是防止违法行为人再利于该牌证从事其他违法活动，因此应尽可能让公众周知公告的内容。而之所以无法收缴，主要是因为违法行为人或其非法所得的机动车登记证书、号牌、行驶证、驾驶证等不在本地，而在牌证核发地以外的其他地方继续发挥其功效，若此时仅在核发地公告，则公告将失去意义，故对于机动车和驾驶牌证作废的公告应当在省级以上的正式报纸、刊物进行，并在公安机关交通管理部门专门的公众网站上进行公告。

第七十六条（案卷的内容）

简易程序案卷应当包括简易程序处罚决定书。一般程序案卷应当包括行政强制措施凭证或者违法行为处理通知书、证据材料、公安交通管理行政处罚决定书。

在处理违法行为过程中形成的其他文书应当一并存入案卷。

条文释义

本条是关于交通安全违法案件案卷文书制作的规定。

本条共分两款，第一款规定了案卷的基本内容。

根据程序的不同，可以分为简易程序案卷和一般程序案卷两种类型：

1. 简易程序案卷。

简易程序案卷必须包括简易程序处罚决定书，对于其他文书也应当存入案件。

交通警察如果当场做出行政处罚决定的，应当向当事人出示执法身份证件，填写预定格式、编有号码的公安交通管理行政处罚决定书。公安交通管理行政处罚决定书应当当场交付当事人。行政处罚决定书应当载明当事人的违法行为、行政处罚依据、罚款数额、时间、地点以及行政机关名称，并由执法人员签名或盖章。

简易程序案卷包括简易程序处罚决定书，在处理违法行为过程中形成的其他文书应当一并存入案卷。

2. 一般程序案卷。

一般程序的案件应该包括从公安机关交通管理部门受理或者发现案件到结案，或者终止案件调查的全部法律文书和证据材料，一个完整的案卷应该能够使阅卷的人全面了解案件办理的全过程，本条规定的案卷内容：

(1) 采取了行政强制措施的，制作行政强制措施凭证，本程序规定就强制措施凭证的制作已有明确规定，故不再赘述。

(2) 未采取行政强制措施的，直接制作道路交通安全违法行为处理通知书，违法行为处理通知书应当载明当事人的基本情况、车辆牌号、车辆类型、违法事实、接受处理的具体地点和时限、通知机关名称等内容。

(3) 证据材料。

与交通安全违法案件常用的证据的种类有：视听资料、电子数据，证人证言，违法嫌疑人的陈述和申辩，鉴定、检验笔录和勘验、检查笔录。

公安机关交通管理部门在办理交通安全违法案件时，必须依照法定程序，收集能够证实违法嫌疑人是否违法、违法情节轻重的证据，严禁刑讯逼供和以威胁、引诱、欺骗或者其他非法手段收集证据，以非法手段收集的证据不能作为定案的依据。

(4) 行政处罚决定书的制作按本程序规定的要求进行。

(5) 案卷一般要有卷宗封面（是公安机关交通管理部门在对行政案件材料

立卷、归档时使用的封面材料，它既不是法律文书，也不是有关的案件材料，只是为了方便立案、归档时使用的封皮）、卷内文书目录（是公安机关交通管理部门在对案件材料立卷、归档时对各种法律文书及证据材料编号排序时使用的书面材料）以及本程序规定的其他材料。

案卷文书材料排列的基本原则是把结论性的材料放在前面，然后按照办案流程将法律文书材料依时间顺序排列。

本条第二款规定在处理违法行为过程中形成的其他文书应当一并存入案卷。尽可能地反映案件办理的整体过程和全貌；而对于案件办理过程中形成的内部会议纪要等文件，可以不列入案件。

第八章　附　则

本章概览

附则是法律文本的附属部分，主要对有关专门用语、实施日期以及与过去相关法律的关系等内容作出规定，一般不对实质性内容作出规定，即不对权利与义务作出规定。本章共七条，主要对本规定中的一些用语和所称的含义、技术监控设备记录的非机动车、行人违法的处理程序、执行本规定法律文书、与其他法规的关系及生效时间作出规定。

第七十七条（违法行为人与县级以上公安机关交通管理部门含义）

本规定中下列用语的含义：

（一）“违法行为人”，是指违反道路交通安全法律、行政法规规定的公民、法人及其他组织。

（二）“县级以上公安机关交通管理部门”，是指县级以上人民政府公安机关交通管理部门或者相当于同级的公安机关交通管理部门。“设区的市公安机关交通管理部门”，是指设区的市人民政府公安机关交通管理部门或者相当于同级的公安机关交通管理部门。

条文释义

本条是对本规定中相关的一些用语的含义进行的界定。

“违法行为人”包括了公民、法人和其他组织，明确了单位也可以成为交通安全违法行为的主体。违反的“道路交通安全法律、行政法规规定”中法律即《道路交通安全法》，行政法规主要是指《道路交通安全法实施条例》，规定主要指《驾驶证申领和使用规定》《机动车登记规定》等实体性交通安全管理法规；因此本条例中的“违法行为”就是道路交通安全违法行为。

“县级以上公安机关交通管理部门”，是指县级以上公安机关交通管理部门或者相当于同级的公安机关交通管理部门，包括了县公安局交警大队、地市公安局交警支队、省直辖市公安厅交警总队和公安部交通管理局；另外还包括了高速公路交警支队及大队。“设区的市公安机关交通管理部门”，是指设区的市公安机关交通管理部门或者相当于同级的公安机关交通管理部门，包括地市公安局交警支队和高速公路交警支队。

相关法条

对《关于如何理解〈道路交通安全法实施条例〉第一百零九条第一款的请示》的复函

国法秘政函〔2012〕535号

江西省人民政府法制办：

你办《关于如何理解〈道路交通安全法实施条例〉第一百零九条第一款的请示》（赣府法办文〔2012〕20号）收悉。经我们研究，并征求公安部意见，现答复如下：

《道路交通安全法实施条例》第一百零九条第一款“对道路交通安全违法行为人处以罚款或者暂扣驾驶证处罚的，由违法行为发生地的县级以上人民政府公安机关交通管理部门或者相当于同级的公安机关交通管理部门作出决定；对处以吊销机动车驾驶证处罚的，由设区的市人民政府公安机关交通管理部门或者相当于同级的公安机关交通管理部门作出决定”的规定，是对《中华人民共和国道路交通安全法》第五条第一款“国务院公安部门负责全国道路交通安全管理工作。县级以上地方各级人民政府公安机关交通管理部门负责本行政区域内的道路交通安全管理工作”规定的细化。《请示》中交警支队直属交警大队的机构、名称和行政级别符合县级公安机关交通管理部门的设置条件，属于《道路交通安全法实施条例》第一百零九条第一款规定的“县级以上人民政府公安机关交通管理部门或者相当于同级的公安机关交通管理部门”，依法具有独立的行政执法权和执法主体资格。

国务院法制办公室秘书行政司

2012年10月16日

第七十八条（非机动车、行人违法处理程序援引）

交通技术监控设备记录的非机动车、行人违法行为参照本规定关于机动车违法行为处理程序处理。

条文释义

本条是对交通技术监控设备记录的非机动车、行人违法行为处理程序的规定。

交通技术监控设备主要记录机动车违法行为，但是随着科学技术水平的提升，通过交通技术监控设备记录的资料对非机动车、行人的违法行为进行处罚成为可能。

本条为准用性规则。交通技术监控设备主要记录机动车违法行为，本程序规定对交通技术监控设备记录机动车的违法行为处理的程序进行了系统规范；对于非机动车和行人依据交通技术监控设备记录的资料进行处罚的程序未作规定，本条规定可以参照机动车违法程序处理规定进行处理，提供法律援引。

第七十九条（违法处理电子案卷）

公安机关交通管理部门可以以电子案卷形式保存违法处理案卷。

条文释义

本条是违法处理案卷采用电子数据方式保存的规定。

公安信息化的发展，无纸化办公日渐普遍，催生了公安机关新的办案方式。传统行政执法主要表现为办案人员现场调查、勘查和采取行政强制措施等，这种执法行为涉及诸多文书，如现场勘查笔录、讯问（询问）笔录、行政强制决定书、行政处罚决定书等，且文书都以纸质形态呈现。信息化执法打破了时空限制，在线执法形式盛行，各种文书的生成与传递以电子形态呈现，这就是所谓的案卷电子化。在信息化时代，如何提高执法案卷的管理质效，实现跨地区、跨部门的案卷资源共享，已成为公安执法信息化建设的重要内容。

公安机关执法信息化建设要求案件的接处警、立案（受理），采取强制措施和侦查（调查）措施，处理、执行以及涉案财物管理等主要执法环节，除案情涉及国家秘密等特殊情况外，都要在网上进行审核审批和法律文书制作。要科学设置办案民警、法制员、审核人员、审批人员的上网权限，确保执法主体合法、合格，执法责任明晰；要充分发挥信息系统智能化、程序化管理优势，提供固化的执法流程和自动预警提示、自动统计查询等功能，对立案标准、证据规格、裁量基准和法律文书格式等提供统一执法标准和参考，实现执法办案网上流程控制、执法过程运转高效。有条件的地方，可实行电子卷宗网上自动生成；在互联网上逐步开展执法办案告知，行政审批、行政许可和证照的受理、办理，方便群众办事。对于生成的电子案卷，采用电子数据方式保存顺理成章，既节约成本，又方便信息流转；必要时可以制作纸质的案卷进行保存。

第八十条（适用程序援引）

本规定未规定的违法行为处理程序，依照《公安机关办理行政案件程序规定》执行。

条文释义

本条是对未规定违法行为处理程序适用程序援引的规定。

道路交通安全违法案件属于公安机关办理的行政案件，从基本的原则上讲，理应按照《公安机关办理行政案件程序规定》的规定执行。

在《公安机关办理行政案件程序规定》制定以前，公安部也根据《行政处罚法》等出台了一些规章的规范性文件，对公安机关办理行政案件的程序作出了相应规范的要求。但是这些法律、行政法规和规章等所规定的程序较为原则、简单、分散，可操作性不强，实际执法工作中仍有许多地方无章可循，导致在公安机关行政执法工作中出现诸多问题，这些问题的存在，在一定程度上影响了公安机关办理行政案件的公正性和公平性，侵犯了行政管理相对人的合法权益，这显然与依法治国，建设社会主义法治国家的要求是相违背的，在此背景下，为统一办案程序，完成行政执法任务的要求，公安部制定了《公安机关办理行政案件程序规定》，成为第一部统一、全面规范公安机关行政案件办理程序的规章，自2004年1月1日起施行以来；经过多次修订，对于规范公安机关办理行政案件程序，提高公安机关办案质量和执法水平，发挥了重要作用。

《公安机关办理行政案件程序规定》制定和修改的目的可概括为以下三方面：

一是规范公安机关办理行政案件的程序。针对公安行政执法工作中存在的不严格遵守程序，轻视程序的作用等错误思想和做法，该程序规定着重规范公安机关办理行政案件的具体程序，从受理案件到作出具体处理决定，都有章可循，并要严格履行。同时，对办案过程中的内部审批和管理工作程序也提出了具体要求，以此来规范公安机关及其办案人员办理行政案件的行为，使公安行政执法活动逐步纳入法制化、规范化、制度化的轨道，这种规范有利于保障和监督公安机关依法办案，有效地实施公安行政管理和打击各种违法行为，维护公共秩序和社会治安秩序。

二是保障公安机关在办理行政案件中正确履行职责和保护公民，法人和其他组织的合法权益。行政法的发展史，先后有两种理论依据，一种是强制管理，认为行政法就是管理行政管理相对人的法，行政机关就是权力主体；另一种则强调控制和制约权力，防止行政权力过度膨胀，以确保行政管理相对人的合法权益不受非法侵害。这两种理论的产生各有其特定的历史背景，也各有其合理性的片面性。而《公安机关办理行政案件程序规定》的制定宗旨，就是既要保障公安机关正确履行职责，又要保护公民，法人和其他组织的合法权益，不仅要求公安机关严厉打击各种违法活动，严格履行职责，更要求公安机关及其办案人员严于律己，杜绝滥用权力，保障人权。

三是简化程序，固化行政执法改革成果，适应执法实践发展；公安机关办理的行政案件数量巨大，法律对行政案件的办理程序要求也越来越高，人民群众对公平公正的期待进一步提升，基层对行政办案程序的烦琐性反应强烈，对于简化办案程序的呼声很高，中共中央办公厅国务院办公厅《关于深化公安执法规范化建设的意见》明确提出简化行政办案程序，需要修改适应执法实践需要。公安机关为适应执法实践的要求，进行了行政案件快速办理等办案程序的探索，都需要在程序中进行固化，信息化技术的广泛应用也为公安执法方式变革提供了条件，都需要在程序规定中进行体现。

交通安全违法案件，是公安机关办理的行政案件中的一类发案率较高、与人民群众的日常生活密切相关的一类特殊案件。由于道路交通普遍存在于人们生活中，而道路交通安全违法行为又普遍存在于道路交通中，这就使得处理交通安全违法的程序必须是一个明确的规范化的程序，故公安部专门制定了本程序规定。但对交通安全违法行为的处理仍属于公安机关办理行政案件的范畴，就本规定的制定而言，也是在《公安机关办理行政案件程序规定》的原则范围内进行的；就对交通安全违法行为的处理而言，自然也就在《公安机关办理行政案件程序规定》的原则范围以内。对本程序规定没有规定的违法行为处理程序，就自然应当依照《公安机关办理行政案件程序规定》执行。

第八十一条（“以上”“以下”及期间包含范围）

本规定所称“以上”“以下”，除特别注明的外，包括本数在内。

本规定所称的“二日”“三日”“五日”“七日”“十日”“十五日”，是指工作日，不包括节假日。

条文释义

本条是对一些立法技术的规定。

本规定所列的“以上”“以下”均应包括本数。如本规定第四十三条第一款“违法行为人处以警告或者二百元以下罚款的”就包括二百元在内；第六条第一款“对违法行为人处以警告、罚款或者暂扣机动车驾驶证处罚的，由县级以上公安机关交通管理部门对违法行为人处以吊销机动车驾驶证处罚的，由设区的市公安机关交通管理部门作出处罚决定。”当然包括县级机关交通管理部门。但有特别注明的除外，如本程序规定第四十三条二款“对违法行为人处以二百元（不含）以上罚款、暂扣或者吊销机动车驾驶证的，应当适用一般程序”，由于特别进行了注明，则不包括二百元在内。

按照通常的立法惯例和立法技术，除非有特别注明，“以上”“以下”“内”皆包括本数或者本级。

第八十二条（法律文书式样制定）

执行本规定所需要的法律文书式样，由公安部制定。公安部没有制定式样，执法工作中需要的其他法律文书，各省、自治区、直辖市公安机关交通管理部门可以制定式样。

条文释义

本条是关于法律文书的制定和填发的规定。

为了新的程序规定的实施，进一步规范交通安全违法行为处罚的法律文书制作，提高办案质量，公安部制定了《道路交通安全违法行为处理法律文书式样》，执行本规定应当使用公安部交通管理局制定的《道路交通安全违法行为处理法律文书式样》。公安部未制定统一式样的其他法律文书，各省、自治区、直辖市公安机关交通管理部门可以根据实际情况统一制定。各地在规范法律文书式样时，要注意繁简适当。

道路交通安全违法行为处理法律文书是公安机关交通管理部门执法的重要载体和表现形式，既是公安机关内部执法监督的重要依据，又是行政复议、行政诉讼的主要证据。各地公安机关在处理交通安全违法行为过程中，要严格按照新的程序规定和公安部《道路交通安全违法行为处理法律文书式样》的要求，统一规范制作、使用法律文书。对公安部制定的法律文书式样，各省、自治区、直辖市公安厅可以根据实际情况予以完善；公安部未制定统一式样的，各省、自治区、直辖市公安机关交通管理局可以根据实际统一制定。各地在规范法律文书式样和具体填写方式时，要注意繁简适当，既要依法保障公民、法人和其他组织的合法权益，又要防止因法律文书过于烦琐给基层执法办案带来不必要的负担。对于法律没有明确要求制定法律文书、能够通过其他方式在案卷中予以体现的程序和情况，不必制作格式化的法律文书。

第八十三条（生效时间）

本规定自2009年4月1日起施行。2004年4月30日发布的《道路交通安全违法行为处理程序规定》（公安部第69号令）同时废止。本规定生效后，以前有关规定与本规定不一致的，以本规定为准。

条文释义

本条是关于本程序规定生效时间及效力范围的规定。

一般来讲，法律、法规的生效日期可以是发布日，也可以是发布机关规定的日期。考虑到公安机关交通管理部门行政执法的需要以及本程序规定与原《道路交通安全违法行为处理程序规定》的衔接问题，本程序规定中明确规定了生效日期。另外，按照法理学后法优于前法的一般原则，本条也明确规定，原程序规定同时废止，且本程序规定生效后优于生效之前公安部发布的其他相关规定。

法律的修改主要有修正形式、修改决定形式和修正案的形式；修正案形式用于对宪法和刑法的修改；修订形式与修改决定形式用于其他法律的修改；修订形式适用于法律的全面修改；修改决定形式适用于法律的部分修改。

本次修订采用的是"修改决定的形式"，由于本次修改仅仅涉及部分条款，新增十二条，基本框架没有发生变化。由公安部部务会议通过后以部令形式发布"《公安部关于修改〈道路交通安全违法行为处理程序规定〉的决定》已经2020年2月12日公安部部务会议通过，现予发布，自2020年5月1日起施行。"本《程序规定》根据本决定作相应修改，重新发布。

第三编 修订内容解析

第一章 修订条款对比表

2008 版（部令 105 号）	备注	2020 版（部令 157 号）
第五条 交通技术监控资料记录的违法行为可以由违法行为发生地、发现地或者机动车登记地的公安机关交通管理部门管辖。 违法行为人或者机动车所有人、管理人对交通技术监控资料记录的违法行为事实有异议的，应当向违法行为发生地公安机关交通管理部门提出，由违法行为发生地公安机关交通管理部门依法处理。	修改	**第五条** 违法行为人可以在违法行为发生地、机动车登记地或者其他任意地公安机关交通管理部门处理交通技术监控设备记录的违法行为。 违法行为人在违法行为发生地以外的地方（以下简称处理地）处理交通技术监控设备记录的违法行为的，处理地公安机关交通管理部门可以协助违法行为发生地公安机关交通管理部门调查违法事实、代为送达法律文书、代为履行处罚告知程序，由违法行为发生地公安机关交通管理部门按照发生地标准作出处罚决定。 违法行为人或者机动车所有人、管理人对交通技术监控设备记录的违法行为事实有异议的，可以通过公安机关交通管理部门互联网站、移动互联网应用程序或者违法行为处理窗口向公安机关交通管理部门提出。处理地公安机关交通管理部门应当在收到当事人申请后当日，通过道路交通违法信息管理系统通知违法行为发生地公安机关交通管理部门。违法行为发生地公安机关交通管理部门应当在五日内予以审查，异议成立的，予以消除；异议不成立的，告知当事人。
第十五条 公安机关交通管理部门可以利用交通技术监控设备收集、固定违法行为证据。 交通技术监控设备应当符合国家标准或者行业标准，并经国家有关部门认定、检定合格后，方可用于收集违法行为证据。 交通技术监控设备应当定期进行维护、保养、检测，保持功能完好。	修改	**第十五条** 公安机关交通管理部门可以利用交通技术监控设备、执法记录设备收集、固定违法行为证据。 交通技术监控设备、执法记录设备应当符合国家标准或者行业标准，需要认定、检定的交通技术监控设备应当经认定、检定合格后，方可用于收集、固定违法行为证据。 交通技术监控设备应当定期维护、保养、检测，保持功能完好。

续表

2008 版（部令 105 号）	备注	2020 版（部令 157 号）
第十九条 自交通技术监控设备收集违法行为记录资料之日起的十日内，违法行为发生地公安机关交通管理部门应当对记录内容进行审核，经审核无误后录入道路交通安全违法信息管理系统，作为违法行为的证据。 公安机关交通管理部门对交通技术监控设备收集的违法行为记录内容应当严格审核制度，完善审核程序。	修改	**第十九条** 交通技术监控设备收集违法行为记录资料后五日内，违法行为发生地公安机关交通管理部门应当对记录内容进行审核，经审核无误后录入道路交通违法信息管理系统，作为处罚违法行为的证据。
第二十条 交通技术监控设备记录的违法行为信息录入道路交通安全违法信息管理系统后三日内，公安机关交通管理部门应当向社会提供查询；并可以通过邮寄、发送手机短信、电子邮件等方式通知机动车所有人或者管理人。	修改	**第二十条** 交通技术监控设备记录的违法行为信息录入道路交通违法信息管理系统后当日，违法行为发生地和机动车登记地公安机关交通管理部门应当向社会提供查询。违法行为发生地公安机关交通管理部门应当在违法行为信息录入道路交通违法信息管理系统后五日内，按照机动车备案信息中的联系方式，通过移动互联网应用程序、手机短信或者邮寄等方式将违法时间、地点、事实通知违法行为人或者机动车所有人、管理人，并告知其在三十日内接受处理。 公安机关交通管理部门应当在违法行为人或者机动车所有人、管理人处理违法行为和交通事故、办理机动车或者驾驶证业务时，书面确认违法行为人或者机动车所有人、管理人的联系方式和法律文书送达方式，并告知其可以通过公安机关交通管理部门互联网站、移动互联网应用程序等方式备案或者变更联系方式、法律文书送达方式。
	新增	**第二十一条** 对交通技术监控设备记录的违法行为信息，经核查能够确定实际驾驶人的，公安机关交通管理部门可以在道路交通违法信息管理系统中将其记录为实际驾驶人的违法行为信息。

续表

2008 版（部令 105 号）	备注	2020 版（部令 157 号）
第二十一条　交通技术监控设备记录或者录入道路交通安全违法信息管理系统的违法行为信息，有下列情形之一并经核实的，应当予以消除： （一）警车、消防车、救护车、工程救险车执行紧急任务的； （二）机动车被盗抢期间发生的； （三）有证据证明救助危难或者紧急避险造成的； （四）现场已被交通警察处理的； （五）因交通信号指示不一致造成的； （六）不符合本规定第十八条规定要求的； （七）记录的机动车号牌信息错误的； （八）因使用伪造、变造或者其他机动车号牌发生违法行为造成合法机动车被记录的； （九）其他应当消除的情形。	修改	**第二十二条**　交通技术监控设备记录或者录入道路交通违法信息管理系统的违法行为信息，有下列情形之一并经核实的，违法行为发生地或者机动车登记地公安机关交通管理部门应当自核实之日起三日内予以消除： （一）警车、消防救援车辆、救护车、工程救险车执行紧急任务期间交通技术监控设备记录的违法行为； （二）机动车所有人或者管理人提供报案记录证明机动车被盗抢期间、机动车号牌被他人冒用期间交通技术监控设备记录的违法行为； （三）违法行为人或者机动车所有人、管理人提供证据证明机动车因救助危难或者紧急避险造成的违法行为； （四）已经在现场被交通警察处理的交通技术监控设备记录的违法行为； （五）因交通信号指示不一致造成的违法行为； （六）作为处理依据的交通技术监控设备收集的违法行为记录资料，不能清晰、准确地反映机动车类型、号牌、外观等特征以及违法时间、地点、事实的； （七）经比对交通技术监控设备记录的违法行为照片、道路交通违法信息管理系统登记的机动车信息，确认记录的机动车号牌信息错误的； （八）其他应当消除的情形。
	新增	**第二十三条**　经查证属实，单位或者个人提供的违法行为照片或者视频等资料可以作为处罚的证据。 对群众举报的违法行为照片或者视频资料的审核录入要求，参照本规定执行。

续表

2008版（部令105号）	备注	2020版（部令157号）
第二十三条 采取本规定第二十二条第（一）、（二）、（四）、（五）项行政强制措施，应当按照下列程序实施： （一）口头告知违法行为人或者机动车所有人、管理人违法行为的基本事实、拟作出行政强制措施的种类、依据及其依法享有的权利； （二）听取当事人的陈述和申辩，当事人提出的事实、理由或者证据成立的，应当采纳； （三）制作行政强制措施凭证，并告知当事人在十五日内到指定地点接受处理； （四）行政强制措施凭证应当由当事人签名、交通警察签名或者盖章，并加盖公安机关交通管理部门印章；当事人拒绝签名的，交通警察应当在行政强制措施凭证上注明； （五）行政强制措施凭证应当当场交付当事人；当事人拒收的，由交通警察在行政强制措施凭证上注明，即为送达。 现场采取行政强制措施的，可以由一名交通警察实施，并在二十四小时内将行政强制措施凭证报所属公安机关交通管理部门备案。	修改	**第二十五条** 采取本规定第二十四条第（一）、（二）、（四）、（五）项行政强制措施，应当按照下列程序实施： （一）口头告知违法行为人或者机动车所有人、管理人违法行为的基本事实、拟作出行政强制措施的种类、依据及其依法享有的权利； （二）听取当事人的陈述和申辩，当事人提出的事实、理由或者证据成立的，应当采纳； （三）制作行政强制措施凭证，并告知当事人在十五日内到指定地点接受处理； （四）行政强制措施凭证应当由当事人签名、交通警察签名或者盖章，并加盖公安机关交通管理部门印章；当事人拒绝签名的，交通警察应当在行政强制措施凭证上注明； （五）行政强制措施凭证应当当场交付当事人；当事人拒收的，由交通警察在行政强制措施凭证上注明，即为送达。 现场采取行政强制措施的，交通警察应当在二十四小时内向所属公安机关交通管理部门负责人报告，并补办批准手续。公安机关交通管理部门负责人认为不应当采取行政强制措施的，应当立即解除。

续表

2008 版（部令 105 号）	备注	2020 版（部令 157 号）
第三十三条　车辆驾驶人有下列情形之一的，应当对其检验体内酒精、国家管制的精神药品、麻醉药品含量： （一）对酒精呼气测试等方法测试的酒精含量结果有异议的； （二）涉嫌饮酒、醉酒驾驶车辆发生交通事故的； （三）涉嫌服用国家管制的精神药品、麻醉药品后驾驶车辆的； （四）拒绝配合酒精呼气测试等方法测试的。 对酒后行为失控或者拒绝配合检验的，可以使用约束带或者警绳等约束性警械。	修改	**第三十五条**　车辆驾驶人有下列情形之一的，应当对其检验体内酒精含量： （一）对酒精呼气测试等方法测试的酒精含量结果有异议并当场提出的； （二）涉嫌饮酒驾驶车辆发生交通事故的； （三）涉嫌醉酒驾驶的； （四）拒绝配合酒精呼气测试等方法测试的。 车辆驾驶人对酒精呼气测试结果无异议的，应当签字确认。事后提出异议的，不予采纳。 车辆驾驶人涉嫌吸食、注射毒品或者服用国家管制的精神药品、麻醉药品后驾驶车辆的，应当按照《吸毒检测程序规定》对车辆驾驶人进行吸毒检测，并通知其家属，但无法通知的除外。 对酒后、吸毒后行为失控或者拒绝配合检验、检测的，可以使用约束带或者警绳等约束性警械。

续表

2008版（部令105号）	备注	2020版（部令157号）
第三十四条 检验车辆驾驶人体内酒精、国家管制的精神药品、麻醉药品含量的，应当按照下列程序实施： （一）由交通警察将当事人带到医疗机构进行抽血或者提取尿样； （二）公安机关交通管理部门应当将抽取的血液或者提取的尿样及时送交有检验资格的机构进行检验，并将检验结果书面告知当事人。 检验车辆驾驶人体内酒精、国家管制的精神药品、麻醉药品含量的，应当通知其家属，但无法通知的除外。	修改	**第三十六条** 对车辆驾驶人进行体内酒精含量检验的，应当按照下列程序实施： （一）由两名交通警察或者由一名交通警察带领警务辅助人员将车辆驾驶人带到医疗机构提取血样，或者现场由法医等具有相应资质的人员提取血样； （二）公安机关交通管理部门应当在提取血样后五日内将血样送交有检验资格的单位或者机构进行检验，并在收到检验结果后五日内书面告知车辆驾驶人。 检验车辆驾驶人体内酒精含量的，应当通知其家属，但无法通知的除外。 车辆驾驶人对检验结果有异议的，可以在收到检验结果之日起三日内申请重新检验。 具有下列情形之一的，应当进行重新检验： （一）检验程序违法或者违反相关专业技术要求，可能影响检验结果正确性的； （二）检验单位或者机构、检验人不具备相应资质和条件的； （三）检验结果明显依据不足的； （四）检验人故意作虚假检验的； （五）检验人应当回避而没有回避的； （六）检材虚假或者被污染的； （七）其他应当重新检验的情形。 不符合前款规定情形的，经县级以上公安机关交通管理部门负责人批准，作出不准予重新检验的决定，并在作出决定之日起的三日内书面通知申请人。 重新检验，公安机关应当另行指派或者聘请检验人。

续表

2008 版（部令 105 号）	备注	2020 版（部令 157 号）
第四十一条　对违法行为人处以警告或者二百元以下罚款的，可以适用简易程序。 对违法行为人处以二百元（不含）以上罚款、暂扣或者吊销机动车驾驶证的，应当适用一般程序。不需要采取行政强制措施的，现场交通警察应当收集、固定相关证据，并制作违法行为处理通知书。 对违法行为人处以行政拘留处罚的，按照《公安机关办理行政案件程序规定》实施。	修改	**第四十三条**　对违法行为人处以警告或者二百元以下罚款的，可以适用简易程序。 对违法行为人处以二百元（不含）以上罚款、暂扣或者吊销机动车驾驶证的，应当适用一般程序。不需要采取行政强制措施的，现场交通警察应当收集、固定相关证据，并制作违法行为处理通知书。其中，对违法行为人单处二百元（不含）以上罚款的，可以通过简化取证方式和审核审批手续等措施快速办理。 对违法行为人处以行政拘留处罚的，按照《公安机关办理行政案件程序规定》实施。
	新增	**第五十三条**　违法行为人或者机动车所有人、管理人收到道路交通安全违法行为通知后，应当及时到公安机关交通管理部门接受处理。机动车所有人、管理人将机动车交由他人驾驶的，应当通知机动车驾驶人按照本规定第二十条规定期限接受处理。 违法行为人或者机动车所有人、管理人无法在三十日内接受处理的，可以申请延期处理。延长的期限最长不得超过三个月。
	新增	**第五十四条**　机动车有五起以上未处理的违法行为记录，违法行为人或者机动车所有人、管理人未在三十日内接受处理且未申请延期处理的，违法行为发生地公安机关交通管理部门应当按照备案信息中的联系方式，通过移动互联网应用程序、手机短信或者邮寄等方式将拟作出的行政处罚决定的事实、理由、依据以及依法享有的权利，告知违法行为人或者机动车所有人、管理人。违法行为人或者机动车所有人、管理人未在告知后三十日内接受处理的，可以采取公告方式告知拟作出的行政处罚决定的事实、理由、依据、依法享有的权利以及公告期届满后将依法作出行政处罚决定。公告期为七日。 违法行为人或者机动车所有人、管理人提出申辩或者接受处理的，应当按照本规定第四十四条或者第四十八条办理；违法行为人或者机动车所有人、管理人未提出申辩的，公安机关交通管理部门可以依法作出行政处罚决定，并制作行政处罚决定书。

续表

2008版（部令105号）	备注	2020版（部令157号）
	新增	**第五十五条** 行政处罚决定书可以邮寄或者电子送达。邮寄或者电子送达不成功的，公安机关交通管理部门可以公告送达，公告期为六十日。
	新增	**第五十六条** 电子送达可以采用移动互联网应用程序、电子邮件、移动通信等能够确认受送达人收悉的特定系统作为送达媒介。送达日期为公安机关交通管理部门对应系统显示发送成功的日期。受送达人证明到达其特定系统的日期与公安机关交通管理部门对应系统显示发送成功的日期不一致的，以受送达人证明到达其特定系统的日期为准。 公告应当通过互联网交通安全综合服务管理平台、移动互联网应用程序等方式进行。公告期满，即为送达。 公告内容应当避免泄漏个人隐私。
	新增	**第五十七条** 交通警察在道路执勤执法时，发现违法行为人或者机动车所有人、管理人有交通技术监控设备记录的违法行为逾期未处理的，应当以口头或者书面方式告知违法行为人或者机动车所有人、管理人。
	新增	**第五十八条** 违法行为人可以通过公安机关交通管理部门自助处理平台自助处理违法行为。
	新增	**第七十一条** 公安机关交通管理部门可以与保险监管机构建立违法行为与机动车交通事故责任强制保险费率联系浮动制度。
	新增	**第七十二条** 机动车所有人为单位的，公安机关交通管理部门可以将严重影响道路交通安全的违法行为通报机动车所有人。

续表

2008 版（部令 105 号）	备注	2020 版（部令 157 号）
第六十三条　对非本辖区机动车驾驶人申请在违法行为发生地参加满分学习、考试的，公安机关交通管理部门应当准许，考试合格后发还扣留的机动车驾驶证，并将考试合格的信息转至驾驶证核发地公安机关交通管理部门。 驾驶证核发地公安机关交通管理部门应当根据转递信息清除机动车驾驶人的累积记分。	修改	**第七十三条**　对非本辖区机动车驾驶人申请在违法行为发生地、处理地参加满分学习、考试的，公安机关交通管理部门应当准许，考试合格后发还扣留的机动车驾驶证，并将考试合格的信息转至驾驶证核发地公安机关交通管理部门。 驾驶证核发地公安机关交通管理部门应当根据转递信息清除机动车驾驶人的累积记分。
	新增	**第七十八条**　交通技术监控设备记录的非机动车、行人违法行为参照本规定关于机动车违法行为处理程序处理。
	新增	**第七十九条**　公安机关交通管理部门可以以电子案卷形式保存违法处理案卷。
第六十九条　本规定所称以上、以下，除特别注明的外，包括本数在内。 本规定所称的“二日”、“三日”、“七日”、“十日”、“十五日”，是指工作日，不包括节假日。	修改	**第八十一条**　本规定所称“以上”“以下”，除特别注明的外，包括本数在内。 本规定所称的“二日”“三日”“五日”“七日”“十日”“十五日”，是指工作日，不包括节假日。

第二章　修订分析

一、《程序规定》修订的背景与原因

《程序规定》于2004年5月1日实施，于2008年进行了第一次修订，2009年4月1日实施；2008版《程序规定》实施以来，法治环境进一步发展，人民对公平、正义的需求不断提升；信息化技术的发展给行政机关提升服务质量、优化执法方式、更加方便群众提供条件；政务改革风起云涌，方兴未艾，服务理念日新月异。

本次《程序规定》的修订主要基于以下四个原因：

一是回应人民群众的需求与呼声。党的十八大以来，依法治国理念逐渐深入人心；党的十九大把“法治国家、法治政府、法治社会基本建成”确立为到2035年基本实现社会主义现代化的重要目标，开启了新时代全面依法治国新征程。“让人民群众在每一个司法案件中都感受到公平正义”，这既是党和国家对人民的庄严承诺，也是每一个普通人实实在在的期待与愿景；坚持以人民为中心，全力满足人民群众对新时代法治建设的新需求新期待成为新遵循。

二是适应政务改革的新趋势和新要求。2015年5月12日，国务院召开全国推进简政放权、放管结合、职能转变工作电视电话会议，首次提出了“放管服”改革的概念。公安部也推出了一系列的举措。2018年6月28日，公安部推出20项交通管理“放管服”改革新举措。2018年8月2日，公安部宣布9月1日前全面推行公安交管“放管服”。2019年4月1日，公安部推出10项公安交管“放管服”改革新举措。2019年7月17日，公安部深化“放管服”改革推出60项便民利企措施即《公安机关服务经济社会发展服务企业群众60项措施》，推出了交通违法行为异地处理、便利租赁汽车处理交通违法行为等一批改革措施，按照改革应当在法治轨道内进行的要求，需要修订《程序规定》，为改革措施提供依据。

三是信息通信技术的发展为新的警务模式提供了条件。基于大数据、云计算、物联网、人工智能等新技术，打造“数据研判 + 秩序管控 + 信号控制 + 交通优化 + 信息服务 + N”的现代警务新机制，为构建适应新时代道路交通安全治理的新模式提供了技术支撑。交通安全综合服务管理平台建设日渐完善，功能日益完善，为新的服务模式提供了条件。为了适应新的交通管理与服务方式，需要对相关程序进行重构，必须修改《程序规定》。

四是解决出现的新问题以适应交通发展新需求。人们日常生活和工作的活动区域日益扩大，人员、车辆流动成为常态，同时利用交通技术监控设备抓拍违法行为成为执法的重要手段，非现场执法处罚的案件数量大量上升；异地处理交通违法行为需求强烈，急需解决；同时交通违法行为告知不准确、不及时、不到位问题突出；租赁汽车交通违法行为处理难问题成为困扰承租驾驶人、租赁企业的难点、痛点，需要通过创新警务机制进行解决。

二、《程序规定》修订内容分析

本次《程序修订》进行了制度完善、程序规范及制度创新，修补了部分程序的漏铜，程序的确定性、可执行性进一步提高，适应了交通安全执法的需求。

（一）制度完善

依据《行政处罚法》等法律法规的规定，对非现场交通违法行为的处罚程序作进一步修改完善。明确交通违法行为人可以跨省异地处理非现场交通违法行为，对于当事人异地处理违法行为的，处理地公安交管部门可以协助发生地公安交管部门调查交通违法行为事实、代为送达法律文书、代为履行处罚告知程序，由交通违法行为发生地公安交管部门按照发生地标准作出处罚决定。

明确了交通违法信息通知的要求。规定公安交管部门应当通过手机短信、移动互联网程序等方式通知机动车所有人或者管理人。增加了交通警察在执勤执法时发现机动车有交通违法行为逾期未处理的，当场告知当事人的规定。同时，借鉴民事诉讼案件办理程序，增加了法律文书电子送达和公告送达程序。

（二）程序规范

规范了检验酒驾、醉驾违法犯罪嫌疑人体内酒精含量以及重新检验的程序。明确了呼气测试结果异议制度，对于酒精呼气测试结果无异议的，应当签字确认，有异议的应该当场提出，事后提出异议的，不予采纳。

规范了申请消除交通违法行为的程序。明确了需要提供的证明材料：当事人提供报案记录的，可以消除机动车被盗抢期间、机动车号牌被他人冒用期间发生的交通违法行为；当事人提供证明其正在救助危难或者紧急避险的证明材料，可以消除救助危难或者紧急避险期间发生的交通违法行为。完善了受理流程，明确规定当事人可以在全国任意地公安交管部门交通违法行为处理窗口提出申请，公安交管部门将通过内部流转程序将当事人申请转递至发生地公安交管部门核查并将处理结果通知申请人。公安交管部门还将提供网上申请渠道，当事人可以登录

“交管 12123” 手机 APP 在线直接向交通违法行为发生地公安交管部门提出消除申请。

（三）制度创新

增加了与保险监管机构建立交通违法行为与机动车交通事故责任强制保险联系浮动制度。

增加了对违法行为的直接处罚制度。当事人经告知未主动接受处理的，通过邮寄送达、电子送达、公告送达等方式告知后，当事人未提出异议、未进行陈述申辩的，公安交管部门可以依法作出行政处罚决定后送达被处罚人。

增加了举报交通违法行为的规定。为进一步提升道路交通管理水平，提升公众参与，《程序规定》明确对单位或者个人提供的违法行为照片或者视频等资料，经查证属实的，可以作为处罚的证据；对群众举报的违法行为照片或者视频资料，经过审核可以录入系统。

增加了违法信息记录至实际驾驶人名下的规定。对交通技术监控设备记录的交通违法行为信息，能够确定实际驾驶人的，公安交管部门可以将该交通违法行为由机动车名下变更至实际驾驶人名下。解决了租赁汽车交通违法行为处理难的问题。

第四编 典型诉讼案例评析

案例一[①]：交通协管员取证资料可作为违法停车处罚证据

【案情】

上诉人（一审原告）：查某某

被上诉人（一审被告）：北京市公安局公安交通管理局海淀交通支队公主坟大队。

2017年2月4日9时44分，交通协管员发现车牌号为×××的小型汽车停放在北京市复兴路×××未施划停车泊位的路面上，因现场未找到车辆驾驶员，交通协管员遂在该机动车左前侧门玻璃上粘贴北京市交通协管员道路停车记录报告单，并采取拍照方式固定了相关证据。后经北京市公安局公安交通管理局海淀交通支队公主坟大队（以下简称公主坟大队）审核照片，认定×××小型汽车存在违反规定停车的违法行为，且照片符合相关要求，交通协管员填写的北京市交通协管员道路停车记录报告单正确规范，遂将×××小型汽车的该违法行为录入到违法信息系统。

2017年12月14日，查某某前往公主坟大队执法站接受处理，民警经核对驾驶证及车辆行驶证后向查某某出示了车辆违法图片资料，告知其车辆违法行为的基本事实，并告知其拟作出处罚的事实、理由、依据，以及享有陈述、申辩的权利。

2017年12月14日，公主坟大队作出京公交决字〔2017〕第110804－1811233870号公安交通管理简易程序处罚决定书（以下简称被诉处罚决定），被处罚人为查某某，车辆牌号为×××，其中查明：2017年2月4日9时44分，查某某在×××处，实施机动车违反停车规定的违法行为，以上事实有交通技术

① （2018）京01行终886号行政判决书，判决日期：2018年9月28日。

监控记录资料等证据证实。根据《中华人民共和国道路交通安全法》（以下简称道路交通安全法）第九十条、第九十三条第二款的规定，决定处以二百元的罚款。公主坟大队当场向查某某送达。查某某不服，遂向一审法院提起行政诉讼。

【审理】

一审法院审理如下：

公安机关交通管理部门及其交通警察，具有维护交通安全和交通秩序，对道路交通安全违法行为作出处理的法定职权。公主坟大队作为公安机关交通管理部门，可以依据道路交通安全法、《北京市实施〈中华人民共和国道路交通安全法〉办法》（以下简称《实施办法》）的有关规定对道路交通安全违法行为予以处罚。

该案中，公主坟大队在对查某某违反规定停放车辆的事实进行审查并进行处罚的过程中，取得了车辆的违法信息照片、北京市交通协管员道路停车记录报告单、审核记录等证据，以上证据已形成证据链条，彼此之间相互印证，共同证明查某某未在规定地点停放车辆，存在违反实施办法第四十九条第一项规定的行为。查某某向该院提交的证据亦不足以否定上述证据链条所证明的案件事实。故公主坟大队依据道路交通安全法第九十条、第九十三条第二款的规定对查某某进行处罚并无不当。同时，公主坟大队在对查某某进行行政处罚的过程中，适用法律正确，处罚额度适当。有鉴于此，一审法院依据《中华人民共和国行政诉讼法》第六十九条的规定，判决驳回查某某的全部诉讼请求。

二审法院审理如下：

上诉人查某某不服一审判决提起上诉，请求撤销一审判决，依法改判，一审、二审诉讼费用全部由公主坟大队承担。

其上诉理由为：

1. 交通协管员独立拍照取证行为违法，公主坟大队行政处罚违反法定程序。一审判决未认定交通协管员行为合法，未列举其独立拍照取证的法律依据，一审认定不符合事实，适用法律不当，应撤销和改判。依据《道路交通安全违法行为处理程序规定》第十二条的规定，只有交通警察才有权拍照取证。依据《中华人民共和国行政处罚法》第十五条、第十七条、第十九条的规定，交通协管员没有行政执法权，只能在交警的指导下处理辅助性的事务，承担部分执勤工作，没有现场拍照取证的权力。一审认定“公主坟大队在对查某某违反规定停放车辆的事实进行审查并进行处罚的过程中，取得了车辆的违法信息照片”与事实不符，事实是交通协管员拍照取证、填写并张贴通知单，非交通警察亲自到现场拍照取证。

2. 公主坟大队提交的处理机动车违法记录告知书和被诉处罚决定上的签字均不是查某某本人所签。

3. 一审法院在一审开庭前没有向查某某送达合议庭组成人员告知书，属于法定程序违法。

被上诉人公主坟大队同意一审判决，请求驳回上诉人的上诉请求，维持一审判决。

在一审法院指定的证据交换期限内，上诉人查某某提交了如下证据：

1. 北京市交通协管员道路停车记录告知单；

2. 被诉处罚决定，以上证据证明公主坟大队作出的处罚决定不合法；

3. 照片，证明查某某停车的地点并未影响行人通行，公主坟大队应在此处规划停车位而未规划；

4. 录音材料；

5. 文字材料，以上证据证明交管部门有罚款任务分配，目的并不在于维护停车秩序，且协管员独立拍照不符合法律规定。

在法定期限内，被上诉人公主坟大队向一审法院提交了如下证据：

1. 违法信息图片，证明查某某车辆实施了违法行为；

2. 人民警察证复印件，证明民警的执法资格合法；

3. 交通协管员身份证明，证明协管员具有协助执法资格；

4. 审核记录，证明审核情况；

5. 执法情况，证明公主坟大队执法情况；

6. 北京市交通协管员道路停车记录告知单，证明协管员张贴告知单符合规定；

7. 处理机动车违法记录告知书，证明公主坟大队在拟作出处罚前将事实理由及依据告知查某某，并告知查某某有陈述和申辩的权利；

8. 被诉处罚决定，证明公主坟大队作出处罚决定。同时，公主坟大队提交《道路交通安全法》《实施办法》《道路交通安全违法行为处理程序规定》《中华人民共和国立法法》作为其法律规范依据。

经庭审质证，一审法院根据《最高人民法院关于行政诉讼证据若干问题的规定》（以下简称《证据规定》）并综合当事人的质证意见及当庭陈述，对当事人提交的证据作如下确认：公主坟大队提交的证据 8 中的被诉处罚决定，系该案被诉具体行政行为，不能作为证据使用；公主坟大队提交的其他证据，形式上符合证据规定中规定的证据要求，内容真实，与该案具有关联性，能够证明其欲证明的事项，该院予以采信。查某某提交的证据 1 与公主坟大队提交的证据相同，不再予以赘述；证据 2 系该案被诉具体行政行为，不能作为证据使用；证据 3、4、5 与该案不具有关联性，该院不予采信。

上述证据全部随案卷移送本院。二审法院查阅了一审卷宗，询问了各方当事人，并经审查核实，同意一审法院对证据的认证意见。

二审法院经审理查明的事实与一审判决认定的事实一致予以确认。

【裁判】

二审法院认为：依据道路交通安全法、实施办法的有关规定，公主坟大队作为公安机关交通管理部门，具有对道路交通安全违法行为予以处罚的职责。

根据道路交通安全法第五十六条第一款、实施办法第四十九条第一项之规定，在道路上停放机动车应当停放在停车场或者施划的停车泊位等规定的地点内。道路交通安全法第九十条规定，机动车驾驶人违反道路交通安全法律、法规关于道路通行规定的，处警告或者二十元以上二百元以下罚款。本法另有规定的，依照规定处罚。该法第九十三条第二款规定，机动车驾驶人不在现场或者虽在现场但拒绝立即驶离，妨碍其他车辆、行人通行的，处二十元以上二百元以下罚款，并可以将该机动车拖移至不妨碍交通的地点或者公安机关交通管理部门指定的地点停放。公安机关交通管理部门拖车不得向当事人收取费用，并应当及时告知当事人停放地点。

本案中，通过对×××小型汽车停放情况的照片、北京市交通协管员道路停车记录报告单、审核记录、执法情况说明、处理机动车违法记录告知书等证据的综合分析，上述证据能够相互印证，共同证明查某某实施了未在规定地点停放车辆的违法行为。故公主坟大队依据道路交通安全法第九十条、第九十三条第二款的规定对查某某进行处罚并无不当。同时，公主坟大队在对查某某进行行政处罚的过程中，履行了告知、作出处罚、送达等法定程序，适用法律正确，处罚幅度适当。

根据北京市实施《中华人民共和国道路交通安全法》办法（2005 年 1 月 1 日起施行）第七十八条第四款规定："市和区、县人民政府组建的道路交通安全协管员队伍，协助交通警察维护道路交通秩序，劝阻、告知道路交通安全违法行为。"本案中，交通协管员对于查某某实施的违反规定停车的行为，向其车辆上粘贴北京市交通协管员道路停车记录报告单，并将该违法行为拍照后交由公主坟大队审核，系交通协管员依法协助交通警察维护道路交通秩序，并对道路交通安全违法行为进行告知的行为。交通协管员独立拍照取得的违法行为照片，只有经公安机关交通管理部门审核通过后，才能作为行政处罚的证据使用，交通协管员独立拍照行为并不等同于交通警察的拍照取证行为，故查某某认为交通协管员独立拍照取证行为违法，公主坟大队行政处罚违反法定程序的主张，缺乏事实和法律依据，本院不予支持。

查某某主张公主坟大队提交的处理机动车违法记录告知书和被诉处罚决定上的签字均不是查某某本人所签，但查某某未提供充分证据予以证明，亦未向法院提出鉴定申请，故对查某某的该项请求，本院不予支持。

查某某主张一审法院在一审开庭前没有向查某某送达合议庭组成人员告知书，属于法定程序违法，经审查，一审在开庭时已告知查某某合议庭组成人员，并询问了查某某是否申请合议庭回避，至本案二审时查某某亦无回避理由，故查某某提出的该项主张，不予支持。

综上，查某某的上诉理由均不能成立，其上诉请求，不予支持。一审判决认定事实清楚，适用法律正确，程序合法，应予维持。依照《中华人民共和国行政诉讼法》第八十九条第一款第一项之规定，驳回上诉，维持一审判决。

【评析】

交通协管员在交通民警指导下，可以承担以下工作：维护道路交通秩序，劝阻交通安全违法行为；维护交通事故现场秩序，保护事故现场，抢救受伤人员；进行交通安全宣传教育；及时报告道路上的交通、治安情况和其他重要情况；接受群众求助。对于交通协管员粘贴道路停车记录报告单或者违法停车通知单的行为，属于告知、劝阻交通违法行为，其本身不具有违法行为认定的性质，完全符合法律规定；而对于其采用拍照或录像等方式提取证据的行为，部分当事人会以交通协管员不具有执法权不能进行证据调查为由，提出异议。

《行政处罚法》第三十七条的规定是对包括公安机关在内的所有行政机关调查案件的要求。对公安机关办理行政案件而言，首先，案件调查必须由公安机关人民警察进行，其他任何单位和个人都无权对公安行政案件进行调查。其次，人民警察不得少于2人。公安机关在调查行政案件时，必须由2名或者2名以上具有执法主体资格的人民警察共同进行。“调查”只是指适用一般程序时人民警察不得少于2人，至于适用简易程序处罚的，则可以由人民警察一人作出行政处罚决定。

公安部2018年11月25日修改的《公安机关办理行政案件程序规定》第五十二条规定：“公安机关进行询问、辨认、检查、勘验，实施行政强制措施等调查取证工作时，人民警察不得少于二人，并表明执法身份。接报案、受案登记、接受证据、信息采集、调解、送达文书等工作，可以由一名人民警察带领警务辅助人员进行，但应当全程录音录像。”

根据上述规定，证据调查必须由有执法权的人民警察进行；交通协管员或者辅警不能进行证据调查取证工作。

交通协管员对违反规定停车的行为，粘贴停车记录报告单，并将该违法行为拍照后交由公安机关交通管理部门审核，属于交通协管员依法协助交通警察维护道路交通秩序，并对道路交通安全违法行为进行告知的行为。交通协管员独立拍照取得的违法行为照片，可以认定为“提供证据资料”行为，既然人民群众具有举报违法行为的权力，可以向公安机关提供证据，由公安机关依法予以查处，那么作为经过系统培训的交通协管员提供证据资料的行为也具有合法性；交通协管员提供证据资料并且必须经公安机关交通管理部门审核通过后，才能作为行政处罚的证据使用，交通协管员的拍照行为并不等同于交通警察的证据调查行为。

案例二[①]：未及时告知构成程序违法

【案情】

上诉人（原审被告）：西安市公安局交通警察支队经开大队。

被上诉人（原审原告）：雷某某。

原审被告：西安市公安局交通警察支队

雷某某于2017年8月22日驾驶陕AJ8××P小型客车在开元路违法停放在路旁道沿施划有黄色禁止停车标线的非机动车道上，占用非机动车道，影响非机动车通行，被交警经开大队民警照相取证。后民警依据道路交通安全法有关规定，按照违反禁止标线，将该违法行为录入道路交通违法信息管理系统。2018年3月26日，对雷某某作出编号为610107181574740的处罚决定，内容为：依照《道路交通安全法》第三十八条、第九十条，处以200元罚款，机动车驾驶证记3分。原告认为自己不会用智能手机，也不知该处停车是违法行为，当时拍摄违法的人未穿警服开车，也未通知车主，在短时间内对申请人连续作出同一行为的行政处罚不合法，向市交警支队申请行政复议，请求撤销交警经开大队的具体行政行为。市交警支队于2018年4月2日受理该复议申请，于2018年5月22日依据《行政复议法》第二十八条第一款第（一）项之规定，制作了西公交法复〔2018〕026号复议决定，维持了交警经开大队作出的具体行政行为。原告对该复议决定亦不服，故诉至法院。

【审理】

一审法院审理如下：

原审法院认为，关于本案认定事实方面，《道路交通安全法》第三十八条规定，“车辆、行人应当按照交通信号通行……”第五十六条规定，“机动车应当在规定地点停放……”《道路交通安全法实施条例》第六十三条规定，“机动车在道路上临时停车，应当遵守下列规定：（一）在设有禁停标志、标线的路段，在机动车道与非机动车道、人行道之间设有隔离设施的路段以及人行横道、施工地段，不得停车。”本案被告交警经开大队在日常巡查中发现，2017年8月22日，车牌号为AJ8××P小型客车在开元路违法停放在路旁道沿施划有黄色禁止停

① 西安铁路运输中级法院（2019）陕71行终288号行政判决书，判决日期：2019年9月23日。

车标线的非机动车道上，占用非机动车道，影响非机动车辆通行。民警拍照取证，并将该违法行为录入道路交通违法信息管理系统。被告认定原告违法停车的事实清楚。关于本案程序方面，《道路交通安全违法行为处理程序规定》第十二条规定，“交通警察对机动车驾驶人不在现场的违法停放机动车行为，应当在机动车侧门玻璃或者摩托车座位上粘贴违法停车告知单，并采取拍照或者录像方式固定相关违法停车告知证据。”本案中，原告违法停放机动车，占用非机动车道，影响非机动车通行，因原告作为驾驶人不在现场，被交警经开大队民警拍照固定相关证据。但被告在执法过程中未依照上述规定在该机动车侧门玻璃上粘贴违法停车告知单，故被告对原告作出的处罚决定程序违法。综上，被告交警经开大队对原告雷某某作出的行政处罚决定违反法定程序，应当予以撤销；在行政复议阶段，被告市交警支队未认定交警经开大队处罚程序违法的事实，作出维持该处罚决定显属不当。依照《中华人民共和国行政诉讼法》第七十条第（三）项、第七十九条之规定，判决：

一、撤销被告西安市公安局交通警察支队经开大队作出的编号为610107181574740的公安交通管理简易程序处罚决定；

二、撤销被告西安市公安局交通警察支队作出的西公交法复〔2018〕026号行政复议决定。

二审审理如下：

上诉人交警经开大队不服一审判决，提起上诉称：

一、一审判决认为“被告认定原告违法停车的事实清楚”与事实不符。雷某某在2017年8月22日将车辆停放在开元路路旁非机动车道上。该路段施划了禁止停车和临时停车的禁止标线，明确告知了驾驶员该路段严禁停车，但当事人仍然违反禁止标线指示，严重影响了该路段车辆的通行秩序，雷某某的违法行为应属于违反禁止标线指示的违法行为。

二、一审法院认为，交警部门在执法过程中未依照规定在雷某某机动车侧门玻璃上粘贴违法停车告知单，故作出的处罚决定程序违法。《道路交通安全违法行为处理程序规定》第十二条规定，交通警察对机动车驾驶人不在现场的违法停放机动车行为，应当在机动车侧门玻璃或者摩托车座位上粘贴违法停车告知单，并采取拍照或者录像方式固定相关违法停车告知证据。事实上雷某某陕AJ8××P小型汽车的违法行为属于违反禁止标线指示违法行为，并不是一般意义上的违法停放机动车行为。依据《道路交通安全违法行为处理程序规定》第十五条，《道路交通安全法》第三十八、第九十条规定，并未要求交警部门处理违反交通信号违法行为时应当履行告知程序，且《陕西省实施〈中华人民共和国道路交通安全法〉办法》第十四条规定，交警部门向社会公众提供交通违法信息查询服务，机动车所有人、管理人或驾驶人应当查询交通违法信息并及时处理。因此，我大队对雷某某陕 AJ8××P 小型汽车违反禁止标线指示违法行为，作出的行政处罚决定符合法定程序。

三、2017 年一审法院曾审理了我大队同样行政诉讼案件，并判决了我大队胜诉。同一法院在法律法规并未修订改变的情况下作出截然不同的判决。综上，我大队认为一审法院判决存在认定事实错误、法律适用错误的问题。交警经开大队对雷某某作出的行政处罚决定事实清楚、证据确凿、适用法律正确、程序合法，请求西安铁路运输中级法院撤销一审判决，驳回雷某某诉讼请求。请求：撤销西安铁路运输法院（2018）陕 7102 行初 1164 号行政判决书，并依法改判。

被上诉人雷某某辩称：

一、《道路交通安全违反行为处理程序规定》第十二条规定的“机动车驾驶人不在现场的违法停放机动车行为”，应当包括违反“禁止标线”停车行为。

二、《道路交通安全法》和《道路交通安全违法行为处理程序规定》是一般法和特别法的关系。

三、交警经开大队对雷某某难以预料的交通违法信息之查询，否定自己在本案中应当履行“粘贴违法停车告知单”的法定义务，混淆是非，于通不理，难以服人。

四、本案亦有类案裁判要旨说明西安铁路运输法院的一审判决适用法律正确，可供二审法庭参考。综上，一审法院适用法律正确，请求驳回上诉人的上诉请求，维持原判。

原审被告市交警支队述称，和一审答辩意见一致，坚持交警支队的〔2018〕026 号复议决定，认为交警经开大队的 610107181574740 号处罚决定程序清楚，处罚合法，内容合理。

二审中各方当事人未提交新证据。

二审法院经审理查明事实与一审判决认定事实一致予以确认。

【裁判】

二审法院认为，《中华人民共和国道路交通安全法实施条例》第三十条第二款规定：“道路交通标线分为：指示标线、警告标线、禁止标线。”《中华人民共和国道路交通安全法》第九十三条规定：“对违反道路交通安全法律、法规关于机动车停放、临时停车规定的，可以指出违法行为，并予以口头警告，令其立即驶离。机动车驾驶人不在现场或者虽在现场但拒绝立即驶离，妨碍其他车辆、行人通行的，处二十元以上二百元以下罚款……”上诉人提出雷某某属于违反禁止标线指示的违法行为而非一般意义上的违法停车的意见，本院认为违反禁止标线指示的行为应当包含违法停放机动车和违法临时停车行为。依据公安部令第105号《道路交通安全违法行为处理程序规定》第十二条的规定："交通警察对机动车驾驶人不在现场的违法停放机动车行为，应当在机动车侧门玻璃或者摩托车座位上粘贴违法停车告知单，并采取拍照或者录像方式固定相关证据"。参照上述规定，当交通警察在执法过程中发现违法停车的，对于驾驶人在现场的可以口头警告责令其立即驶离，但是对于不在现场或拒绝立即驶离的可以处以罚款。对驾驶人不在现场的，粘贴《违法停车告知单》其目的是告知驾驶人的行为构成违法，督促其自觉接受处理。故对上诉人的上诉意见本院不予支持。

本案中，被上诉人雷某某违法在设有禁停标志、标线的路段停放机动车，交警经开大队民警已经拍照固定相关证据，但在执法过程中因未在该机动车侧门玻璃上粘贴违法停车告知单，因此，编号为610107181574740的公安交通管理简易程序处罚决定书程序违法，但是从被上诉人在原审起诉状自述可知，涉案处罚决定仅为16次违停记录之一，原审判决结果并未完全解决本案的行政争议，仍应依照《行政诉讼法》第七十条的规定，责令交警经开大队对被上诉人雷某某违反交通安全法律、法规停放机动车的行为，依法作出处理，故原审判决认定事实清楚，程序合法，但适用法律错误应予改判。依照《中华人民共和国行政诉讼法》第八十九条第一款第（二）项的规定，判决如下：

一、维持西安铁路运输法院作出（2018）陕7102行初1164号行政判决第一项，即撤销被告西安市公安局交通警察支队经开大队作出的编号为610107181574740的公安交通管理简易程序处罚决定书；

二、维持西安铁路运输法院作出（2018）陕7102行初1164号行政判决第二项，即撤销被告西安市公安局交通警察支队作出的西公交法复〔2018〕026号行政复议决定；

三、责令上诉人西安市公安局交通警察支队经开大队自本判决生效之日起三十日内，对被上诉人雷某某驾驶的陕AJ8××P小型汽车在本市开元路的违法停放行为重新作出处理。

【评析】

《中华人民共和国道路交通安全法实施条例》第六十三条规定"……在设有禁停标志、标线的路段，在机动车道与非机动车道、人行道之间设有隔离设施的路段以及人行横道、施工地段，不得停车……"在设有禁停标志、标线的路段停放机动车属于"机动车违法停车"的违法行为，对驾驶人不在现场的，应该粘贴《违法停车告知单》及时告知当事人，否则构成程序违法，做出的行政处罚无效。告知程序是违法行为处罚中一个重要的环节；告知环节是实施处罚和行使司法救济等权利的前提，也是工作中容易忽视、争议最多、最易产生纠纷的环节。告知制度是指行政主体在作出行政行为前或作出行政行为过程中，要依法将相关事项告诉相对人。公开是向社会公开，查询是向当事人提供获取信息的途径或者方式，告知是直接向相对人定向通知。

在对交通安全违法行为的查处过程中，应该注重程序正义，摒弃“重实体、轻程序”的思维，在执法过程中严格按照《道路交通安全违法行为处理程序规定》，在对于非现场执法信息通知，现场执法中听取当事人的陈述和申辩、处罚人签名、送达等应该严格履行；避免因程序违法导致行政处罚行为无效。

公安交通管理非现场执法是指公安交通管理部门及其交通警察以交通技术监控设备记录违法行为资料作为处罚依据，或者交通警察在执勤执法中采用拍照或录像的方式对交通违法行为进行取证，并在事后实施处罚的一种执法方式。具体程序包括信息采集、录入审核、告知、处罚和救济五个环节。

非现场执法未履行行政告知的法律危害有以下三个方面：

一是侵犯当事人的知情权；《行政处罚法》第三十一条规定：“行政机关在作出行政处罚决定之前，应当告知当事人作出行政处罚决定的事实、理由及依据，并告知当事人依法享有的权利。”因此，被处罚人在接到《行政处罚事项告知书》后，应当认真分析研究，重点审查处罚程序是否合法，证据是否确凿，事实认定是否清楚，适用法律是否准确，作出的处罚是否适当。

二是导致当事人的陈述申辩权丧失；没有得到有效、及时告知，导致当事人陈述权、申辩权甚至救济权的丧失。违法行为人在发生违法后较长时间知道违法信息的情况，因得不到及时告知，接受处罚时由于时间太长而时过境迁，对当时的交通行为记忆模糊，势必影响陈述和申辩权利的行使；有些交通环境发生变化，道路或者交通标志标线改变，当事人对违法事实有争议时，已无法进行复原和认定，救济权利的行使更是无从谈起。

三是违背教育与处罚相结合的原则。告知不及时，不利于预防和减少交通违法行为。《行政处罚法》第五条规定：“实施行政处罚，纠正违法行为，应当坚持处罚与教育相结合，教育公民、法人或者其他组织自觉守法。”《道路交通安全违法行为处理程序规定》规定了“教育与处罚相结合”的原则；处罚不是目的，而是一种手段，发挥震慑作用，通过处罚教育交通参与人，从而预防和减少交通违法行为。告知程序不完善，违法行为人无法及时获知违法信息，得不到有效的教育和警示，导致同一地点或同一种违法行为重复、多次发生，既危害到道路交通安全，也给违法行为人带来巨大的经济损失。

案例三[①]：注销最高准驾车型未举行听证构成程序违法

【案情】

原告：欧某某

被告：宁远县公安局交通警察大队

原告欧某某原持有驾驶证，准驾车型为 B2D。2015 年 4 月 21 日 20 时 16 分，欧某某酒后驾驶牌号为湘 MHV3×× 的普通摩托车行至湖南省宁远县九亿街路段时，被告宁远县公安局交通警察大队的民警查获。经过酒精测试，原告欧某某的血液酒精浓度为 75．3mg/100ml，属于饮酒驾车。同年 5 月 7 日，被告根据《机动车驾驶证申领和使用规定》第六十八条、第六十九条的规定，作出注销最高准驾车型通知，欧某某因在一个记分周期内有记满 12 分记录，机动车驾驶证最高准驾车型驾驶资格将被依法注销。在被告下发通知之前，欧某某要求陈述和申辩，并要求举行听证。被告复核后认为，计分降级不属于行政处罚的内容，被告未举行听证。同年 6 月 1 日，原告收到被告的《机动车驾驶人违法满分考试信息反馈通知书》，原告原持有的 B2D 准驾车型驾照已降级为 C1DM 准驾车型驾照。原告起诉至法院，请求确认被告作出的注销最高准驾车型通知违法并依法撤销。

【审理】

湖南省宁远县人民法院经审理认为，原告欧某某饮酒后驾驶机动车，根据有关法律规定应当受到处罚。根据《行政处罚法》第八条的规定，“暂扣或者吊销许可证”属于行政处罚的一种种类。公民的机动车驾驶证是一种行政许可证。被告宁远县公安局交通警察大队注销原告欧某某最高准驾车型属于吊销许可证的行为，是一种行政处罚行为。根据《行政处罚法》第四十二条的规定，原告欧某某对注销其最高准驾车型的处罚要求举行听证，被告应当组织听证。但被告没有组织听证，因此其于 2015 年 5 月 7 日作出的注销最高准驾车型通知，不符合法律规定，程序违法。

【裁判】

湖南省宁远县人民法院对原告欧某某的诉讼请求予以支持，对被告的抗辩理

① 湖南省宁远县人民法院（2015）宁法行初字第 36 号行政判决书，判决日期：2015 年 11 月 5 日。

由不予采纳。根据《行政诉讼法》第六十九条、第七十条之规定，判决撤销被告宁远县公安局交通警察大队于2015年5月7日作出的注销最高准驾车型通知的行政行为。

【评析】

注销最高准驾车型，剥夺当事人驾驶最高准驾车型的资格，属于“资格罚”；行政处罚是指行政主体对违反了法定义务者依法所采取的一种行政制裁。行政处罚的前提条件是受处罚对象实施了违法行为或者违反法定义务，并且是在主观上具有故意或过失的情况下实施的。本案被告以原告酒后驾驶机动车，违反交通管理法规，在一个记分周期内有记满12分记录，根据《机动车驾驶证申领和使用规定》第六十八条、第六十九条的规定，注销原告欧某某最高准驾车型驾驶资格。被告注销原告最高准驾车型驾驶资格，将原告的B2D准驾车型驾照降为C1DM准驾车型驾照，可视为被告已收回或剥夺原告已经获得的驾驶B2准驾车型权利或资格，在一定程度上是损害了原告的权力。尽管被告在注销原告最高准驾车型驾驶资格时已经向其发出通知，没有使用行政处罚决定书或者其他具体行政行为法律文书，但是该通知已对原告的权利和义务产生不利影响，故被告的通知属于剥夺原告驾驶资格的具体行政行为。

在行政处罚法中当事人具有陈述权和申辩权；为使当事人的陈述权和申辩权得到良好的发挥，也为了能更好听取当事人的意见，实现正当程序，行政处罚法确立了听证制度。行政机关作出责令停产停业、吊销许可证或者执照、较大数额罚款等行政处罚决定之前，应当告知当事人有要求举行听证的权利；当事人要求举行听证的，行政机关应当组织听证。引入了听证程序，在听证程序中通过公开行政机关认定的事实基础和法律过程，以达到追求公开、公平的目的。举行听证可有效预防行政机关工作人员滥用公权力，损害当事人合法权益。本案被告在对原告进行注销其最高准驾车型驾驶资格能力罚时，作为被处罚人的欧某某享有申辩权和陈述权并有权利提出听证。

严重程序违法导致行政行为的正当性丧失，会导致行政行为被撤销。被告注销原告的最高准驾车型驾驶资格程序违法。程序是实现行政管理目标过程中的行政方法和形式，是判断行政行为是否正确合法的重要标准。行政诉讼法规定法定程序是行政行为合法的必要条件。行政处罚法规定了行政处罚的决定程序，其设计的决定程序有简易程序、听证程序和一般程序三类，其共同的特点就是充分保障当事人的程序权利即当事人的知情权、陈述权和申辩权必须得到行政机关的尊重并得到充分的保障。如果行政机关损害了当事人的程序权利，特别是作出对公民不利的决定时，不听取当事人的陈述和申辩，其作出的实体决定缺乏正当性而失去法律效力。被告在注销原告的最高准驾车型驾驶资格时，没有告知原告其具有的听证权，在原告提出举行听证时，也没有组织听证，其作出的具体行政行为是违反程序规定的，依法应予撤销。

案例四[①]：构成交通肇事罪被吊销驾驶证不需履行听证、处罚前告知义务

【案情】

原告：张某某

被告：某市局某分局交通警察支队。

2014 年 11 月 3 日，被告受理原告交通事故致人死亡一案。2015 年 2 月 11 日，原上海市闸北区人民法院作出（2015）闸刑初字第 40 号刑事判决，该判决书表明，2014 年 11 月 3 日 14 时 16 分，原告在共和新路中兴路东北约 × 米处发生交通事故致人死亡；经公安机关道路交通事故认定书认定，原告负此次道路交通事故的全部责任。遂判决原告犯交通肇事罪，判处有期徒刑一年，缓刑二年执行。判决公布后，双方当事人均未提起上诉，原告返回原籍接受社区矫正。同年 4 月 13 日，被告收到上述刑事判决书。

2017 年 8 月 15 日，被告向原告告知了拟对其作出的行政处罚决定认定的事实、理由及依据，原告未提出陈述、申辩，也未要求举行听证，被告继而对原告作出被诉行政处罚决定，并于同日向原告送达被诉行政处罚决定书。原告不服，向上海铁路运输法院（以下简称本院）提起行政诉讼。

【审理】

被告某分局交警支队于 2017 年 8 月 15 日作出静安公交决字〔2017〕第 310106 - × × × × × × × × × × 号公安交通管理行政处罚决定（以下简称被诉行政处罚决定），认定原告于 2014 年 11 月 3 日 14 时 16 分，在共和新路中兴路东北约 × 米处违反道路交通安全法律、法规的规定，发生重大事故，构成犯罪的违法行为，根据《中华人民共和国道路交通安全法》（以下简称道交法）第一百零一条第一款的规定，决定对原告作出吊销机动车驾驶证的处罚决定。

原告张某某诉称，其对被告作出的行政处罚决定无异议，但对被告作出处罚的流程与环节有异议，原告自 2014 年 11 月 3 日发生交通事故之日起至 2017 年 8 月止，被告未以任何形式告知原告要对其实施吊销驾驶证的处罚，由于被告的工作失误，导致被告吊销原告驾驶证的日期延迟了两年半时间。综上，原告请求撤

① 上海铁路运输法院（2017）沪 7101 行初 836 号行政判决书，判决时间：2018 年 2 月 13 日。

销被告于 2017 年 8 月 15 日作出的被诉行政处罚决定。

被告某分局交警支队辩称，《道路交通安全违法行为处理程序规定》（以下简称处理程序规定）第四十九条规定，对构成交通肇事罪的，公安机关交通管理部门应当在人民法院判决后及时作出处罚决定，法律法规对上述条款中的“及时作出”并未规定具体的时间。另公安机关交通管理部门作出的吊销驾驶证的决定不附年限设置，即吊销驾驶证行为一经作出即被永久吊销，故被告何时吊销原告驾驶证并不影响原告的权利义务。被告作出的被诉行政处罚决定书认定事实清楚，程序合法，适用法律正确，请求法院驳回原告诉讼请求。被告某分局交警支队向本院提交了以下作出被诉行政行为的证据、依据，证据：

1. 受案登记表，证明 2014 年 11 月 3 日原某市局某分局交通警察支队受理了原告涉嫌交通违法犯罪一案；

2. （2015）闸刑初字第 40 号刑事判决书，证明 2015 年 2 月 11 日原告因交通肇事罪被刑事处理；

3. 2017 年 8 月 15 日原告询问笔录，证明处罚前被告对原告进行了调查；

4. 行政处罚告知书笔录，证明被告在对原告作出处罚决定之前，告知了原告拟对其作出的处罚决定及享有的陈述和申辩权；

5. 被诉行政处罚决定书，证明被告于 2017 年 8 月 15 日作出被诉行政处罚决定并当场向原告送达行政处罚决定书。

依据：职权依据为道交法第五条第一款；程序依据为处理程序规定第四十六条、第四十九条；法律依据为道交法第一百零一条第一款。

经庭审质证，原告对被告提供的依据以及证据提出如下异议：对证据的真实性均无异议，但认为被告应当在判决之后的 7 日内作出吊销驾驶证的处罚决定。

在审理中，本院向上海市静安区人民法院（原上海市闸北区人民法院和原上海市静安区人民法院在静安区、闸北区两区合并后共同组建成立）调取（2015）闸刑初字第 40 号一案的退卷函，证明被告于 2015 年 4 月 13 日收到法院退回的原告交通肇事罪一案的公安卷宗及所附的刑事判决书。经质证，原、被告双方对此均无异议。

本院对上述证据认证如下：被告提供证据能够完整反映被诉处罚决定的作出过程，原告对这些证据的真实性及证明对象均无异议，本院予以采信。本院调取的证据，原、被告均无异议，本院予以采纳。

在审理中，原告陈述，2017 年 2 月其在原籍查询其驾驶证状态，公安交通管理系统反映原告的驾驶证处于事故未处理状态。缓刑期满后，其离开原籍返回上海。同年 3 月 25 日，其找到被告询问其驾驶证情况，被告答复原告的驾驶证将被吊销，自原告驾驶证被吊销之日起2年内原告不得申领驾驶证。原告对被告于交涉之日起吊销其驾驶证有异议，被告表示愿意将吊销时间变更为判决书生效的当月或次月，但未果。原告获悉后，于2017年8月接受了处理。

被告陈述，吊销驾驶证属于行政处罚，按照法律规定，被告在处罚前需对原告履行调查及事先告知义务，原告知晓被告扣押其驾驶证，但未到被告处接受处理，故被告直至2017年8月才作出被诉行政处罚决定。被告另外陈述，公安交通管理系统上对原告申请驾驶证的年限限制不是人为设置的，而是该软件系统根据输入的吊销驾驶证的处罚决定时间自动生成的年限限制，被告无修改该年限限制的职权。

【裁判】

本院认为，根据道交法第五条第一款“国务院公安部门负责全国道路交通安全管理工作。县级以上地方各级人民政府公安机关交通管理部门负责本行政区域内的道路交通安全管理工作”及处理程序规定第六条第二款“对违法行为人处以吊销机动车驾驶证处罚的，由设区的市公安机关交通管理部门作出处罚决定”的规定，被告具有作出被诉行政处罚决定的职权。

道交法第一百零一条第一款规定，“违反道路交通安全法律、法规的规定，发生重大交通事故，构成犯罪的，依法追究刑事责任，并由公安机关交通管理部门吊销机动车驾驶证”。根据上述规定，在法院判决原告犯交通肇事罪并被追究刑事责任后，原告的驾驶证即应当被吊销。按照处理程序规定第四十九条规定，“……处以吊销机动车驾驶证的，应当自违法行为人接受处理或者听证程序结束之日起七日内作出处罚决定，交通肇事构成犯罪的，应当在人民法院判决后及时作出处罚决定。”该条并未对犯交通肇事罪的对象吊销驾驶证的处罚程序作出规定，在行政处罚中，对当事人履行处罚前的告知义务以及听证程序，是为了保证当事人的合法权益不受侵害，可以对行政机关拟认定的违法事实及适用法律提出陈述和申辩，而在法院对当事人犯交通肇事罪作出的刑事判决生效以后，刑事判决书确认的事实即可以作为定案依据，且道交法明确规定对犯交通肇事罪并被依法追究刑事责任人处以吊销驾驶证的处罚，因此无须在对犯交通肇事罪并被追究刑事责任人作出吊销驾驶证的处罚之前再履行处罚前的告知义务。综上，在本案中，被告对原告作出吊销驾驶证的行政处罚决定是依职权的行政行为，被告应当在收到原上海市闸北区人民法院退还的原告交通肇事罪卷宗所附的刑事判决书后，及时作出吊销驾驶证的处罚决定。本案被告于2015年4月13日收到法院刑事判决书后，直至两年四个月后才作出被诉行政处罚决定，显已超过法定的办案期限，故被告对原告作出被诉行政处罚决定的程序违法。

按照《中华人民共和国行政诉讼法》规定，被诉行政行为违反法定程序的，人民法院可以判决撤销。对于本案，如因被告程序违法撤销被告作出的被诉行政行为，则将恢复原告被吊销的驾驶证，由此将违反道交法第一百零一条第一款之规定，且在原告未参加交规考试的情况下直接恢复原告的驾驶证，将给社会交通秩序带来安全隐患，损害国家法律秩序及社会公共利益，故被诉行政处罚决定不宜撤销。公安交通管理系统上对原告申请驾驶证的年限限制是根据被告作出被诉行政处罚决定而自动生成的限制，由于被告比法定办案期限晚了2年多才作出被诉行政处罚决定，已超过法律规定的限制原告申请驾驶证的年限，故不应再对原告申请驾驶证设置年限限制。被告称，其支队对该限制无权限修改，但被告有义务对迟延作出吊销行为致原告申请驾驶证的年限限制延长采取补救措施，消除对原告造成的不利影响。据此，依照《中华人民共和国行政诉讼法》第七十四条第一款第（一）项、第七十六条之规定，判决如下：

一、确认被告某市局某分局交通警察支队于2017年8月15日对原告张某某作出的静安公交决字〔2017〕第310106－××××××××××号公安交通管理行政处罚决定违法；

二、被告某市局某分局交通警察支队于本判决生效之日起十五日内启动撤销公安交通管理系统对原告申请驾驶证的年限限制的程序。

【评析】

构成交通肇事罪由公安机关交通管理部门吊销机动车驾驶证可以不履行处罚前的告知义务以及听证程序，直接作出处罚决定。在行政处罚中，对当事人履行处罚前的告知义务以及听证程序，是为了听取当事人陈述或者申辩，保证当事人的合法权益不受侵害。根据道交法第一百零一条第一款规定，“违反道路交通安全法律、法规的规定，发生重大交通事故，构成犯罪的，依法追究刑事责任，并由公安机关交通管理部门吊销机动车驾驶证”。道交法第一百零一条第一款是《行政处罚法》第三十一、三十二、四十一条的特例，法律直接作出授权性规定公安机关交通管理部门可以“直接吊照”。构成交通肇事罪是吊销机动车驾驶证充分条件，未对犯交通肇事罪的当事人吊销驾驶证的处罚程序作出规定；因此在人民法院对当事人构成交通肇事罪作出的刑事判决生效以后，刑事判决书确认的事实即可以作为定案依据，且道交法明确规定这种情形处以吊销驾驶证的处罚，因此无须再对犯交通肇事罪并被追究刑事责任人作出吊销驾驶证的处罚之前再履行处罚前的告知义务，无须再举行听证。

公安机关交通管理部门对张某某（原告）作出吊销驾驶证的行政处罚决定是依职权的行政行为，公安机关应当在收到原上海市闸北区人民法院退还的张某某（原告）交通肇事罪卷宗所附的刑事判决书后，及时作出吊销驾驶证的处罚决定。“及时作出”表示在行政处罚法规定的期限内尽快作出。《行政处罚法》第二十九条第一款规定，违法行为在二年内未被发现的，不再给予行政处罚。

本案公安机关交通管理部门2015年4月13日收到法院刑事判决书后，直至两年四个月后才作出被诉行政处罚决定，显已超过法定的办案期限，故公安机关对张某（原告）作出被诉行政处罚决定的程序违法。

按照《中华人民共和国行政诉讼法》规定，被诉行政行为违反法定程序的，人民法院可以判决撤销。

案例五[①]：未处理违法为由拒绝办理车辆审验的行政行为违法

【案情】

再审申请人（一审原告、二审上诉人）：唐某某。

被申请人（一审被告、二审被上诉人）：长沙市公安局交通警察支队车辆管理所。

唐某某系牌照湘 A ×××××车辆的所有人。2016 年 12 月 20 日，唐某某向车管所在长沙市兴腾机动车辆检测服务有限公司设立的业务办理窗口递交了湘 A ×××××车辆的机动车行驶证、机动车牌证申请表、机动车交通事故责任强制保险单、机动车安全技术查验表以及机动车安全技术检验报告、长沙市在用机动车排气检测报告等材料，申请领取机动车检验合格标志。车管所工作人员以该车辆有违章行为未处理，不符合《机动车登记规定》第四十九条的规定为由，拒绝受理唐某某的申请，并口头告知唐某某在受理其申请前必须将该车的交通违法行为处理完毕。自 2013 年 12 月 31 日至 2017 年 1 月 17 日，湘 A ×××××车辆共有 4 次违章记录未被处理。2016 年 12 月 26 日，唐某某向车管所去函要求核发该车检验合格标志，车管所回函仍以相同的理由予以拒绝。唐某某不服，遂提起本案诉讼请求：（1）判令车管所立即向唐某某发放湘 A ×××××车辆的检验合格标志；（2）判令车管所赔偿因其不履行法定职责而给唐某某造成的误工及交通损失费 1000 元。

另认定：机动车检验合格标志统一由公安交通管理综合应用平台打印，该系统软件由国家公安部设计和管理，当车辆有违章记录未清除或交通事故未处理完毕时，此应用平台则无法打印该合格标志。

再审申请人唐某某与被申请人长沙市公安局交通警察支队车辆管理所（以下简称车管所）不履行法定职责及行政赔偿一案，湖南省长沙市岳麓区人民法院于 2017 年 7 月 5 日作出（2017）湘 0104 行初 10 号行政判决。唐某某不服，向湖南省长沙市中级人民法院提起上诉。该院于 2017 年 10 月 27 日作出（2017）湘 01 行终 577 号行政判决。唐某某仍不服，向湖南省高级人民法院（以下简称本院）

① 湖南省高级人民法院（2018）湘行再 65 号行政判决书，判决时间：2018 年 11 月 17 日。

申请再审。

【审理】

一审判决认为：

一、《中华人民共和国行政许可法》第十六条第三款规定，规章可以在上位法设定的行政许可事项范围内，对实施该行政许可作出具体规定。《机动车登记规定》（公安部令第 124 号）第四十九条并未设立新的行政许可事项，只是对核发检验合格标志这一行政许可事项作出程序上的具体规定。同时，该条关于申请检验合格标志前，机动车所有人应当将涉及该车的道路交通安全违法行为和交通事故处理完毕的规定，符合《中华人民共和国道路交通安全法》关于“维护道路交通秩序，预防和减少交通事故，保护人身安全，保护公民、法人和其他组织的财产安全及其他合法权益，提高通行效率”的立法宗旨，与该法第十三条的原则性规定并无冲突。

二、行政机关履行法定职责须满足特定的条件，要有履行职责的现实可能。机动车检验合格标志统一由公安交通管理综合应用平台打印，按照该平台的设计要求，若存在道路交通安全违法行为和交通事故未处理完毕的情形时，则无法打印出车辆检验合格标志。因此，在唐某某未处理完交通违法记录前要求核发该车的机动车检验合格标志，由于受应用平台管理系统的限制，车管所客观上也无法办理。

综上所述，唐某某在未处理完涉案车辆的道路交通安全违法行为前申请核发该车的车辆检验合格标志，其申请的条件尚不完备。唐某某要求判令车管所立即向其发放机动车检验合格标志，不具备实现的可能，本院不予支持。唐某某据此要求车管所赔偿其误工及交通损失费，没有事实根据和法律依据，亦不予支持。据此，依据《中华人民共和国行政诉讼法》第六十九条之规定，判决驳回唐某某的全部诉讼请求。

二审判决认为：公安部《机动车登记规定》第四十九条第二款规定：“申请前，机动车所有人应当将涉及该车的道路交通安全违法行为和交通事故处理完毕。申请时，机动车所有人应当填写申请表并提交行驶证、机动车交通事故责任强制保险凭证、车船税纳税或者免税证明、机动车安全技术检验合格证明。”根据车管所提交的证据，唐某某向车管所申请核发机动车检验合格标志时，有交通安全违法行为未处理完毕，故车管所根据上述规定不予受理唐某某要求核发机动车检验合格标志的申请，具有事实根据。车管所收到唐某某的申请后，认为其不符合申请条件，及时告知了唐某某，并说明了理由，程序上并无不当。唐某某主张被诉行政行为不合法，并据此要求赔偿，无事实根据，不予支持。唐某某认为车管所存在举证逾期故不能采信的问题。经查，车管所逾期举证事前已获一审法院批准，该理由不成立。唐某某认为交通违法信息记录不是其交通违法行为的事实根据，且系车管所自行制作，也未经平台机构核实盖章，故不应采信。因道路交通违法信息管理系统记录的信息属法定证据，且事实上，唐某某对于涉案车辆具有相关交通违法行为也并不否认，故对唐某某有关不予采信车管所提交的其交通违法信息记录的主张，本院不予支持。

综上所述，唐某某认为被诉行政行为违法，并请求判令为其核发检验合格标志，理由不成立，其据此要求赔偿，无事实根据本院不予支持。一审判决认定事实清楚，判决结果正确，审判程序合法，本院应予维持。依照《中华人民共和国行政诉讼法》第八十九条第一款第（一）项的规定，判决驳回上诉，维持原判。

唐某某不服，向本院申请再审称：车管所涉诉拒发检验合格标志的行为，违反了《道路交通安全法》和最高人民法院《关于公安交警部门能否以交通违章未处理为由不予核发机动车检验合格标志的问题的答复》。原判认定事实不清，适用法律错误。请求判令车管所向其立即发放涉诉车辆检验合格标志并赔偿误工交通费等损失 1000 元。

车管所答辩称：唐某某在进行涉案车辆年检时，存在违章行为，证据充分，且唐某某于 2018 年 6 月将该车未处理完的违法行为已处理完毕并获得了机动车检验合格标志。在车辆存在违章情形时拒发机动车检验合格标志，符合法律规定和立法精神。原判处理结果正确，请予维持。

本院再审对一、二审判决认定的事实予以确认。本院另查明：2018 年 6 月 14 日，唐某某至长沙市公安局交通警察支队处罚中心将涉诉车辆未处理的违法行为处理完毕。2018 年 6 月 20 日，车管所根据唐某某的申请，向唐某某核发了该车机动车检验合格标志，目前该车的检验有效期至 2018 年 12 月 31 日。

【裁决】

本案再审争议焦点主要为以下两个方面：一、车管所以唐某某车辆有道路交通违法行为未处理完毕为由，不予核发机动车检验合格标志是否合法。二、唐某某提出的赔偿请求是否有事实和法律依据。

一、关于车管所不予核发机动车检验合格标志，是否合法的问题。合法行政的要求之一即为“法律优先”，法律已经规定的不能违反。即在行政立法方面，行政机关的任何规定和决定都不得与法律相抵触，行政机关不得作出不符合现行法律的规定和决定；在行政执法方面，行政机关有义务积极执行和实施现行有效法律规定的行政义务，行政机关不积极履行法定作为义务，将构成违法。《道路交通安全法》第十三条规定：“……对提供机动车行驶证和机动车第三者责任强制保险单的，机动车安全技术检验机构应当予以检验，任何单位不得附加其他条件。对符合机动车国家安全技术标准的，公安机关交通管理部门应当发给检验合格标志……”据此，只要申请人提供机动车行驶证、机动车第三者责任强制保险单，且机动车经安全技术检验合格，公安交通管理部门就应当核发机动车检验合格标志。在本案中，唐某某提供了机动车行驶证、机动车第三者责任强制保险单，且机动车经安全技术检验合格，车管所依法应核发机动车检验合格标志。在已有法律对核发机动车检验合格标志的条件作出规定的情况下，车管所在法律规定的条件之外附加条件，违反了“法律优先”的原则。

关于车管所称依据《机动车登记规定》（公安部令第124号）第四十九条的规定，其不予核发机动车检验合格标志符合相关规定的问题。其一，《机动车登记规定》（公安部令第124号）是为实施《道路交通安全法》及其实施条例而制定的，属公安部的部门规章，其中第四十九条规定，机动车所有人申请检验合格标志前，应当将涉及该车的道路交通安全违法行为和交通事故处理完毕。该规定将交通违法行为的处理设定为核发车辆检验合格标志的前提条件，与《道路交通安全法》第十三条第一款的规定不一致，应当根据上位法《道路交通安全法》认定被诉行政行为的合法性。其二，交通违法行为被处罚的对象主要是车辆驾驶人，而非机动车，其目的是惩戒和警示、避免违法驾驶行为的再次发生。车辆年检的对象是车辆本身，其目的是及时消除车辆的安全隐患、减少因车辆本身的状况导致交通事故的发生。将交通违法行为的处理设定为核发车辆检验合格标志的前提条件，两者对象不一致，违反行政法上的禁止不当联结原则。

车管所要求先行处理交通违法行为才核发车辆检验合格标志，可以提高行政效率，亦隐含了对交通秩序的遵守和对个人生命的尊重。但于行政机关而言，法无授权即禁止；于公民个人而言，法无禁止即自由。故于行政机关，行政效率的提高须在现行法律的框架内进行。但即便如此，因违法驾驶行为可能导致的潜在巨大风险，亦因遵守道路交通安全法律、及时纠正违法行为是驾驶人员和车辆所有人的法定义务，故对于违法驾驶行为应全力避免，一旦发生交通违法行为理应接受相应处罚。因此，较之对未消除违法驾驶记录的车辆拒发车辆检验合格标志行为的合法性，更值得我们关注的是，有什么同样经济和高效的办法，能替代现行的行政管理方式；共同探寻符合我国实际的替代办法，在自由与效率、秩序甚至是生命之间寻求到一种平衡，才更是和我们每一位公民息息相关的事情。

二、关于唐某某提出的赔偿请求是否有事实和法律依据的问题。《最高人民法院关于适用〈中华人民共和国行政诉讼法〉的解释》第九十八条规定：“因行政机关不履行、拖延履行法定职责，致使公民、法人或者其他组织的合法权益遭受损害的，人民法院应当判决行政机关承担行政赔偿责任。在确定赔偿数额时，应当考虑该不履行、拖延履行法定职责的行为在损害发生过程和结果中所起的作用等因素。”据此，行政机关不履行法定职责应承担的行政赔偿责任应考虑该不履职行为与损害的因果关系和作用大小。在本案中，根据唐某某一审提交的《原告损失明细表及凭证》，其损失主要为诉讼中因调取证据、起诉、立案、开庭等产生的汽油费200元、快递费20元、误工损失535元，共计755元。这些损失并非车管所拒发车辆检验合格标志所导致的直接损失，两者间并无法律上的直接因果关系，不属于依法应予赔偿的范围。故唐某某有关赔偿的请求依据不足，本院不予支持。

综上，唐某某申请再审的理由部分成立，依法应予支持。一、二审判决适用法律错误，处理结果不当，依法应予纠正。依照《中华人民共和国行政诉讼法》第七十四条第二款（三）项和《最高人民法院关于适用〈中华人民共和国行政诉讼法〉的解释》第一百一十九条第一款、第一百二十二条的规定，判决如下：

一、撤销湖南省长沙市中级人民法院（2017）湘01行终577号行政判决和湖南省长沙市岳麓区人民法院（2017）湘0104行初10号行政判决；

二、确认长沙市公安局交通警察支队车辆管理所以唐某某车辆有道路交通违法行为未处理完毕为由，不予核发机动车检验合格标志的行为违法。

【评析】

《中华人民共和国道路交通安全法》第十三条规定：“……对提供机动车行驶证和机动车第三者责任强制保险单的，机动车安全技术检验机构应当予以检验，任何单位不得附加其他条件。对符合机动车国家安全技术标准的，公安机关交通管理部门应当发给检验合格标志。”《机动车登记规定》第四十九条规定：“……申请前，机动车所有人应当将涉及该车的道路交通安全违法行为和交通事故处理完毕。申请时，机动车所有人应当填写申请表并提交行驶证、机动车交通事故责任强制保险凭证、机动车安全技术检验合格证明。”公安机关交通管理部门根据《机动车登记规定》之规定，在车辆年检前，应当先将涉及该车的交通违法行为和交通事故处理完毕，但个人名下其他机动车违法或交通事故未处理的，不影响该车的年检。同时根据《中华人民共和国行政许可法》第十六条：“法规、规章对实施上位法设定的行政许可作出的具体规定，不得增设行政许可；对行政许可条件作出的具体规定，不得增设违反上位法的其他条件。”的精神，公安机关交通管理部门不得对该行政许可增设前提条件，其行为于法无据。

《机动车登记规定》第四十九条规定将交通违法行为的处理设定为核发车辆检验合格标志的前提条件，与《道路交通安全法》第十三条第一款的规定不一致，应当根据上位法《道路交通安全法》认定被诉行政行为的合法性。另外，交通违法行为被处罚的对象主要是车辆驾驶人，而非机动车，其目的是惩戒和警示、避免违法驾驶行为的再次发生。车辆年检的对象是车辆本身，其目的是及时消除车辆的安全隐患、减少因车辆本身的状况导致交通事故的发生。将交通违法行为的处理设定为核发车辆检验合格标志的前提条件，两者对象不一致，违反行政法上的禁止不当联接原则。

《最高人民法院关于公安交警部门能否以交通违章行为未处理为由不予核发机动车检验合格标志问题的答复》（2007）行他字第20号明确指出：《道路交通安全法》第十三条对机动车进行安全技术检验所需提交的单证及机动车安全技术检验合格标志的发放条件作了明确规定："对提供机动车行驶证和机动车第三者责任强制保险单的，机动车安全技术检验机构应当予以检验，任何单位不得附加其他条件。对符合机动车国家安全技术标准的，公安机关交通管理部门应当发给检验合格标志。"法律的规定是清楚的，应当依照法律的规定执行。

公安机关交通管理部门以机动车交通事故未处理完毕或者交通违法行为未处理为由不予核发机动车检验合格标志的行为值得商榷。

案例六[①]：增驾 A2 驾驶证实习期驾驶牵引车合法

【案情】

原告：张某某。

被告：中国人寿财产保险股份有限公司郑州市中心支公司。

2019 年 4 月 12 日 5 时 5 分许，陈某华驾驶车牌照号为豫 J ×××××/豫 J ×××××重型半挂列车行驶至邯郸 m 处时，与停放于应急车道应急港湾处由驾驶人冯希滨驾驶的车牌号为冀 D ×××××/冀 D ×××××重型半挂列车发生追尾碰撞，造成两车车辆损坏的交通事故。2019 年 4 月 15 日，河北省公安厅高速公路交通警察总队邯郸支队邯郸大队出具道路交通事故认定书，认定陈某华未按操作规范安全驾驶、文明驾驶，违反了《中华人民共和国道路交通安全法》第二十二条第一款之规定，导致此次事故的发生，负此次事故的全部责任。2019 年 4 月 22 日，王某凯委托河北大生泰丰保险公估有限公司对事故车辆豫 J ×××××的车辆损失进行评估，结论为损失金额合计 191375 元。原告支出公估费 5800 元、施救费 8500 元。原告陈述王某凯系其雇佣的跟车人员，但未能提供证据。

原告司机陈某华驾驶证登记的初次领证日期为 2008 年 9 月 8 日，有效期限至 2024 年 9 月 8 日，准驾车型为 A2。陈某华初次领证日期驾驶证副页有“增驾 A2，实习期至 2019 年 5 月 17 日。”的记录。豫 J ×××××/豫 J ×××××车的登记所有人为濮阳市金旺汽车服务有限公司，实际所有人为张某某，该车系挂靠在濮阳市金旺汽车服务有限公司运营。豫 J ×××××重型半挂车在人寿财险郑州市支公司投保有交强险及机动车商业保险，不计免赔率险。交强险财产赔偿限额为 2000 元，商业险中机动车损失保险责任限额为 255000 元。保险期间自 2019 年 2 月 13 日 0 时起至 2020 年 2 月 12 日 24 时止。被告提交的《中国保险行业协会机动车综合商业保险示范条款》第八条（二）第五款载明，机动车驾驶人有“实习期内驾驶公共汽车、营运客车或者执行任务的警车、载有危险物品的机动车或牵引挂车的机动车”情形的，保险人不负责赔偿。

2019 年 3 月 11 日，濮阳市金旺汽车服务有限公司出具证明，称豫 J ×××××重型半挂牵引车挂靠在其公司名下，其公司同意将保险公司理赔款转账到实际车

① 河北省磁县人民法院（2019）冀 0427 民初 2030 号民事判决书，判决时间：2019 年 12 月 18 日。

主张某某。

【审理】

原告张某某与被告中国人寿财产保险股份有限公司郑州市中心支公司（以下简称：人寿财险郑州市支公司）为保险合同纠纷一案，河北省磁县人民法院（以下简称本院）受理后，依法适用简易程序，公开开庭进行了审理。

在庭审中，被告人寿财险郑州市支公司对王某凯委托河北大生泰丰保险公估有限公司对事故车辆豫J×××××的车辆损失所作的评估有异议，认为委托程序错误等原因，申请重新鉴定。本院委托信德保险公估有限公司对原告车损进行重新评估，2019年11月28出具公估报告，结论为损失金额合计173995元，公估费金额为12530元。

张某某向本院提出诉讼请求：

1. 判令被告赔偿原告因交通事故造成的施救费、鉴定费、车辆损失等各项经济损失共计205675元；

2. 本案的诉讼费用全部由被告承担。

事实与理由：2019年4月12日5时5分许，机动车驾驶人陈某华驾驶车牌照号为豫J×××××/豫J×××××重型半挂列车行驶至邯郸m处时，与停放于应急车道应急港湾处由驾驶人冯希滨驾驶的车牌号为冀D×××××/冀D×××××挂重型半挂列车发生追尾碰撞，造成两车车辆损坏的交通事故，事故发生后经邯郭交警支队出具事故认定书，认定陈某华负此次事故的全部责任。豫J×××××/豫J×××××车辆在中国人寿财产保险股份有限公司郑州市中心支公司投有交强险及机动车损失保险、商业三者险等保险，并投有不计免赔率，被告保险公司应当承担赔偿责任。事故发生后，原告就赔偿事宜与被告协商未果，诉至贵院请求依据《合同法》的相关规定，判决被告赔偿原告的车辆损失费、鉴定费、施救费等保险理赔金。

人寿财险郑州市支公司辩称：

1. 原告驾驶人陈某华实习期驾驶半挂车违反法律法规禁止规定和保险合同约定，因此我公司商业险免赔。

2. 原告主体不适格，应当提供第一受益人同意赔付证明。

3. 原告的损失应当扣除案外车辆无责赔付部分。

4. 原告提供的鉴定系单方鉴定，委托人与案件无关系，程序违法，我公司申请重新鉴定。

5. 原告诉求过高，我公司不承担车载货物的施救费及本案的诉讼费、鉴定费。

【裁判】

本院认为，本案被保险车辆在保险期间发生交通事故，造成车辆损坏，属于保险合同约定的保险事故。本次发生事故时，原告司机陈某华处于增驾 A2 驾驶证实习期，已经取得了驾驶牵引车主车及牵引挂车、半挂车的资格，实习期的主要目的是为了使驾驶员熟悉准驾车型的性能、运行等行驶情况，如果在实习期不能驾驶准驾车型车辆，就失去了设立实习期的意义；另外根据《中华人民共和国道路交通安全法实施条例》第二十二条规定，机动车驾驶人初次申领机动车驾驶证后的 12 个月为实习期，原告司机陈某华初次领证日期为 2008 年 9 月 8 日，因此，法律规定的实习期已过，且本案中，公安交警部门出具的事故责任认定书并未认定原告司机陈某华驾驶重型半挂车违反相关规定，故被告辩称原告司机陈某华实习期驾驶半挂车违反法律法规禁止规定和保险合同约定，商业险免赔的理由不成立，本院不予采纳。肇事车辆的登记所有人、被保险人濮阳市金旺汽车服务有限公司已出具证明，证明张某某系事故车辆的实际所有人，该公司已将该车辆此次事故的保险理赔权益转让给张某某，同意张某某以自己的名义向保险公司主张理赔，所得理赔款打到张某某指定的账号，故张某某具有本案的原告主体资格。对于王某凯委托河北大生泰丰保险公估有限公司对原告车损所作的评估，因被告认为委托程序错误等原因，并申请了重新鉴定，故本院根据信德保险公估有限公司对原告车损进行的重新评估 173995 元计算。施救费 8500 元系原告为防止或减少保险标的的损失所支付的必要的、合理的费用，且有相应证据证实，故应由被告承担。关于鉴定费，根据《中华人民共和国保险法》第六十四条规定，保险人、被保险人为查明或确定保险事故的性质、原因和保险标的的损失程度所支付的必要的、合理的费用，由保险人承担。因原告自行委托公估报告未被采纳，故公估费由原告自行承担，被告申请重新鉴定的费用由被告承担。据上，原告车损为 173995 元、施救费 8500 元，合计 182495 元应由被告赔偿。

综上所述，根据《中华人民共和国合同法》第六十条第一款、《中华人民共和国保险法》第五十五条、五十七条、第六十四条、《中华人民共和国道路交通安全法实施条例》第二十二条之规定，判决如下：

一、被告中国人寿财产保险股份有限公司郑州市中心支公司自本判决生效之日起十日内赔付原告张某某 182495 元。

二、驳回原告张某某的其他诉讼请求。

【评析】

本案争论的焦点是机动车驾驶人在增驾 A2 驾驶证实习期内是否可以驾驶牵引车。

《道路交通安全法实施条例》第二十二条第二款规定，机动车驾驶人初次申领机动车驾驶证后的12个月为实习期。在实习期内驾驶机动车的，应当在车身后部粘贴或者悬挂统一式样的实习标志。《机动车驾驶证申领和使用规定》（公安部139号令）第七十四条进一步规定，机动车驾驶人初次申请机动车驾驶证和增加准驾车型后的12个月为实习期。

《道路交通安全法实施条例》第二十二条第三款规定，机动车驾驶人在实习期内不得驾驶公共汽车、营运客车或者执行任务的警车、消防车、救护车、工程救险车以及载有爆炸物品、易燃易爆化学物品、剧毒或者放射性等危险物品的机动车；驾驶的机动车不得牵引挂车。

由于牵引车准驾车型A2只能通过申请增驾取得；但是《道路交通安全法实施条例》第二十二条及《机动车驾驶证申领和使用规定》第七十五条均规定实习期内“驾驶的机动车不得牵引挂车。”。由此产生了“增驾牵引车准驾车型在实习期是否可以驾驶牵引车”的疑问，其实这些是对相关法律规定的理解偏差和错误认识产生的悖论；取得准驾车型的驾驶资格在实习期内可以驾驶准驾车型机动车。

增驾牵引车A2在实习期内驾驶牵引车符合法律的规定，具体理由如下：

一是正确理解实习期内，法律法规对驾驶车辆的限制。《道路交通安全法实施条例》和《机动车驾驶证申领和使用规定》对在实习期内驾驶车辆均明确禁止性规定；但是从功能、使用或者运输物品类型限定，目的是为了保障公共安全；禁止驾驶从事具有公共交通活动的车辆，即公共汽车、营运客车；禁止驾驶执行任务的特种车辆，禁止驾驶车辆运载危险物品。而对于实习期内驾驶准驾车型机动车的驾驶资格并没有任何限制。

二是混淆了“牵引车”与“驾驶机动车牵引挂车”的区别。牵引车是一个独立的准驾车型，A2准驾的车辆包括重型、中型全挂、半挂汽车列车，“汽车列车”是牵引车头与挂车的组合体；不能把作为准驾车型牵引车理解为“牵引车头”。实习期只是不允许在这个组合体列车后再牵引挂车。

“驾驶机动车牵引挂车”是驾驶独立的一个准驾车型的机动车，再加挂挂车。例如，驾驶小型载客汽车再牵引挂车，在实习期是不允许的。

驾驶机动车牵引挂车，过了实习期是可以的，法律也有明确的规定和要求，如小型载客汽车只允许牵引旅居挂车或者总质量700千克以下的挂车。

三是实习期限制驾驶准驾车型机动车不符合实习期设置的目的和意义。设立实习期的目的就是为了使驾驶人在取得驾驶证后的12个月内，提升注意义务，熟悉交通规则，熟练机动车操作，积累交通安全驾驶的实践经验；把学习的驾驶技能、交通安全法律知识，安全文明驾驶知识进行应用实践，提升安全驾驶的技能能力。如果在实习期不允许持有A2准驾车型的人驾驶牵引车完全达不到设置实习期的目的和作用。

四是违背了人们的认知逻辑与常识；如果只允许实习期内持A2驾证的驾驶人驾驶牵引车车头；既无法产生任何的经济价值，也无法使驾驶人的驾驶技能得到提升。

因此，A2实习期驾驶牵引车属于“驾驶机动车”，是合法的。

附　　录

道路交通安全违法行为处理法律文书（式样）

中华人民共和国公安部

2020 年

目　　录

道路交通安全违法行为处理法律文书制作及使用说明…………………（235）
式样一：公安交通管理行政处罚决定书…………………………………（238）
式样二：公安交通管理简易程序处罚决定书……………………………（240）
式样三：公安交通管理撤销机动车登记/驾驶许可决定书 ……………（242）
式样四：公安交通管理行政强制措施凭证………………………………（244）
式样五：返还物品凭证……………………………………………………（246）
式样六：道路交通安全违法行为处理通知书……………………………（248）
式样七：公安交通管理转递通知书………………………………………（250）
式样八：违法停车告知单…………………………………………………（252）
式样九：军车/消防救援车辆交通违法/交通事故抄告通知书…………（254）
式样十：解除行政强制措施通知书………………………………………（256）
式样十一：机动车未处理道路交通安全违法行为告知书………………（258）
式样十二：异地处理道路交通安全违法行为告知书……………………（261）
式样十三：办理注销最高/实习准驾车型业务通知书 …………………（264）
式样十四：道路交通安全违法行为异议确认书…………………………（266）
式样十五：机动车所有人/管理人/驾驶人联系方式、送达方式
确认书……………………………………………………………（269）

道路交通安全违法行为处理
法律文书制作及使用说明

一、本通知中所称文书，是指与《道路交通安全违法行为处理程序规定》相配套的道路交通安全违法行为处理法律文书。全国公安机关交通管理部门使用统一式样的文书。

二、文书由各省级公安机关交通管理部门组织印制，并统一监制和管理。除民警现场执法时制作的文书外，其他处理交通违法行为需要制作的文书，应当使用计算机打印。

有条件的地方，民警可以现场打印执法使用的文书。民警现场打印执法使用的文书与本通知规定的文书式样不一致的，当事人可以到公安机关交通管理部门领取符合本通知规定式样的文书。

三、印制文书、表格使用的文字应当符合国家标准。

四、公安交通管理简易程序处罚决定书、公安交通管理行政强制措施凭证、道路交通安全违法行为处理通知书、违法停车告知单和军车交通违法/交通事故抄告通知书采用 80×150mm 的版心尺寸制作。

五、其他文书用纸幅面尺寸采用标准 A4 型纸，文书页边与版心尺寸：

文书用纸天头（上白边）为 37mm±1mm；文书用纸订口（左白边）为 28mm±1mm；版心尺寸为 156mm×225mm（不含页码）。

六、文书应当使用能够长期保存字迹的钢笔等硬笔填写或者使用打印机打印，做到字迹工整、清晰，各项内容填写完整、准确。

七、印制文书时，文书中注明的“（此处印制公安机关交通管理部门名称）”处，印制使用该文书具有独立执法主体资格的公安机关交通管理部门的名称，名称前应当写明所在省、自治区、直辖市及地市名称（如：江苏省无锡市锡湖区交警大队）。“（公安机关交通管理部门盖章）”处，印制时不印制文字，由使用该文书的具有独立执法主体资格的公安机关交通管理部门加盖印章。首位“×”处填写制作文书的公安机关交通管理部门代字。“〔××××〕”处填写年度，“第××号”处填写文书的顺序编号。“编号：”处统一印制文书编号。文书编号要使用统一编号规则：文书编号长度为 16 位，第 1 至 6 位为执法机关代码，第 7 位为文书类别，第 8 至 15 位为流水号，第 16 位为校验码。

八、文书的编号，印在该文书名称下一行右侧。

九、文书所留空白不够记录时，可以附纸记录，但附页也应当按照文书所列项目要求制作，涉及当事人陈述、意见等内容的，应当由相关人员签名或者捺指印。

十、文书中“□”，使用边框为虚线方框印制。有多个“□”时，表示有多个内容可供选择，在选中内容前的“□”内打√（填写机动车驾驶证号等号码处除外）。

十一、“当事人”或者“被处罚人”栏，属于机动车驾驶人违反道路交通安全法律法规的，填写违法行为人机动车驾驶证登记的姓名。属于非机动车驾驶人或者行人违反道路交通安全法律法规的，填写其有效身份证件上的姓名、身份证明名称及号码。属外国籍或者少数民族的人员，应当写明其汉语音译名，必要时，可以在汉语音译名后注明其使用的本国或者本民族文字姓名。未携带机动车驾驶证或者无机动车驾驶证的，填写其有效身份证件上的姓名、身份证明名称及号码。无有效身份证件的，填写当事人（被处罚人）提供的姓名，并在备注栏注明“未提供有效身份证件”。

十二、“联系方式”栏填写当事人有效的联系方式。

十三、当事人和机动车基本信息按照机动车驾驶证、机动车行驶证载明的内容填写。未携带机动车驾驶证或者无机动车驾驶证的，填写居民身份证（或者其他有效身份证件）上记载的信息。

十四、违法行为时间应当填写违法行为发生时间，具体到时、分，证据材料上有明确违法时间的，文书记载的时间应当与证据材料载明的时间一致；违法行为地点应当填写发生违法行为的具体地点（按照文书记录能够准确定位违法行为发生的地点）。

十五、文书中有“/”作为选择的，将未选择的内容用横线划去。

十六、复议和诉讼机关应当写明当事人申请行政复议或者提起行政诉讼的具体复议机关和人民法院。罚款缴纳银行、复议和诉讼机关可以在印制时统一印制，或者由领用单位统一填写。

十七、当事人拒绝签名或者捺指印的，交通警察应当在“备注”栏注明。

十八、文书送达后，应当请受送达人在附卷联签名，注明送达日期。由代理人代领的，应当提供当事人签名的书面委托证明，并由代理人签名，注明代领日期。

十九、适用简易程序处理的交通违法案件，按编号 50 份合并装订为一档；适用一般程序处理的交通违法案件为一案一档，但一人同时因为有多个违法行为被同时被处罚的，可以合并为一档。

二十、适用简易程序处理的交通违法行为的案件档案和适用一般程序处理的交通违法行为罚款，或者暂扣机动车驾驶证的案件档案保管期为二年；适用一般程序处理的吊销机动车驾驶证或者行政拘留的案件档案保管期为五年。但案件相关法律文书未送达、重大信访案件、行政处罚未履行或者当事人提起行政诉讼的案件的档案保管期限，不受上述期限的限制。

二十一、文书直接送达的，送达人应当要求被送达人在文书签名处签名并注明收到的日期，被送达人拒绝签名的，送达人应当在文书上注明；文书邮寄送达的，应当将邮寄凭证附卷；文书电子送达的，应当打印显示电子送达成功页面；文书公告送达的，应当打印公告栏照片。

二十二、印刷或者制作文书时，文书的“制作与使用说明”不印刷或者打印。

式样一

（此处印制公安机关交通管理部门名称）

公安交通管理行政处罚决定书

×公（交）行罚决字〔××××〕×××号

被处罚人：________________________联系方式：__________________

职业：____________________________政治面貌：__________________

交通方式：□驾驶机动车　□驾驶非机动车　□乘机动车　□乘非机动车

　　　　　□步行　　　　□其他

机动车驾驶证号：____

机动车驾驶证档案编号：__________________准驾车型：__________

发证机关：____

身份证明名称：________________号码：_________________________

机动车号牌号码：________________机动车类型：_____________________

现查明被处罚人于____年___月___日___时___分，在____________，违反《______________》，实施__________违法行为（代码_____）。

以上事实有____________________等证据证明。

依据______________________________，决定处以：

□罚款_______元　持本决定书在15日内到__________银行缴纳罚款。逾期不缴纳的，每日按规定罚款额的3%加处罚款，加处罚款的数额不超过罚款本数。

□暂扣机动车驾驶证___月　机动车驾驶证是否转递：□是　□否

_____年___月___日后到____________________领取。

□吊销机动车驾驶证（□二年内　□五年内　□十年内　□终生不得重新取得机动车驾驶证）

如不服本决定，可以在收到本决定书之日起60日内向______________申请行政复议；或者在6个月内向__________________人民法院提起行政诉讼。

（公安机关交通管理部门盖章）

_____年___月___日

（二维码打印区）　　　　被处罚人签名或者捺指印：_________

_____年___月___日

备注：______________________________

一式三份，一份由被处罚人交银行，一份送达被处罚人，一份留存

处理地：××省（自治区、直辖市）

依据《______________________》，记___分

制作与使用说明

一、公安机关交通管理部门按照一般程序对违法行为人作出行政处罚决定使用的文书。一人有二种以上违法行为，需要分别裁决，合并执行，可以制作一份行政处罚决定书，根据违法行为数量增加相应“违法行为”。

二、被处罚人持有相应准驾车型机动车驾驶证的，填写机动车驾驶证号。被处罚人没有相应准驾车型机动车驾驶证的，填写身份证明名称及号码。

三、“证据”栏填写作出行政处罚决定所依据的证据名称。

四、“依据”后填写作出行政处罚决定所依据的法律、法规的具体条、款、项。

五、处罚信息处填写处罚种类、具体内容。作出暂扣机动车驾驶证处罚决定的，应当注明机动车驾驶证是否转递，并填写到期领取机动车驾驶证的时间、地点。未作罚款处罚的，银行联不需交给被处罚人。

六、“被处罚人签名或者捺指印”栏由被处罚人签名或者捺指印，并注明时间。

七、被处罚人的交通违法行为被记分的，应当注明被扣分值。

八、文书背面可以印制本省罚款代收银行、可以办理跨省异地缴纳交通违法罚款业务的银行，支持二维码缴款的地方，可以打印缴纳罚款的二维码。

九、交通违法行为人在违法行为发生地处理的，“处理地”一栏填写发生地公安机关交通管理部门所在省、自治区、直辖市名称。交通违法行为人在违法行为发生地以外的地方公安机关交通管理部门处理的，“处理地”一栏填写处理地公安机关交通管理部门所在省、自治区、直辖市名称。

十、通过电子档案保存的，可以不制作存档联。

式样二

（此处印制公安机关交通管理部门名称）

公安交通管理简易程序处罚决定书

编号：××××××××××××××××××号

被处罚人：________________联系方式：________________

交通方式：□驾驶机动车　□驾驶非机动车　□乘机动车　□乘非机动车　□步行

机动车驾驶证号：□□□□□□□□□□□□□□□□□□□□

机动车驾驶证档案编号：□□□□□□□□□□□□□□　准驾车型：________

身份证明名称：____________号码：□□□□□□□□□□□□□□□□□□□□

机动车号牌号码：__________车辆类型：________________

发证机关：________________________________

被处罚人于____年___月___日___时___分，在________________

实施________________违法行为（代码______）违反了：

□《道路交通安全法》第___条第___款第___项的规定；

□《道路交通安全法实施条例》第___条第___款第___项的规定；

□《____________》第___条第___款第___项的规定。

依据《道路交通安全法》第___条第___款第___项和《____________》

第___条第___款第___项，决定处以：□警告　□_____元罚款。

□当场缴纳罚款　□持本决定书在15日内到__________银行缴纳罚款。逾期不缴纳的，每日按罚款数额的3%加处罚款，加处罚款的数额不超过罚款本数。

如不服本决定，可以在收到本决定书之日起60日内向__________申请行政复议；或者在6个月内向__________人民法院提起行政诉讼。

处罚前已口头告知违法行为人拟作出处罚的事实、理由和依据，并告知违法行为人依法享有陈述权和申辩权。

（公安机关交通管理部门盖章）

（二维码打印区）　　　　____年___月___日

被处罚人签名或者捺指印：________

____年___月___日

备注：________________________

一式三份，一份由被处罚人交银行，一份送达被处罚人，一份留存

处理地：××省（自治区、直辖市）依据《__________》，记___分

制作与使用说明

一、公安机关交通管理部门按照简易程序对违法行为人作出行政处罚决定使用的文书。

二、被处罚人持有相应准驾车型机动车驾驶证的，填写机动车驾驶证号。被处罚人没有相应准驾车型机动车驾驶证的，填写身份证明名称及号码。

三、法律依据处填写作出行政处罚决定所依据的法律、法规的具体条、款、项。

四、当场缴纳罚款，仅适用于在非机动车驾驶人、行人和乘车人等有依法可以当场缴纳的情形时收缴当事人的罚款。行人、非机动车驾驶人现场缴纳罚款的，银行联可不交给被处罚人。

五、“被处罚人签名或者捺指印”栏由被处罚人签名或者捺指印，并注明时间。

六、交通违法行为被记分的，应当注明被扣分值。

七、未作罚款处罚或者当场收缴罚款的，银行联不需交给被处罚人。

八、文书背面可以印制本省罚款代收银行、可以办理跨省异地缴纳交通违法罚款业务的银行，支持二维码缴款的地方，可以在交通违法处理窗口制作处罚决定书时打印可供缴纳罚款的二维码。印制文书时不印制二维码。

九、通过电子档案保存的，可不制作存档联。

式样三

（此处印制公安机关交通管理部门名称）

公安交通管理撤销机动车登记/驾驶许可决定书

×公交撤字〔××××〕第××××号

机动车驾驶人：________________联系方式：________________

机动车驾驶证号：________________________________

机动车驾驶证档案编号：________________准驾车型：________________

发证机关：________________________________

机动车所有人：________________机动车号牌号码：________________

机动车类型：________________发证机关：________________

因当事人有________________，依据《道路交通安全法实施条例》第一百零三条，《行政许可法》第六十九条规定，决定撤销：

□机动车登记　　　　□机动车驾驶许可

依据《道路交通安全法实施条例》第一百零三条规定，三年内不得申请：

□机动车登记□机动车驾驶许可。

如不服本决定，可以在收到本决定书之日起 60 日内向________________申请行政复议；或者在 6 个月内向________________人民法院提起行政诉讼。

（公安机关交通管理部门盖章）

______年____月____日

当事人签名：____________　　　　______年____月____日

备注：________________

一式二份，一份送达当事人，一份留存

制作与使用说明

一、公安机关交通管理部门依据《道路交通安全法实施条例》第一百零三条的情形，依据《行政许可法》第六十九条第一款规定，撤销机动车登记或者驾驶许可时使用的文书。

二、制作文书时，可以依据撤销行政许可的内容，选择记载机动车信息、机动车驾驶证信息。

三、“当事人签名栏”由当事人签名。

四、通过电子档案保存的，可不制作存档联。

式样四

（此处印制公安机关交通管理部门名称）

公安交通管理行政强制措施凭证

编号：××××××××××××××××××号

当事人：＿＿＿＿＿＿＿＿＿＿ 联系方式：＿＿＿＿＿＿＿＿＿＿

机动车驾驶证号：□□□□□□□□□□□□□□□□□□□□□

机动车驾驶证档案编号：□□□□□□□□□□□□□ 准驾车型：＿＿＿＿＿＿

身份证明名称：＿＿＿＿＿＿号码：□□□□□□□□□□□□□□□□□□□□□

机动车所有人：＿＿＿＿＿＿机动车号牌号码：＿＿＿＿＿＿

车辆类型：＿＿＿＿＿＿发证机关：＿＿＿＿＿＿

当事人于＿＿年＿＿月＿＿日＿＿时＿＿分在＿＿＿＿＿＿实施＿＿＿＿＿＿违法行为，（代码＿＿＿＿），依据：

□《道路交通安全法》第＿＿条第＿＿款第＿＿项；

□《道路交通安全法实施条例》第＿＿条第＿＿款第＿＿项；

□《＿＿＿＿＿＿》第＿＿条第＿＿款第＿＿项。

采取行政强制措施：□扣留机动车　□扣留非机动车

□扣留机动车驾驶证　□扣留机动车行驶证

□检验血液/尿样　□拖移机动车

□收缴物品

请持本凭证于15日内到＿＿＿＿接受处理。逾期不处理的，依法承担法律责任。如不服本决定，可以在收到本凭证之日起60日内向＿＿＿＿申请行政复议；或者在6个月内向＿＿＿＿人民法院提起行政诉讼。

交通警察（签名或者盖章）：＿＿＿＿，＿＿＿＿＿＿

（公安机关交通管理部门盖章）

＿＿年＿＿月＿＿日

当事人对本凭证记载内容□无异议/□有异议：＿＿＿＿＿＿＿＿

当事人签名或者捺指印：＿＿＿　备注：＿＿＿＿　＿＿年＿＿月＿＿日

本决定书同时作为现场笔录。

一式二份，一份送达当事人，一份留存

制作与使用说明

一、公安机关交通管理部门采取行政强制措施时使用的文书。

二、法律依据处填写作出行政强制措施决定所依据的法律、法规的具体条、款、项。

三、“当事人对本凭证记载内容有无异议”栏，当事人应当勾选有无异议。当事人有异议的，请当事人在有异议栏或者文书背面写明存在异议的具体内容。

四、“当事人签名或者捺指印”栏由当事人签名或者捺指印。

五、“交通警察”栏由制作行政强制措施凭证的交通警察签名或者盖章。

六、本凭证同时作为现场笔录。

七、通过电子档案保存的，可不制作存档联。

式样五

（此处印制公安机关交通管理部门名称）

返还物品凭证

编号：××××××××××××××××××号

________：

现返还在____年___月___日，因____________行为，被扣留/移至____________的以下车辆或者物品：

☐ 车辆，号牌号码：____________

☐ 机动车驾驶证，驾驶证号：____________

☐ 机动车行驶证，号牌号码：____________

☐ 其他物品____________

当事人/物品所有人签名或者捺指印：________，____年___月___日

身份证明名称：________号码：____________

代领人签名或者捺指印：________，____年___月___日

身份证明名称：________号码：____________

交通警察（签名或者盖章）：____________

备注：________

（公安机关交通管理部门盖章）

____年___月___日

一式二份，一份送达当事人，一份留存

制作与使用说明

一、公安机关交通管理部门依法采取行政强制措施期限届满后，返还被扣车辆、证件的文书。

二、由代领人代领的，应当提供当事人书面委托证明，由代领人签名或者捺指印，填写身份证明名称及号码，注明代领日期。

三、“车辆，号牌号码”栏填写被扣留的机动车及号牌号码，或者非机动车，非机动车有号牌的，也应填写号牌号码。

四、通过电子档案保存的，可不制作存档联。

式样六

（此处印制公安机关交通管理部门名称）

道路交通安全违法行为处理通知书

编号：××××××××××××××××××号

当事人：________________________ 联系方式：__________________

机动车驾驶证号：□□□□□□□□□□□□□□□□□□

机动车驾驶证档案编号：□□□□□□□□□□□□ 准驾车型：______________

发证机关：____

身份证明名称：____________ 号码：□□□□□□□□□□□□□□□□□□

当事人驾驶牌号为______________车辆类型为________的机动车，于_____年___月___日___时___分，在______________，实施______________违法行为（代码______）。

法律依据：

□《道路交通安全法》第___条第___款第___项；

□《道路交通安全法实施条例》第___条第___款第___项；

□《__________________》第___条第___款第___项。

请于15日内携带机动车行驶证、机动车驾驶证，到______________________接受处理。逾期不处理的，依法承担法律责任。

（公安机关交通管理部门盖章）

_____年___月___日

交通警察（签名或者盖章）：________________

当事人签名或者捺指印：______ _____年___月___日

备注：___________________________

一式二份，一份送达当事人，一份留存

制作与使用说明

一、适用于需要按照一般程序作出行政处罚决定，但现场不需要采取行政强制措施的违法行为；或者依据交通技术监控记录资料，对违法机动车所有人、管理人或者机动车驾驶人告知违法事实，并通知其到指定地点接受处理所适用的文书。

二、“当事人对本通知书记载内容有无异议”栏，当事人应当勾选有无异议。当事人有异议的，请当事人在有异议栏或者文书背面写明存在异议的具体内容。

三、“交通警察”栏由制作通知书的交通警察签名或者盖章。

四、本通知书同时作为现场笔录。

五、通过电子档案保存的，可不制作存档联。

式样七

（此处印制公安机关交通管理部门名称）

公安交通管理转递通知书

×公交转字〔××××〕第×××号

________________交通警察支队/×××××（农机部门）：

当事人于______年___月___日___时___分，在________________，实施__________________违法行为（代码______），被

□暂扣机动车驾驶证　□记______分　□累积12分后考试合格

□注销机动车驾驶证

□吊销机动车驾驶证

且□二年内　□五年内　□十年内　□终生不得重新取得机动车驾驶证

现将当事人驾驶证转去。

当事人基本信息：

姓名：______________________________联系方式：______________________________

机动车驾驶证号：____

机动车驾驶证档案编号：____

发证机关：____

特此通知。

（公安机关交通管理部门盖章）

______年____月____日

一式二份，一份转递，一份留存

制作与使用说明

一、对非本辖区机动车驾驶人或者农机驾驶人作出暂扣机动车驾驶证、吊销机动车驾驶证等行政处罚决定，被处罚人未申请不转递的，将机动车驾驶证转至机动车驾驶证核发地或者农机部门使用的文书。

二、通过电子档案保存的，可不制作存档联。

式样八

(此处印制公安机关交通管理部门名称)

违法停车告知单

编号：××××××××××××××××××号

机动车号牌号码：________________车身颜色：________________

机动车类型：□大型客车　□小型客车　□大型货车　□小型货车□摩托车

□其他________________

号牌颜色：　□黄色　□蓝色　□黑色　□其他________________

违法停车时间：____年___月___日___时___分

违法停车地点：________________

该机动车在上述时间、地点停放，违反了《道路交通安全法》第五十六条、《道路交通安全法实施条例》第六十三条的规定，请于5日后持本告知单，到____________接受处理（地址：________________电话：____________）。

告知人：________

（公安机关交通管理部门盖章）

____年___月___日

备注：机动车所有人登记的住所地址或者联系方式发生变化的，请及时到机动车登记地公安机关交通管理部门变更，或者通过“交管12123”手机APP或者机动车登记地公安机关交通管理部门公布的方式自行变更。

一式二份，一份贴于机动车上，一份留存

制作与使用说明

一、公安机关交通管理部门对机动车违法停车，且机动车驾驶人不在现场时使用的文书。

二、车辆基本信息依据实际填写。

三、违法停车时间填写所拍摄的违法停车照片载明的时间。

四、违法停车地点填写违法停车的具体地点。

式样九

(此处印制公安机关交通管理部门名称)

军车/消防救援车辆

交通违法/交通事故抄告通知书

编号：××××××××××××××××××号

机动车驾驶人：____________________ 机动车驾驶证号：____________________

机动车所属部门：____

发证机关：____________________机动车号牌号码：____________________

时间：______年____月____日____时____分

地点：____

因发生____，特予抄告。

机动车驾驶人签名：____________备注：________________________

(公安机关交通管理部门盖章)

______年____月____日

一式二份，一份送车辆所属单位，一份留存

制作与使用说明

一、公安机关交通管理部门及其交通民警现场纠正军车或者消防救援车辆交通违法、处理军车或者消防救援车辆交通事故后，依据相关抄告制度，向车属单位抄告军车或者消防救援车辆交通违法/交通事故使用的文书。

二、通过电子档案保存的，可不制作存档联。

三、交通技术监控资料记录的交通违法另行函告车属单位。

式样十

（此处印制公安机关交通管理部门名称）

解除行政强制措施通知书

编号：××××××××××××××××××号

当事人：________________________联系方式：____________________

机动车驾驶证号：____

机动车驾驶证档案编号：______________________________________

发证机关：__________________________准驾车型：________________

身份证明名称：__________号码：________________________________

车辆牌号：____________车辆类型：____________________因________

______________________________，依据《道路交通安全违法行为处理程序规定》第二十五条第二款之规定，决定解除____年___月___日___时___分采取的行政强制措施：

☐扣留车辆　　　　　　　　　☐扣留机动车驾驶证

☐扣留机动车行驶证　　　　　☐收缴物品______________

（公安机关交通管理部门盖章）

____年___月___日

当事人签名或者捺指印：______________　　　　____年___月___日

备注：______________________________

一式二份，一份送达当事人，一份留存

制作与使用说明

一、交通警察现场采取行政强制措施后，公安机关交通管理部门负责人认为不应当采取行政强制措施的，应当制作《解除行政强制措施通知书》。

二、通过电子档案保存的，可不制作存档联。

式样十一

（此处印制公安机关交通管理部门名称）

机动车未处理道路交通安全违法行为告知书

编号：××××××××××××××××××号

________：

你所有的号牌号码为________的机动车，已有_______起未处理道路交通安全违法行为（见附页），请自收到本告知书之日起 30 日内登录“交管 12123”手机 APP 或者到公安机关交通管理部门违法处理窗口接受处理。违法行为人或者机动车所有人、管理人无法在三十日内接受处理的，可以申请延期处理。延长的期限最长不得超过三个月。未在三十日内接受处理，也未申请延期处理的，公安机关交通管理部门将依法作出行政处罚决定。

你对本告知书载明的道路交通安全违法行为事实有异议的，可以通过下列方式提出：

一、登录“交管 12123”手机 APP 在线提出。

二、到公安机关交通管理部门违法处理窗口现场提出。

公安机关交通管理部门地址：____

联系电话：____________________

（公安机关交通管理部门盖章）

_____年___月___日

一式二份，一份交机动车所有人，一份留存

续式样十一

机动车未处理道路交通安全违法行为告知书附页

一、_____年____月____日____时____分，在____________有________________违法行为（代码　　），违反了……的规定，依据……，应当处以……。记____分。

二、_____年____月____日____时____分，在____________有________________违法行为（代码　　），违反了……的规定，依据……，应当处以……。记____分。

三、_____年____月____日____时____分，在____________有________________违法行为（代码　　），违反了……的规定，依据……，应当处以……。记____分。

（依据违法记录情况，从公安交通管理综合应用平台调取相应数据并填写相应信息）

制作与使用说明

一、机动车有五起以上未处理违法行为记录，机动车所有人、管理人或者驾驶人未在规定期限内接受处理且未申请延期处理的，在公安机关交通管理部门作出公告及直接作出处罚决定前，应该制作《机动车未处理道路交通安全违法行为告知书》。

二、对给予吊销机动车驾驶证或者 2000 元以上罚款处罚的，应当告知当事人有申请举行听证的权利。

三、通过电子档案保存的，可不制作存档联。

式样十二

（此处印制公安机关交通管理部门名称）

异地处理道路交通安全违法行为告知书

编号：××××××××××××××××××号

机动车驾驶人：＿＿＿＿＿＿＿＿＿＿联系方式：＿＿＿＿＿＿＿＿＿＿

机动车驾驶证号：＿＿＿＿＿＿＿＿＿＿＿＿＿＿＿＿＿＿＿＿

机动车驾驶证档案编号：＿＿＿＿＿＿＿＿＿＿＿＿＿＿＿＿＿＿

发证机关：＿＿＿＿＿＿＿＿＿＿准驾车型：＿＿＿＿＿＿＿＿＿＿

你于＿＿年＿＿月＿＿日向我支队（大队）申请异地处理号牌号码为＿＿＿＿机动车类型为＿＿＿＿的机动车道路交通安全违法行为（见附页）。现就有关事项告知如下：

我支队（大队）将依据《道路交通安全违法行为处理程序规定》第五条之规定，协助违法行为发生地公安机关交通管理部门调查违法事实、代为送达法律文书、代为履行处罚告知程序，行政处罚决定由发生地公安机关交通管理部门作出，行政处罚执行发生地的标准；机动车驾驶人申请行政复议、提起行政诉讼的，依法向发生地有管辖权的复议机关、人民法院提出。

特此告知。

（处理地公安机关交通管理部门盖章）

＿＿年＿＿月＿＿日

以上内容已阅读，□无异议　□有异议：＿＿＿＿

当事人签名：＿＿＿＿＿＿　　＿＿年＿＿月＿＿日

一式二份，一份交机动车所有人，一份留存

续式样十二

异地处理道路交通安全违法行为告知书附页

一、______年____月____日____时____分，在______________有__________________违法行为（代码　　），违反了……的规定，依据……，应当处以……。记____分。

二、______年____月____日____时____分，在______________有__________________违法行为（代码　　），违反了……的规定，依据……，应当处以……。记____分。

三、______年____月____日____时____分，在______________有__________________违法行为（代码　　），违反了……的规定，依据……，应当处以……。记____分。

（依据违法记录情况，从公安交通管理综合应用平台调取相应数据并填写相应信息）

制作与使用说明

一、处理地公安机关交通管理部门告知当事人异地违法处理由处理地协助发生地调查违法事实、代为送达法律文书、代为履行处罚告知程序、处罚标准以及复议诉讼管辖机关等内容时，应当制作《异地处理道路交通安全违法行为告知书》。

二、据实填写申请异地处理交通违法行为时间及处理公安机关交通管理部门名称。

三、认真阅读文书告知内容，作出有无异议的选择，并签字确认。

四、通过电子档案保存的，可不制作存档联。

式样十三

（此处印制公安机关交通管理部门名称）

办理注销最高/实习准驾车型业务通知书

编号：××××××××××××××××号

______：

你持有的证号为______的机动车驾驶证，因曾经

□发生交通事故造成人员死亡，承担同等以上责任，未构成犯罪；

□在一个记分周期/实习期内有记满 12 分记录；

□连续三个记分周期不参加审验；

□在延长的实习期内再次记 6 分以上。

根据《机动车驾驶证申领和使用规定》第××条、第××条有关规定，该机动车驾驶证□最高/□实习准驾车型驾驶资格将被依法注销。请在 30 日内到违法行为发生地或者驾驶证核发地车辆管理所办理换证业务。逾期未办理的，机动车驾驶证□最高/□实习准驾车型将依法公告作废。自即日起，你不能继续驾驶准驾车型为______的机动车。

如有异议，可以在收到本通知书之日起 15 日内向______书面申请审核。

（公安机关交通管理部门盖章）

______年____月____日

驾驶人签名：______　　　　______年____月____日

备注：______

一式二份，一份送达当事人，一份留存

制作与使用说明

一、对大中型客货车和实习期驾驶人一个记分周期内或者实习期内达到12分、延长实习期内达到6分、连续三个记分周期未参加审验的，要当场制作《办理注销最高/实习准驾车型业务通知书》，交由驾驶人签字，并告知、督促其及时办理满分学习、降级注销业务。

二、通过电子档案保存的，可不制作存档联。

式样十四

(此处印制公安机关交通管理部门名称)

道路交通安全违法行为异议确认书

当事人：________________联系方式：____________________________

身份证明名称：______________号码：____________________________

当事人依据《道路交通安全违法行为处理程序规定》第二十二条规定申请消除号牌号码为______________、机动车类型为________________的机动车违法行为记录（见附页）。

当事人已提交以下证据：

1、____

2、____

……

当事人签名：______________

_____年___月___日

续式样十四

道路交通安全违法行为异议确认书附页

机动车驾驶人申请消除以下道路交通安全违法行为：

一、______年____月____日____时____分，发生在__________的违法行为（代码　　），……（此处依据应当消除的具体理由或者机动车驾驶人提出的异议，据实填写申请消除的理由）。

二、______年____月____日____时____分，发生在__________的违法行为（代码　　），……（此处依据应当消除的具体理由或者机动车驾驶人提出的异议，据实填写申请消除的理由）。

（依据当事人申请消除或者提出异议的道路交通安全违法行为数量及具体理由书写）

制作与使用说明

一、处理地依据机动车驾驶人申请异地处理道路交通安全违法行为时发现，或者机动车驾驶人提出证据证明，道路交通安全违法行为有《道路交通安全违法行为处理程序规定》规定的应当消除情形或者机动车驾驶人对违法事实有异议的，由公安机关交通管理部门制作《道路交通安全违法行为异议确认书》，并根据当事人陈述填写相应内容，交由当事人签字确认后，由处理地公安机关交通管理部门通过公安交通管理综合应用平台转递发生地公安机关交通管理部门调查处理。

二、机动车驾驶人申请消除或者提出异议的道路交通安全违法行为信息，由处理地公安机关交通管理部门通过公安交通管理综合应用平台调取后，制作《道路交通安全违法行为异议确认书附页》（续式样十四）。

式样十五

（此处印制公安机关交通管理部门名称）

机动车所有人/管理人/驾驶人联系方式、送达方式确认书

当事人：______________

机动车驾驶证号：____

身份证明名称：________________号码：______________________________

本人同意按照以下送达方式接受道路交通安全违法行为通知、送达相关法律文书：

□邮寄地址：____

□移动互联网应用程序名称及用户名：______________________________

□移动通信方式及号码：____

□电子邮箱：____

重要提示

一、当事人应当如实提供联系方式及送达方式。

二、因当事人提供的联系方式或者送达方式不准确，导致无法送达或未及时送达的，由当事人承担法律后果。

本人声明

我已阅读本确认书的告知事项，按照表格要求如实提供了本确认书相关信息，并确认上述送达地址等内容准确、有效。

当事人签名：________________

______年____月____日

制作与使用说明

一、机动车所有人、管理人或者驾驶人处理违法行为和交通事故、办理机动车或者驾驶证业务时，由公安机关交通管理部门制作《机动车所有人/管理人/驾驶人联系方式、送达方式确认书》，并根据当事人陈述填写相应内容，交由当事人签字确认后，上传公安交通管理综合应用平台。

二、当事人可以选择邮寄地址、移动互联网应用程序、移动通信、电子邮箱中的其中一种作为送达方式。

三、当事人应当认真阅读**重要提示**和**本人声明**的内容。